リカードウ価格論の研究

A Study of David Ricardo's "On the Principles of Political Economy, and Taxation"

佐藤　滋正
Shigemasa Sato

八千代出版

目　　次

凡　　例　v

序　　言 ... 1

第1編　課税の理論

第1章　リカードウの課税論—第8〜18章の研究— ... 11
第1節　はじめに ... 11
第2節　リカードウ課税論の展開(1) ... 15
　1）租税についての概説　15
　2）農産品に対する租税　17
　3）金および家屋に対する租税　22
第3節　リカードウ課税論の展開(2) ... 25
　1）利潤に対する租税　26
　2）賃金に対する租税　28
　3）製造品に対する租税　31
　4）救貧税　33

第2章　アダム・スミスの租税論 ... 45
第1節　はじめに ... 45
第2節　スミス租税論の展開 ... 48
　1）地代にかける租税　48
　2）利潤および賃金にかける租税　50
　3）諸収入に無差別にかける租税　53
第3節　小　括 ... 56

第3章　リカードウ課税論の理論問題 ... 67
第1節　章別構成と租税源泉論 ... 67
第2節　租税転嫁論と穀物価格 ... 71
第3節　貨幣の流出入論と"価格－貨幣領域"の設定 ... 75

第2編　資本蓄積の理論

第1章 資本移動論―第19章の研究― 　　　93
第1節　はじめに 93
第2節　リカードウ資本移動論の展開 95
　　1）転換期における資本移動　95
　　2）農業資本の移動の困難と必然性　97
第3節　小　　括 100

第2章 富と価値の区別論―第20章の研究― 　　　109
第1節　はじめに 109
第2節　『原理』第20章の展開 111
　　1）スミス"穀物尺度論"の批判　111
　　2）セイ"効用価値論"の批判　114
第3節　「書簡」および初・2版との対比的検討 118
　　1）「書簡」に見るセイとの論争点　118
　　2）初・2版におけるセイ批判　124
　　3）第3版刊行後の「書簡」に見るセイとの論争　127
第4節　小　　括 132

第3章 リカードウによるセイの評価 　　　147
第1節　はじめに 147
第2節　「書簡」および『原理』におけるリカードウとセイ 149
　　1）「書簡」に見るリカードウとセイの交流　149
　　2）『原理』におけるリカードウのセイへの論及　151
第3節　社会的剰余論と私的利益論 154
　　1）"販路説"と増大する富　154
　　2）トラワのセイ批判への批判　157
第4節　小　　括 160

第4章 資本蓄積論―第21章の研究― 　　　173
第1節　はじめに 173
第2節　資本蓄積論の展開 176

1) スミス資本過剰論の批判　176
　　2) スミス利子論の批判　181
　第3節　小　　　括……………………………………………………185

第3編　外国貿易の理論

第1章　輸出奨励金論―第22章の研究―　　199
　第1節　は じ め に……………………………………………………199
　第2節　スミスの奨励金論……………………………………………203
　第3節　リカードウ輸出奨励金論の展開……………………………206
　　1) スミスの"穀価波及説"への批判　206
　　2) 奨励金の反社会性　210
　　3) 普遍的自由貿易と奨励金　212
　第4節　小　　　括……………………………………………………215

第2章　生産奨励金論―第23章の研究―　　227
　第1節　は じ め に……………………………………………………227
　第2節　リカードウ生産奨励金論の展開……………………………228
　　1) 課題設定と第23章の諸仮定　228
　　2) 価格プロセスへの影響　230
　　3) 奨励金と租税の相補的関係　231
　　4) 結　　　び　233
　第3節　小　　　括……………………………………………………233

第3章　植民地貿易論―第25章の研究―　　243
　第1節　は じ め に……………………………………………………243
　第2節　リカードウ植民地貿易論の展開……………………………246
　　1) スミス植民地論の批判　246
　　2) 植民地貿易の独占がもたらす「本国の利益」　249
　　3) スミス"独占貿易論"の批判　251
　第3節　小　　　括……………………………………………………253

参考文献　263
後　　記　277
人名索引　279
事項索引　283

凡　　例

1. 本書でのリカードウの著作からの引用は、すべてP. スラッファ編『デイヴィド・リカードウ全集』(*The Works and Correspondence of David Ricardo*, edited by Piero Sraffa with the Collaboration of M. H. Dobb, Cambridge University Press, 11 vols., 1951-73) からおこなう。引用に際しては、引用頁を（Ⅰ, ×××) のように略記し、本文中に挿入して示す。ただし、『全集』第Ⅵ～Ⅸ巻に収められている「書簡」については、煩雑を避けるために書簡番号のみを(『書簡』×××) あるいは単に（×××）のように記すこともある。

2. スミス『国富論』およびセイ『経済学概論』からの引用は、Smith, A., *An Inquiry into the Nature and Causes of the Wealth of Nations*, edited by R. H. Cambell and A. S. Skinner, Oxford University Press, 2 vols., 1976、および、Say, J.-B., *Traité d'économie politique,ou simple exposition de la manière dont se forment, se distribuent et se consomment les richesses* (1803), 2e édition (1814), 4e édition (1819), et 5e édition (1826), Paris、をテキストとして用い、引用に際しては、(WN, ×××) および (Say, 2e éd., t. 2, p. ×××) のように、それぞれ略記して示すことにする。

3. 上記した以外の著書および論文については、初出箇所のみフルタイトルで表記し、以降は (Mitchell, 1962, p. ×××) (佐藤、1998、×××頁) のように略記して示す。詳細は巻末の「参考文献」リストに就かれたい。

4. 引用文中、破線（……）は中略を、斜線（／）は行替えを、傍点（﹅﹅﹅）は原著者の強調を、それ以外の強調符（°°°）（・・・）、アンダーラインおよび [ ] は、すべて著者のものである。

序　　言

　デイヴィド・リカードウ（1772〜1823年）の主著『経済学および課税の原理』（1817年）が、アダム・スミスの『国富論』を継承・批判して、19世紀初頭のイギリスの政治経済問題を貫く普遍的法則を叙述しようとしたことはよく知られている。また『原理』が、"労働価値論"を基礎的原理として地代・利潤・賃金への富の分配法則を確定していったことも周知のことであろう。

　だが本書は、リカードウのこのような「法則」そのものの分析を目的とはしていない。また、"価値論"の純化に至るリカードウの理論的足跡を辿ることも直接の目的とはしていない。むしろ、「理論的諸章」（第1〜7章）に較べて、これまでの『原理』の研究ではどちらかというと脇に置かれることの多かった「課税論諸章」（第8〜18章）と「論争的諸章」（第19〜32章）に光を当て、リカードウが「原理」を立ち上げてくる、まさにその地点での理論的苦闘を辿り直すことを目指している。

　その理由は、そもそもリカードウにとって「法則」とは何であるか、ということに関わってくる。経済学においては、多くの「法則」と呼ばれるものが唱えられてきた。人口法則、収益逓減法則、賃金鉄則、利潤率の傾向的低落法則、限界効用逓減の法則、等々。これらは、比較生産費説、貨幣数量説、販路説、賃金・利潤相反論、等々とは異なって、単なる「仮説」というよりも一種の自然法則に近い客観性を有する「命題」、という意味合いをこめてとらえられることが多い。しかし「法則」が確定されるとき、そこには常に次の問題がつきまとっている。

　自然法則、例えば慣性の法則や万有引力の法則が地球という自然界の土俵を前提とするように、経済学の法則も一定の社会状態の前提の上でのみ成立するものである。だからアルフレッド・マーシャルも、「引力の法則は諸傾向についての命題であり」、「経済学は、ある特定の原因——絶対的にではなく、他の諸事情が同等で、諸原因が攪乱されずに諸結果に働きかけうるという条件に服する、ある特定の原因——によって生み出されるだろう諸結果を、研究しようと

するのだ」、と述べたのである (Marshall, A., *Principles of Economics*, 1890, 8th ed., London, 1920, p. 31, p. 36)。マーシャルは、「法則」は因果が攪乱されない理想的な「社会状態」の下でのみ成立する「仮説的 hypothetical」なものである、と言ったのである。

しかし、「法則」はある特定の「社会状態」を前提して純粋に抽出されてくるだけのものではあるまい。例えば、スミスは『国富論』第三篇第一章の"資本投下順位論"で、「必然性 necessity」が押しつけた、農業が製造業・商業に優先するという「一般的規則」は、「人為的諸制度」や「人為的諸法規の不正義」によって歪曲され、そのため、農業→製造業→商業という資本投下の「自然的順位」が「不自然で退行的な順位」にしばしば転倒されてしまうことを告発している (WN, 377-80)。スミスは「法則」を、一般的な「規則 rule」と人為的な「諸法規 laws」に分け、後者の「不正義」が歪曲した現在の人為的な「諸制度」を前者を規準にして批判する、という二層的な理論枠で語ったのである。

「法則」とそれを取り巻く「社会状態」に対しては、実はリカードウも、きわめて独特な距離の取り方をした経済理論家であった。例えば『原理』「序文」には次のように書かれている。

> 大地の生産物、つまり労働・機械・資本の結合された適用によって大地の表面からひき出されるすべての生産物は、社会の三階級、すなわち土地の所有者・土地の耕作に必要な資材あるいは資本の所有者・その勤労によって土地を耕作する労働者、の間に分割される。／しかし、地代・利潤・賃金という名前でこれら諸階級に割り当てられる大地の全生産物の諸比率は、社会の異なる諸段階で本質的に異なるだろう。というのは、それは主として、土壌の実際上の豊度、資本と人口の蓄積、農業に使用される熟練・創意・用具、に依存しているからである。／この分配を規制する諸法則を決定することが、政治経済学の主要な問題である。この科学は、テュルゴー、ステュアート、スミス、セイ、シスモンディ、その他の人々の著作によって大いに改善させられてきたけれども、彼らの著作は、地代・利潤・賃金の自然的コースに関しては、ほとんど満足な情報を与えていないのである。

(Ⅰ, 5)

『原理』全体の冒頭に位置するこの一文は、リカードウが自らの経済学の課題を語ったものとして有名である。「大地の生産物は社会の三階級の間に分割される」が、「この分配を規制する regulate 諸法則」を「決定する determine」ことが「政治経済学の主要な問題である」、とリカードウは言っている。注目すべきは、ここでリカードウが、「法則」ではなく「諸法則 laws」と述べていることである。これは、引用文中その直前の「しかし」で始まる第2パラグラフで、地代・利潤・賃金への分配の「諸比率 proportions」は「社会の異なる諸段階 stages」で自然的・社会的・技術的な要因に依存して「本質的に essentially」異なってくる、と述べられていたことに照応している。すなわち、叙述を忠実に辿るならば、「社会の異なる諸段階」に応じて地代・利潤・賃金への分配の「諸比率」は異なってくるのだが、それら「分配を規制する諸法則」の「地代・利潤・賃金の自然的コース」を明らかにしていくことが「政治経済学の主要な問題」である、と上の引用文全体は読み取りうるのである。

リカードウにおいては、「法則」と「社会状態」は言わば一体的に現れてくるのである。スミスのように、自然的な「社会状態」に照応する一般的な「法則（規則）」とそれを歪めている現在の「諸法規」が、言わば並行的に展開されるわけではない。現存する「社会状態」に即した特殊な「法則」が摘出されようとするのである。その点では、むしろマーシャルとの共通性が指摘できるかもしれない。しかしマーシャルのように、理想化された「社会状態」の想定の上で一つの「法則」が純粋理論的に析出されようとするわけではない。様々な「社会状態」に照応する様々な「諸法則」が、特殊具体的に取り出されようとしているのである。

そのような理論態度は、おそらく"現在"に対するリカードウのとらえ方に関連しているだろう。「社会状態」を特徴づけるのは産業構造であり、産業構造は投資構造によって規定され、投資構造は資本移動を通して形成され、資本移動によって各事業部面の利潤率は均等化し確定されていく。『原理』第4章でリカードウは、「資本を各事業にまさに要求される額だけ配分する原理は一般

的に想定される以上に活動的であることを認めざるをえない」(Ⅰ,90)という「所見」を述べた後で、第3版で新たに付け加えられたパラグラフで次のように記している。

> 現在は、この所見の正当さに対する例外の一つであるように思われる。戦争の終結が、以前ヨーロッパに存在していた雇用の分割をあまりに攪乱したので、どの資本家も、今必要になった新たな分割の中に自分の場所をまだ見つけていないのである。(Ⅰ,90)

リカードウはナポレオン戦争後の「現在」を、どの「資本家」も「自分の場所 place」を見いだしえていない「攪乱」された「例外」的な状態、と把握している。「戦争の終結」によって戦時の「雇用の分割」はすでに過去のものとなり、「今必要になった新たな分割」へと急速に組み替えられようとしている。そこでは、旧来の「社会状態」そのものが解体させられていて、資本が自由に移動しようとして待ち構えている。もちろん、現在から過去を完全に切り離してしまうことは困難である。『原理』第19章で、以前に投下された固定的諸設備の残存が農業部面から製造業部面への資本移動の障害になると言われていたことを想起しよう。しかし社会的な諸制度に関しては、リカードウはひとまずこれをご破算にして、まったく新しい「社会状態」から出発しようとするのである。こうして、新たな諸規制の下での新たな「法則」が析出されようとする。

　本書が、「理論的諸章」でなくあえて「課税論諸章」や「論争的諸章」に焦点を合わせて『原理』を読み取ろうとしたのは、「社会状態」と「法則」に対するリカードウのこのような独特の理論態度を念頭に置いてのことである。従来の投資構造Aは、新たに設定される輸入規制や租税賦課や奨励金の交付次第では、例えば投資構造B、投資構造C、あるいは投資構造Dへと、まったく異なる展開を示しうるかもしれない。リカードウは、そのそれぞれのケースについて、「分配を規制する諸法則」を確定し「地代・利潤・賃金の自然的コース」を明らかにしようとしたのである。

　このようなリカードウの理論態度は、"価格論"においてもっとも尖鋭にそ

の特徴を顕現させるだろう。「価格」は、個々の資本家が将来利潤を予測する際の指標となるものであり、投資構造を規定する資本移動とは、社会的諸規制によって潤色された眼前の価格をにらみながら決断する、そのような個別的投資行動の社会的合成にほかならないからである。もう少し敷衍しておこう。

　周知のようにスミスは、「価格」を「自然価格」と「市場価格」に分け、「自然価格」による「市場価格」の規制という枠組みで、"価格論"を展開した。『国富論』第一篇第七章では、「あらゆる社会あるいは近隣地」で存在する「賃金・利潤・地代の自然率」が過不足なく支払われる価格としての「自然価格」と、その時々の需給状態によって変動する実際上の価格としての「市場価格」が、それぞれ定義された。そして、商品を市場にもたらすのに使用される「勤労の全量」は「需要を過不足なく満たすような正確な数量を常に市場にもち込むことを自ずとめざしている」のだから、「市場価格」は「中心価格」としての「自然価格」に引き寄せられる、とされた。そしてその上に立って、「市場価格が長期間にわたって自然価格を大幅に上回り続ける」ような不自然で「独占的な価格」を発生させてしまう特殊な社会的諸事情（有利な技術条件の秘匿・特有な自然条件・排他的独占）が、摘出され批判されたのであった（WN, 55-9）。

　他方リカードウは『原理』第4章で、例えば絹織物と毛織物があり、「流行の変化」によって絹織物需要が増加してその市場価格が騰貴し、反対に毛織物需要が減少してその市場価格が下落するとき、それによって生じる絹織物産業における利潤のプラスと毛織物産業における利潤のマイナスの不均等のために、「資本と労働の毛織物製造業から絹織物製造業への移転」が生じ、この新たな資本配分の下で「絹織物と毛織物の市場価格は再びその自然価格に接近し」、「通常利潤」が得られるようになっていき、「あらゆる資本家がもつ、彼の資金を不利な部面から有利な部面へと転じようとする願望」によって「市場価格」が「自然価格」にひき寄せられていく、という議論を展開している（I, 88-91）。

　リカードウは、「自然価格」と「市場価格」というタームをスミスから受け継ぐが、しかしその概念は同じものではない。リカードウの「自然価格」は、自然的・技術的要因だけでなく社会的要因によっても変動させられるのである。例えば、穀物税が賦課されれば穀物の「生産の困難」の増大によって穀物の

「自然価格」が上昇し、「自然価格」の上昇は穀物資本の撤退をひき起こす、と押さえられる。そして穀物資本の撤退は、国内穀物供給の縮減によって穀物の「市場価格」を上昇させ、また他方、穀物資本の撤退は劣等地耕作を駆逐するから穀物の「自然価格」は低下に転じ、こうして、低下する「自然価格」と上昇する「市場価格」が均衡に向かって再び収斂していく、ととらえられる。ところが、もし外国からの自由な穀物輸入が遮断されているならば、穀物は必需品だから、租税による「生産の困難」の増大によっても国内の穀物資本は撤退しえず、最劣等地の穀物資本にも一般的利潤が保証されなければならないために穀物価格が上昇し、こうして高い「自然価格」に向かって「市場価格」が収斂していく、ととらえられることになる。高い穀物価格は、もちろん高い地代をもたらす。つまりリカードウにおいては、穀物税や輸入規制という諸制度の特殊な組み合わせに応じて、「自然価格」と「市場価格」はまったく異なる乖離・収斂のプロセスを展開させるのである。

　確かにスミスもまた、「自然価格」を変動するものとして把握している。『国富論』第一篇第七章の終わり近くでは、「賃金・利潤・地代という価格の各構成部分の自然率」について、「どの社会においてもこの率は社会の諸事情によって」変動し、社会の「前進的・静止的・減退的な状態」に応じて変動する、と述べられている（WN, 80）。だがスミスのばあい、「地代」だけを突出的に増加させるような人為的につり上げられた「自然価格」は、射程に収められてはいない。スミスの「自然価格」は、そのような重商主義的な「独占価格」からは聖別されてしまうのである。この点で、以下に引用する『原理』第4章の総括文は、「地代」を増加させる政治的制度的「価格」を欠落させたスミス"価格論"へのリカードウの批判を示唆するものとして読めるだろう。

　　この問題に関するすべては、『国富論』第七章でもっとも巧みに取り扱われている。私たちは、資本の特定部面で偶然的な諸原因によって諸商品の価格・労働の賃金・資本の利潤に生じうる一時的な諸作用、すなわち社会のすべての段階で等しく作動するから一般的な商品価格・賃金・利潤に影響することのない一時的な諸作用、について十分に認めてきたので、自然

価格・自然賃金・自然利潤を規制する諸法則を取り扱っている間は、すなわちこれら偶然的諸原因から総じて独立した諸作用を取り扱っている間は、これらの［一時的な］諸作用を完全に考慮外に置くことにしよう。それゆえ私が諸商品の交換価値について話す際は、すなわち何かある商品が所持する購買力について話す際は、常に、何か一時的あるいは偶然的な原因によって乱されなければある商品が所持するだろう力のことを意味しており、そしてそれは商品の自然価格のことなのである。（I, 91-2）

　この引用文は、普通、「中心価格」である「自然価格」に「市場価格」が収斂するという、スミス"価格論"へのリカードウの賛同表明として読まれることが多い。確かにリカードウは、スミスの議論の「巧み」さを賞賛している。しかし、商品の「交換価値」は「市場価格」によって規定され、「市場価格」は「自然価格」から一時的に乖離した価格のことなのだから、「偶然的」で「一時的」な乖離要因が「考慮外に」置かれるのであれば、商品の「交換価値」が商品の「自然価格」に一致するのは、当然のことではないのか。だが、明らかに同義反復的なこの叙述において、リカードウが、「価格・賃金・利潤」という何度も繰りかえされるフレーズの中で、「地代」という語を一貫して除外していることが注目される。私たちはここに、暗黙裏に「地代」を前提してしまうスミス"価格論"に対する、リカードウの深層での批判を読み取ることができるのではないか。

　本書は、これまであまり問題にされることのなかった、スミスとリカードウの"価格論"における差異という視座から、『原理』の再読を試みたものである。その際、『原理』のもう一人の主要な批判対象であるJ.-B. セイ（1767〜1832年）との連関にも注目した。以下、"課税論""資本蓄積論""外国貿易論"の3つの政治経済的領域に焦点を合わせて、第1編では『原理』第8〜18章、第2編では第19・20・21章、そして第3編では第22・23・25章が、それぞれ検討される。

第1編

課税の理論

第1章

リカードウの課税論
―第8～18章の研究―

第1節　はじめに

　リカードウは1817年4月に『経済学および課税の原理』を刊行した。実は『利潤論』刊行（1815年2月）後の1815年8月頃には、リカードウはすでにその改訂の必要性を感じていたのだが、職業上の多忙と別の論稿（『経済的で安定的な通貨のための提案』）の執筆（8～9月）に追われ、本格的な書き直しに着手したのは1815年の10～12月頃であった。翌1816年8月には、J.ミルが原稿を直ちに自分の許に送るように催促しており、これに応えてリカードウが『原理』第1～7章の「経済学の原理」部分の原稿を送付したのが10月14日、「課税論」部分は1ヶ月後の11月17日に、さらに第三の「論争的諸章」部分は1817年3月の初めにマルサスの許に、それぞれ送付されている。こうしてみると、『原理』「課税論」部分の執筆時期は、1815年10月頃から書き留められた草稿をベースにして、1816年10月14日から11月17日の間に集中的にまとめ上げられたものと推定される[1]。

　1815～6年と言えば、イギリス財政が大きく構造転換しつつある時期であった。ここで経済史の推測数値を使いながら、当時の財政事情を概観しておくことにしよう。

　1792年から1815年の戦時期において、歳出は1695万ポンドから1億1290万ポンドへと6.7倍（軍事費は558万ポンドから7240万ポンドへと13.0倍）に、公

債残高は2億4160万ポンドから7億4490万ポンドへと3.1倍に、租税収入は1861万ポンドから7790万ポンドへと4.2倍に激増していた。このため国民所得に対する租税割合も1770年の8.7％から1811年の24.2％へと、文字通り苛酷なものとなっていた。スミス時代に比べてのリカードウ時代の課税の過重さは歴然としていた[2]。

したがって、ナポレオン戦争の終結とともに、戦時重課税体制からの脱却が直ちに踏み出されねばならなかった。歳出の削減と膨張した公債の償還、そして負担能力を超えて徴収されていた課税の減額が図られた。歳出は、1815年の1億1290万ポンドをピークとして、1819年には税収範囲の枠内に押さえ込まれ、1823年には5650万ポンドへと1/2にまで削減される。特に軍事費は、1815年の7240万ポンドから1823年の1390万ポンドへと1/5にまで圧縮され、1813～4年時点での50万人規模の軍隊は、開戦時（1792年）の約6万人体制を目標にして、1817年には12万人にまで一気に縮小された。公債の償却に充てられる「公債費」も1815～25年にかけて毎年3000万ポンド以上がコンスタントに計上され、それによって戦後しばらくの間は増減の間を出入りしていた「公債残高」も、1819年の8億4430万ポンドをピークにはっきりと減少傾向に向かうことになる。減税によって租税収入は、1816年の7910万ポンドをピークとして1823年には5990万ポンドにまで縮減された[3]。

減税の中味をもう少し詳細に見ておこう。減税項目中最大のものは「所得税」であった。所得税は、一連の増税政策に続いてW. ピットが1799年に創設したものだが、1803年の改革に際して「財産税」と改称されたことからも窺えるように、これは一種の富裕者税であった。1816年3月、N. ヴァンシタト蔵相は、戦時中に税率10％にまで上昇していたこの課税について、「5％への引き下げ、2年継続」を提案したが否決され、戦時麦芽（モルト）税とともに一挙に廃止に追い込まれてしまう。当時の議会内外での減税要求がいかに大きかったかを物語るものである[4]。その後、ヴァンシタトによる1819年の麦芽・蒸留酒・たばこ・コーヒー・ココア・茶・胡椒に対する間接税のような若干の増税もあったとはいえ、戦時インフレーションの一応の終息とイングランド銀行の正貨兌換再開（1820年）を境として、農業用馬税廃止、麦芽・鞣皮・

塩税引下げ（21年）、窓税・トン税廃止（22年）、車・召使・馬に対するアセスド・タクス引下げ（23年）、等々、戦時重課税体制緩和の方向は、直接税を中心に着々と進展していったのである[5]。

このようにイギリス財政は、ナポレオン戦争後の激動期を経験するのである。とはいえ税収項目に着目してみるかぎり、租税構造そのものの骨格はあまり変わっていないとも言える。上述したように、1815～20年にかけての所得税廃止を中心とする2000万ポンド近くの税収減があったが、この間、他の諸項目はほぼ横ばいで推移している。総税収5000～6000万ポンド、地租700～800万ポンド、エクサイズ（内国消費税）2300～2900万ポンド、関税1200～1300万ポンド、印紙税600～700万ポンド、郵便税200万ポンド、というのが、当時リカードウが眼前にしていた租税構造であったとみなしてもよいだろう[6]。

さて、このように転換期にあるイギリス財政事情に、リカードウはもちろん強い実際的関心を寄せていた。『書簡』によって私たちは、当時の財政・金融問題がリカードウやその周辺で最大のトピックスであったことを確認できる。8億ポンドを超える公債償還（減債基金）問題についての、トラワやマカァロクとのおびただしい数の手紙のやりとりがある[7]。銀行券の兌換再開が政治家とイングランド銀行の思惑の中でひき延ばされていることについての憤り[8]、紙券発行の抑制の必要性と通貨量の問題[9]、イングランド銀行に生じた利権とイングランド銀行不要論[10]。もちろん国内の高穀価に応じて外国産穀物への関税は必要かという、穀物法論争以来のマルサスとの議論もある[11]。1816年秋以降各地で活発化する貧民救済事業を背景にしたマルサスとの「救貧税」についての議論や、トラワの「貯蓄銀行」提案についての意見交換もある[12]。租税あるいは課税問題についても、『原理』"課税論"へのマカァロクの訂正提案に関するもののほかに[13]、所得税の廃止（1816年3月18日）に際してのグレンフェル、マルサス、トラワとの短いやりとりや、所得税再設の動きに関するトラワとの若干の議論がある[14]。

だが『原理』では、上に述べたような実際的な租税・財政問題についてはほとんど言及されることがない。シャウプも言うように、リカードウは個々の具体的な租税問題やそれに対する個別的な政策的処方は明らかに企図していない

のである[15]。叙述として記述されているのは、主として租税が作用する経済プロセスについての理論的な展開である。ではリカードウ課税論の課題は、「課税の原理」とでも呼ぶべき理論的叙述であった、と言ってもよいのであろうか[16]。

　実はこの問題をめぐっては論争がある。例えば森嶋通夫は、「同書には課税の原理はなく、課税についてはその効果の分析があるだけである」と断言し、『原理』のタイトル (*On the Principles of Political Economy, and Taxation*) のコンマ (,) の位置からも「経済学の原理と課税」と訳すべきであるとして、「課税の原理」の存在を明快に否定している[17]。また佐藤進は、「経済学原理と租税論という本来性質を異にするものが雑然と混入されている」こと自体に、リカードウ時代における国民経済と財政の分離の進展という背景を読み取り、そこから「従来の訳を誤りとすることもあたらないと思うが、『経済学の原理と課税』と訳した方が内容に即しているといえる」と述べている[18]。これに対して、例えば真実一男は、「経済学の原理」とともに「課税の原理」を積極理論として提示したところにこそマルサスに対するリカードウの優位があり、それにもかかわらず「課税の原理」に対する研究がこれまで比較的等閑視されてきたことが問題だ、と立言する[19]。また、この問題についての最初の発言者である羽鳥卓也も、リカードウの用語法や「課税の原理」という概念の存在、また同時代人の解釈にも触れつつ、「課税の原理」という固有の領域が存在することを強調する[20]。

　「経済学の原理」部分と「論争的諸章」部分に挟まれて、「課税論」部分の理論性格はとかく曖昧になりがちである。租税が国家による国民経済統合の接点の位置にあることもまた、その理論性格を複雑にしているのかもしれない。とはいえ、純粋な経済的諸範疇は異質な領域との接触によってその本来の理論的性格を表出させるものであるから、「課税論」は「経済学の原理」を逆照射し例証する上で格好の理論領域にある、とも言える。さらにまた本書「序言」で述べたように、リカードウにおいては政策上の特殊な制度的規制が理論的範疇と一体的に提出されてくる、ということも念頭に置かれるべきだろう。本章では、このような「課税の原理」としてのリカードウ租税論をひとまず叙述そのものに沿って解読していこう。

第2節　リカードウ課税論の展開（1）

　リカードウの"課税論"は、概説である「租税について」(第8章) と総括章である「救貧税」(第18章) に挟まれて、「農産品」(第9～12章)、「金」・「家屋」(第13・14章)、「利潤」・「賃金」(第15・16章)、「製造品」(第17章)、というように課税対象別に構成されている。『原理』(第3版) 課税論の章別構成は、以下のようである。

第 8 章　租税について	第14章　家屋に対する租税
第 9 章　原生産物に対する租税	第15章　利潤に対する租税
第10章　地代に対する租税	第16章　賃金に対する租税
第11章　十分の一税	第17章　原生産物以外の諸商品に対する租税
第12章　地租	
第13章　金に対する租税	第18章　救貧税

1）租税についての概説

　第8章「租税について」でリカードウは、課税論全体についての鳥瞰を与えている。まず、租税は国民経済にとって必要不可欠なものだが、本質的には生産を阻害するものであり、したがって国富増大のためには資本に課される租税は極力低く抑えられる方がよい、ということが述べられる。

> 政府の政策は、人民の中に資本と所得を増加しようとする気質を奨励するものであるべきで、資本に不可避にかかってくるような租税は決して課すべきではない。というのは、このような租税を課すことによって、それは労働維持の元本を減損し、そしてそれによってその国の将来の生産を減少させるからである。(I , 153) [21]

　租税の不生産性を言う点では、リカードウはスミスとまったく同一の立場に

立っている。国家の自由処分に委ねられる租税は、必要なものであるとはいえ、生産的資本を削減して不生産的労働者を雇用する本質的に不生産的なものと考えられた。しかしリカードウは、だからといって課税対象を人為的に選択してよいとは考えない。差別的な徴収は、「公平」というスミスの課税第一原則に反するし、何よりも「所有の安全」の侵害になるからである。租税が不生産的であることは自明であるが、それを人為的な選択によって操作することには、リカードウは反対だったのである。「課税の害悪」は、「総額」について言われるものであり「課税対象の選択」のうちに見いだされるべきものではない、とリカードウは言い、この点でスミスと一線を画す。

> 蓄積する力を減ずる傾向をもたない租税はない。すべての租税は、資本か収入かどちらかにかかってくるに違いない。……ある租税は、他のものよりもはるかに大きな度合いでこれらの効果を生むだろう。しかし課税の大きな害悪は、その課税対象の選択にではなく、集計されたその効果の総額に見いだされるべきである。（Ⅰ, 152）[22]

こうして、「遺言状検認への課税、遺産税、死者から生者への財産移転に影響するすべての租税」（Ⅰ, 153）のような、特定の課税対象を狙った租税が退けられる[23]。これら財産税的な課税方法に対するリカードウの批判的な態度は、一見すると、リカードウの「所有」に対する擁護的な態度を表しているかに見える。しかしここでリカードウが擁護しているのは、個々の財産というよりも移動する財産、あるいは所有移転の自由である。リカードウは、所有の自由な移動を抑制するような租税は、「国民資本が社会にとってもっとも有利な方法で分配されることを妨げる」（Ⅰ, 154）と言い、諸個人の財産（所有）の自由処分こそが資本の最適配分を促進し一国を富裕にすると考えるのである。

> 一般的繁栄のためには、あらゆる種類の財産の譲渡および交換に対してあまりにも多くの便宜が与えられすぎるということはありえない。というのは、このような手段によってこそ、おそらくあらゆる種類の資本が、その

国の生産物の増加にもっとも有効に資本を使用する人々の手に入り易くなりそうだからである。（I, 154-5）[24]

　資本（所有）移動の自由が一般的繁栄をもたらすという確信の中には、課税対象の人為的選択は無効だという見解が包含されている。リカードウは、より大きな利潤を求め生活を向上させたいという諸個人の欲求は、課税を結局は最適な帰着先に導くと考えている[25]。資本への課税は所得に、逆に所得への課税は資本にと、容易に転嫁していくものなのである[26]。もちろん課税対象の選択が有効なばあいもあるだろう[27]。また、結果としての不平等に対して微調整の必要性をまったく認めないわけでもない[28]。とはいえ、租税は転嫁されていくものであり、転嫁の自由が保障されていさえすれば、基本的には課税対象の選定は無用であるという立場を、リカードウはとるのである。転嫁のプロセスは課税対象によって様々に異なる。こうして"租税転嫁論"を前面に押し出し、第9章以下の課税対象別の租税転嫁プロセスの探究を内容とするリカードウ課税論が展開されることになるのである。

2）農産品に対する租税

　課税論の各論は、農業部面への租税から始まっている。すなわち、第9章「原生産物に対する租税」、第10章「地代に対する租税」、第11章「十分の一税」、第12章「地租」である。形式的に見ればこれらの諸章は、第17章「原生産物以外の諸商品に対する租税」に対応しているが、内容的に言うと「課税論」の主要な論点は、実はこの第9～12章にほぼ出揃っていると言っても過言ではない。おそらくそれは、農業部面においてはリカードウのスミスとの最大の対立点である「地代」が問題になるということと、必需品であるがゆえに穀物（農産品）の他の商品価格に及ぼす影響が全般的である、という事情によるものと思われる。本項では第9～12章を一かたまりと見て、まずその中心テーマを摘出し、次いで具体的な課税形態や他の論者への批判を通じてリカードウが語り出すその他の主要な論点を吟味していくことにする。

　この部分でリカードウは、農業部面への租税は農産品価格を上昇させ、地主

(地代)によってでなく消費者によって支払われるという、課税論全体に関わる基本的な命題を提出している。

> 原生産物に対する租税は、地主によって支払われることはないだろう。農業者によって支払われることもないだろう。そうではなくて、それは、増加された価格のかたちで、消費者によって支払われるだろう。(I, 157)[29]

租税は価格に転嫁されるというこの簡単な定式化は、スミスと鋭く対立するものである。スミスは、土地生産物に対する租税は地主(地代)が支払うと考える。すなわち、土地生産物への租税は直接には農業者によって納付されるとしても、農業者は地代支払いの際にこの額を控除するから租税は結局は地代にかかってくることになる、と言うのである。これに対してリカードウは、スミスの議論は、農業部面への租税は農産品価格を上昇させない(地代が吸収する)が、地代のない非農業部面への租税は非農産品価格を上昇させることになり、したがって農産品と非農産品との間に価格上のアンバランスが生じ、不合理な帰結に導かれると見ている[30]。地代＝ゼロの土地の存在を前提する"差額地代論"に立つならば、租税をすべて地代に帰着させるスミスの想定は採りえないものである。こうしてリカードウは、地代論の誤謬こそが課税論の誤謬をもたらしたとスミスを批判するのである。

> アダム・スミスは、地代について特有の見解を採用したために、つまりあらゆる国において地代が支払われない土地に多量の資本が支出されていることに気づかなかったために、次のように結論した。すなわち、土地に対するすべての租税は、それが地租または十分の一税の形で土地そのものに賦課されようと、あるいは土地の生産物に賦課されようと、あるいは農業者の利潤から徴収されようと、すべて変わりなく地主によって支払われるのであり、そしてまた、たとえ租税は概して借地人によって名目的に前払いされているにしても、すべてのばあいに地主が真の納税者なのだ、と結論したのである。(I, 183)[31]

こうして、農業部面への租税も含めて、すべての租税が商品価格を上昇させ消費者に転嫁されるという、リカードウ課税論の大枠が提示されることになる。フィジオクラート（重農主義者）的な"土地単一税"への傾きをもつスミスに対して、リカードウは課税論を「地代」という租税源泉から切り離し、価格論として全面的に展開させたと言ってよいだろう。これによって、"租税転嫁論"を前面に押し出したリカードウ課税論が現れ出ることになる。
　とはいえ、価格転嫁のプロセスは無限定ではない。リカードウは、農業生産物への租税は農産品価格を上昇させ、農産品価格の上昇は賃金を上昇させるが、しかし賃金の上昇は商品価格の全般的上昇をもたらすのでなく利潤の低下をもたらす、と考える。いわゆる"賃金・利潤相反論"の主張である。

　　土地の生産物に対する租税は、次のように作用するだろう。第一。それは租税に等しい額だけ原生産物の価格を引き上げ、それゆえ各消費者にその消費に比例してかかってくるだろう。第二。それは労働の賃金を引き上げ、利潤を引き下げるだろう。（Ｉ, 160）

　もし、賃金上昇が利潤低下でなく商品価格上昇をひき起こすと想定すれば、どうなるだろうか。賃金上昇によって商品価格が上昇し、上昇した商品価格は再び賃金を引き上げ、賃金上昇はさらに商品価格を上昇させるから、価格転嫁のプロセスは際限なく続き価格は無限に上昇することになってしまうだろう。ここにおいて、租税による価格上昇が「名目的」なものであることが明らかになるのであるが、それはともかく、しかしながら租税は最終的には誰かによって支払われねばならぬはずである[32]。
　租税は、その国の「資本」と「収入」から支払われる[33]。「収入」とは賃金・利潤・地代だが、このうち「賃金」にかかる租税は雇主によって支払われる。「地代」にかかる租税はもちろん地主が支払うが、地代＝ゼロの土地が前提される以上、すべての土地にかかってくるような地代税を想定することはできない。しかも「地代」の中には地主自身によって投下された土地資本の利潤など

がしばしば渾然一体となって含まれており、差額（地代）だけに正確に課税することは実際上困難である。リカードウはそのことを踏まえた上で、地代に対する租税は、もし地代のみに正確に課税することができるならば地代によって支払われる、という原則的見解を述べているのである[34]。他方、前項で見たように、租税は本質的に不生産的であり、資本にとってマイナスに作用するから、「利潤」の圧縮をもたらすだろう。とすると結局、「収入」にせよ「資本」にせよ、租税を最終的に支払う"租税源泉"は基本的には「利潤」だということになる。こうして、租税による農産品価格の上昇は賃金上昇をもたらすが、賃金上昇は商品価格には転嫁されず利潤低下をもたらすという、独特の"租税転嫁論"が提示されることになる。『原理』の「経済学の原理」部分ですでに提出されていた"賃金・利潤相反論"を、リカードウは「課税論」における「価格論」の中で再措定するのである[35]。

　次に私たちは、第9〜12章でリカードウが語り出すその他の興味深い論点を、2、3のテーマに統括して横断的に概観してみよう。

　まず、農業部面への課税のそれぞれの諸形態の区別と関連である。リカードウは、農業部面への課税を、「原生産物に対する租税」（第9章）、「十分の一税」（第11章）、「地租」（第12章）に分けている[36]。まず、「原生産物に対する租税」と「十分の一税」は、ともに土地の総生産物に対する租税という点では共通している。しかし、社会状態の変動に対して不変的か可変的かという点で相違があり、収穫逓減下では「十分の一税」の方がより過重になる、とリカードウは言う[37]。また「地租」は、一定の土地面積に対してすべての耕地から無差別に一定額の貨幣が徴収される課税形態であるから、収穫逓減下では「十分の一税」以上に苛酷になるだろう。しかも優等地と劣等地の差異が少しも考慮されないから、穀価上昇局面では優等地に超過的な利益さえ発生させうる不平等な課税形態である、と指摘される[38]。

　ところで、農業部面への課税に対しては根強い反対意見がある。リカードウは、第9章で「原生産物に対する租税」に反対する議論を紹介し、これらに丹念に応接することを通じて自説を開陳していく。反対論は4つに整理されている。すなわち「原生産物に対する租税」は、1）農業者・商人・製造業者の

所得を減少させる一方で、地主や公債所有者の固定所得を無税のままにしておくから不平等である、2）穀価騰貴をカバーするための賃金上昇は遅れがちであり、したがって労働者に多大な負担を強いる、3）利潤が引き下げられることによって蓄積の障害になる、4）国内商品価格を全般的に上昇させることによって外国の製造業者との競争を不利にする、という4つの批判である。それぞれに対してリカードウは、1）は、固定所得への直接課税によって微調整すれば済むことであり、また3）は、そもそも租税が蓄積の障害になることは自然の生産性が低下することと同様に、自明事であるはずだ、と一蹴する。また2）については、穀価上昇の原因を吟味し、穀価上昇と賃金上昇の連関の多様な変動パターンを指摘することによって、賃金上昇の遅延という非難の一面性を衝く[39]。最後に4）については、原生産物への課税によってたとえ商品価格が上昇するとしても、そのような価格上昇は名目的であり長い目で見れば輸出を阻害しないことが主張される。国内商品価格の上昇は、【高価格→貨幣流出→貨幣価値騰貴→商品価格低下】というルートを辿って、国産商品の価格を再び輸出しうる水準にまで低下させると考えられるからである[40]。

　原生産物税に対する反対意見へのこれらの反駁を通じて、リカードウは農業部面への租税をむしろ擁護するのである。それはこの租税が、特定の対象にかけられる差別的な課税ではなく、他の商品価格に全般的に作用するという点で、スミスの課税の第一原則（公平性）にもっとも適応する課税形態と考えられたからである。もちろん農業部面への租税は、完全に平等な課税形態ではない。例えば原生産物への課税は、各商品の原材料と労働の構成割合の相違によって価格上昇の度合いに濃淡を生じさせ、「各商品の価値の間の自然的関係を破壊し」（I, 171）、諸商品の相対価値の間に第二次的な変動（第四原則の侵犯）を生じさせることによって「外国貿易に異なった方向を与える」（I, 171）だろう[41]。またすでに見たように、「地租」はフランス革命前の「タイユ」に匹敵する不平等な課税形態であると言わねばならない[42]。一見ニュートラルに見える価格転嫁のプロセスには、実はこのような不平等が伏在しているのである[43]。しかしリカードウは、「租税は最初に不平等でないかぎり決して不平等にはなりえない」（I, 186）という大局的な判断に立ち、その価格転嫁の全般性ゆえに農業部

> もしその租税が、借地農によって地主にではなく消費者に転嫁されるならば、そのばあいには、その租税が最初に不平等でないかぎり決して不平等にはなりえない。というのは、生産物の価格は租税に比例して直ちに引き上げられたのであり、後になってそのためにそれ以上変動することはないからである。私がすでに証明しようと試みたように、もしも租税が不平等であるとすれば、それは上述した第四の原則に反するかも知れないが、しかし第一の原則には反しないであろう。この租税は、それが国庫にもたらすよりも多くを人民のポケットから取り出すかも知れないが、しかし納税者のある特定の階級に不平等に負担をかけることはないであろう。(I, 186)

こうして、スミスの課税第一原則の形式的な平等を前提とし、租税が転嫁される価格プロセスそのものを尊重し、価格転嫁において生じる不平等は課税第四原則の侵犯として微調整するという、リカードウ課税論の基本的なスタンスが現れてくる。

3) 金および家屋に対する租税

第13章「金に対する租税」でリカードウは、価格上昇プロセスは課税される商品によって様々に異なってくると言う。

> 課税もしくは生産の困難の結果として、あらゆるばあいに、諸商品の価格の騰貴が結局はそれに続いて起こるだろう。しかし、市場価格が自然価格に一致するまでの間隔の長さは、商品の性質およびその分量を縮減させうる容易さに依存するにちがいない。(I, 191)

リカードウは、課税による商品価格上昇のプロセスを、「自然価格」と「市場価格」の一致プロセスとして描き出している。すなわち、課税は当該商品の「生産の困難」を増大させることによって「自然価格」を上昇させ、「生産の困

難」の増大は当該部面から資本を流出させるから、資本流出による商品供給の縮減は「市場価格」を上昇させ、こうして上昇した「市場価格」が再び「自然価格」に一致していく、というのである[44]。ところがこのプロセスが、課税商品の特殊性によって修正されてくる。例えば、穀物のような需要の価格弾力性の小さい商品、金・家屋・労働のような供給縮小しにくい商品のようなばあいにである[45]。いずれも他商品への作用度が大きい基礎的な商品であるが、これらの商品のばあいには、上述した、課税→「生産の困難」の増大→供給縮小→価格上昇という一般的なプロセスは働きにくく、したがってそこに租税転嫁上の重要な修正が存在することになる。

こうして、まず「金」が検討される。「金に対する租税」については、すでにスミスは、スペイン国王の金鉱山に対する租税を地代論との関連で議論していた[46]。リカードウはスミスの事例を受け継ぎながらも、特に貨幣材料である金の特殊性に着目する。すなわち、金に対する需要は、一般商品のようにその一定分量に対するものでなく価値に対するものであり、その価値は貨幣分量によって規定される、と言うのである。

> 貨幣に対する需要は、衣服あるいは食物に対する需要のように一定分量に対するものではない。貨幣に対する需要は、全体としてその価値によって規定され、その価値はその分量によって規定される。（Ⅰ, 193）

この定義は、"貨幣数量説"を想起すればひとまず理解できよう。流通上の必要貨幣量は、貨幣の流通速度を一定とすれば金価値によって規定され、金価値は一国の貨幣分量によって規定される。つまり、貨幣分量が2倍になれば金価値は1/2になり、金価値が1/2になれば必要貨幣分量は2倍になる。金商品のこのような特殊な性質が、金に対する租税の転嫁プロセスを一般商品とは異なるものにする。少々込み入っているが、リカードウ自身の例示によってみておこう。

いま、3つの等級の金鉱山が採掘されており、それぞれ100ポンド、80ポンド、70ポンド、合計250ポンドの金を産出しているとする。このばあい地代

は、最劣等鉱山との差額だけ優等鉱山に 30 ポンドおよび 10 ポンド、合計 40 ポンド生じている。さて金鉱山に 70 ポンドの租税が課されるとしよう。この重税によって 2 つの劣等鉱山は閉鎖され、100 ポンド産出する最優等鉱山だけしか採掘できなくなるとしよう。このばあい、金の産出総量が 250 ポンドから 100 ポンドへと 1/2.5 倍に減少することになる。したがって金価値は 2.5 倍に高まり（金価値総額 250 ポンド）、国庫には 175 ポンド（70 × 2.5）、鉱山所有者には 75 ポンド（30 × 2.5）が帰属することになるだろう[47]。

　この事例が語っていることは、金に対する租税は地代によって支払われるということである。大規模な鉱山採掘は資本移動による調整が困難であり、そのことは金課税がもっぱら金鉱山所有者によって支払われる一定期間があることを意味している。多額の租税が課されても撤退できない劣等鉱山の所有者は、利潤や地代の削減を甘受せざるをえないだろう。たとえ撤退できたとしても、租税は結局は鉱山所有者の地代にかかってくるだろう。上で見たように、劣等鉱山が駆逐されることによって優等鉱山との差が消滅し（差額）地代の基礎が消失してしまうからである。確かに、租税によって金価値は上昇した。しかし、消費者は高い価値の金を以前より少量受け取るわけで（「貨幣に対する需要は……一定分量に対するものではない」）、受け取った金価値総額は不変である。したがって、「金に対する租税」は消費者によって支払われることにはならない。そしてまた「金に対する租税」は、地代にかかってくるとはいえ、劣等鉱山から駆逐された資本は他の生産的部面に転じられることになるから、一国の富裕という観点からは望ましいことになる、こうもリカードウは言うのである[48]。

　第 14 章「家屋に対する租税」も、一般商品と違ってすぐには消費者に価格転嫁されえない課税項目である[49]。家屋税による追加家賃は、より低ランクの家屋に向かっての居住者のシフトをひき起こし、総体として見れば家屋需要が減少し、間接的に家賃が下落することになる。しかし家屋もまた速やかに供給縮減することができない商品だから、租税は価格転嫁されずに所有者（家主）によって負担されることになる。もちろん家屋も徐々には損壊していき、供給家屋の縮減によってやがては家賃が上昇し居住者（消費者）が負担することになるとも言えるだろう。だがそれまでの決して短くない一定期間は、賃金への課

税が雇用主（労働の所有者）の負担になるのと同様、家屋への課税も家屋の所有者の負担になるのである。

ところでスミスは、「家賃」は「建物賃料」と「敷地地代」から構成されていると言い、「敷地地代」は「その所有者が彼自身で何の配慮や注意を払わないで享受するような種類の収入である」（Ⅰ,203）、つまり一種の不労所得だから、これに特別の租税を課しても構わないと言っている[50]。これに対してリカードウは、「敷地地代」がスミスの言うようなものであることは本当だが、しかし「一社会のある特定階級の収入に排他的に課税するのは、確かに非常に不公正であろう。国家の負担はすべての者によって、その資力に比例して担われるべきであろう」（Ⅰ,204）と言って反対する。敷地地代への課税は、"課税の公平性"というスミスの課税第一原則に反し、何よりも、「所有の安全という、常に神聖に保たれねばならない原則の侵害」（*ibid.*）だからだ[51]。すでに見たように、リカードウにおいては、"所有の安全"という原則の遵守がスミス以上に強調されるのである。だから、「印紙税」のような土地財産の移転に課される租税に対しては、"所有の安全"を不安定化し、土地の生産的利用を高めるというよりも土地事業に投機的でギャンブル的な要素を入り込ませるだけだ、と言ってリカードウは反対するのである[52]。

第3節　リカードウ課税論の展開（2）

第15章と第16章は、「利潤」と「賃金」という2つの収入形態に課される租税を扱っている。章別構成を見ればわかるように、リカードウ課税論において前面に現れ出るのは「商品」であり、「収入」を中心としたスミスの構成とは大きな対照を示している。しかしそのことは、「利潤」や「賃金」の課税論上の理論的意義の低さを意味するものではない。むしろ「利潤」や「賃金」は、個々の「商品」とは違って、それへの課税が全生産部面に影響を与えるという点で、「原生産物に対する租税」と同様、きわめて重要な特性をもつと言える。

1）利潤に対する租税

　「利潤に対する租税」も、他の課税対象と同様、課税商品の価格を引き上げる。帽子製造業者の利潤に租税がかけられれば、「一般的利潤率」を確保するために帽子の価格が上昇し、したがって利潤への租税も消費者によって支払われる[53]。「地代に対する租税」とは違うが、商品税と同様に「利潤に対する租税」も、さしあたりは商品価格に転嫁するとされるのである。とはいえそれは、個々の事業における個別的な利潤のばあいであって、租税が全産業の利潤全般に対して課されるばあいには事情が変わってくる。

　租税が利潤全般にかかってくるばあいについて、リカードウは、全商品の価格はひとまず引き上げられるとしても、しかしそのような価格上昇は「名目的」な上昇であるととらえている。実はこの点が、次項（「賃金に対する租税」）とも関連して、リカードウ価格論のスミスとのもっとも大きな相違点となっているところである。リカードウはこの議論を、金鉱山が国内にあるか否かに分けて検討している。

　まず金鉱山が国内にあるばあいを、貨幣に課税されないばあいとされるばあいの２つに分ける。貨幣に課税されないばあいには、金以外の全商品が価格を租税分だけ上昇させるだろう。しかし各財貨の所持者は、租税を支払った上に高価格の財貨をお互いに購入しあうのだから、価格上昇の効果は名目的になり彼の支出は結局は減少することに帰着するだろう。他方、貨幣にも課税されるばあいには、租税によって金を含む全商品の価格が上昇するのだから、価格は結局、以前と同じままに留まることになるだろう。このように、金鉱山が国内にあるばあいには、貨幣に課税されようがされまいが、いずれにしても利潤に対する租税は商品価格を実質的に上昇させることはなく、各財貨所持者は政府に支払った分だけその国の土地と労働の生産物に対する支配力を減少させることになるのである。

　次に、金鉱山が国内にはなく、貨幣が海外からの輸入商品であるばあいについてである。リカードウは、利潤に対する租税によって「すべての財貨の価格が上昇するはずがない」（Ⅰ, 213）と言う。これについてリカードウは、『原理』第５章の議論の参照を求めている。それは、商品の高価格と貨幣流入の両立不

可能性に言及したものである[54]。すなわち、高価格の商品の実現のためにはより多くの流通金量が必要だが、商品の高価格（＝低い貨幣価値）は金流出の原因ではあっても金流入の原因ではないのだから流通金量は増加せず、したがって商品価格の上昇は起こるはずがない[55]。もし仮に商品価格が上昇したとしても、「それは強力な影響を外国貿易に与えるだろうから、永続的ではありえない」（Ⅰ, 214）、つまり、高価な財貨は輸出にブレーキをかけ、貨幣が流出することによって国内金価値が上昇し、国内商品価格の水準が再び低下させられてしまう、と言うのである[56]。

　利潤税による商品価格の上昇を、リカードウはこのように貨幣価値の変動と絡めて展開している。ところで、商品価格は貨幣価値によって変動し、貨幣価値は貨幣の流出入によって調整され、貨幣の流出入は商品価格の高低に左右されるのだから、この閉じた因果の連鎖の中では、結局、商品価格変動と貨幣価値変動とは同義とみなされることになる。利潤税による商品価格の上昇は、貨幣流出による貨幣価値上昇によって相殺され無化される名目的な現象となる。もちろん租税は一国資本のマイナス要因であるから、価格上昇は消費者によってでなく、結局は資本（利潤）によって支払われねばならないと考えるべき側面はある。この点で利潤税は、原生産物に対する租税や賃金税と同一の作用を及ぼすものととらえることができる[57]。しかし"価格"に着目するかぎり、租税による商品価格の上昇はまったく名目的なものであり、したがって利潤税による価格上昇は、外国貿易に影響することはないとも言い切ることができるのである。

　ここに、国内生産の絶対的水準とは別の"価格"という固有の領域が開かれていることがわかる。もちろん租税は、価格関係に若干の修正をもちこむ。すでに述べた、固定資本と流動資本への資本の分割割合の相違は、租税による商品価格上昇に異なった作用を及ぼすであろう[58]。また農業者への利潤税は純生産物に比例するものだから、総生産物の大きな優等地には価格上昇によって貨幣地代の超過分がもたらされる事態も生じうる。さらに、貨幣価値の変更によって商品価格が旧水準にまで下落するのに対して、地主や公債所有者は何の影響も蒙らないという問題もある。要するに、諸商品は課税後には課税前と同

じ相対的価値を相互に保持しえない可能性がある[59]。リカードウはこれらに対しては、政策的な微調整の余地を認める。しかし、こうした部分的な修正を含みつつも、租税の効果と貨幣価値下落とを同等視させるこの"価格"の領域においては、一切が貨幣の流出入の関数として表現され、こうして生産上の改良である機械の発明も生産上の障害である租税も、ともに貨幣流出入要因として同一位相でとらえられることになる。リカードウは第15章を次の一節で締めくくっている。

　　国内製造業を物質的に改良する機械の発明は、つねに貨幣の相対価値をひき上げ、それゆえ貨幣の輸入を促進する傾向がある。これに反して、すべての課税、つまり諸商品の製造業者あるいは栽培業者に対するすべての障害の増加は、貨幣の相対価値をひき下げ、それゆえ貨幣の輸出を促進する傾向がある。（Ⅰ, 214）

2）賃金に対する租税

　第16章「賃金に対する租税」は、第9章「原生産物に対する租税」とともに、リカードウがもっとも鋭くスミスと対立する項目である。リカードウは、冒頭で次のように言う。

　　賃金に対する租税は賃金を引き上げ、それゆえ資本の利潤率を低下させるだろう。私たちはすでに、必需品に対する租税が必需品価格を引き上げ、それに続いて賃金の上昇が生じるだろう、ということを見た。必需品に対する租税と賃金に対する租税との唯一の相違は、前者は必ず必需品価格の上昇を伴うが後者は伴わない、ということである。……賃金に対する租税は、完全に利潤に対する租税である。（Ⅰ, 215）

　リカードウの主張の要点は、賃金に対する租税は、賃金は引き上げるが商品価格は上昇させない、というところにある。同じ見解はすでに第9章でも述べられていた（Ⅰ, 160）。必需品に対する租税は必需品価格を上昇させ賃金を上昇

させるが、賃金に対する租税は必需品価格を上昇させない、と言うのである。これは、必需品価格の上昇が賃金を上昇させ、賃金の上昇が必需品価格をさらに上昇させる、というスミスの無限定的な価格上昇論に対置された議論である。

　賃金税による賃金上昇は商品価格をひき上げないという議論は、前項の利潤税の議論とまったく同じである。利潤税を賦課された雇主と同様に、賃金税を支払った雇主も一般的利潤率の確保のために商品価格を引き上げようとするだろう。しかしこの価格上昇は、利潤税のばあいと同様、名目的である。すべての雇主が商品価格を引き上げれば、彼らはすべてお互いの商品の消費者なのだから価格上昇の効果は相殺され、利潤は補償されえないからである[60]。結局、「租税はすべて、労働の維持に向けられる基金を減少させる傾向がある」（Ⅰ, 225）のであり、最終的には利潤によって負担されると考えるほかないのである。こうして賃金税において、賃金の上昇が利潤を引き下げるという"賃金・利潤相反論"が再確認されることになる[61]。

　【賃金税→賃金上昇→利潤低落】という一連のプロセスを、リカードウは、スミス、ビュキャナン（マルサス）、セイへの批判を通じて展開していく。まずこのプロセスの前半部分である、【賃金税→賃金上昇】について、これを否定したビュキャナンが反駁され、肯定したスミスが支持される。スミスは、労働に対する需要と食料価格が同等であれば、賃金に対する租税は賃金を必ず引き上げると言ったが、これに対してビュキャナンは、マルサスに拠りつつ、労働の価格は「人口に関する社会の欲求を明瞭に示している」（Ⅰ, 218）のだから、随意に上下できるものではない、とスミスに反論した[62]。リカードウはこのようなビュキャナンの意見に対して、なるほど労働はその供給量の調整が速やかでなく需要に敏感に反応するとは言えないし、また一般に資本を減損する租税は労働需要を減少させるという面も確かにあるが、労働需要の存続が基本的に前提される以上、賃金税は賃金上昇をひき起こすと考えるべきだ、とスミスを支持するのである[63]。

　賃金税の波及プロセスの後半部分である【賃金上昇→利潤低落】については、スミスの価格転嫁論が批判される。すでに第9章で述べたように、スミスは、製造業者は租税を価格に転嫁するが農業者は地代に転嫁すると言う。だか

ら賃金税も、製造業では価格上昇によって消費者に転嫁されるが、農業では価格を上昇させないと考える。スミスのこのようなアンバランスな価格転嫁論の不合理を指摘し、リカードウはこれを拒否する（本章注30）参照）。リカードウにとっては、賃金税は製造品価格を上昇させ製造品輸出を不利にするとか、賃金税は地代を削減し支出を増大させることによって地主にもっとも重くかかってくる、といったスミスの賃金税反対論の論拠は与しえないものなのである。

　租税はひとまず価格転嫁される、と押さえるべきものなのである。だからセイのように、蓄積の促進という観点から、課税対象の選択がおこなわれうるとは考えない。「その国の蓄積能力は、資本が新たに使用された事業において獲得される利潤と、資本が撤退した事業において獲得される利潤との差額だけ増加したにすぎない」（Ⅰ, 238）のであり、一方の増加は他方の減少でしかないからである。リカードウにとって、租税とは"価値"でなく"価格"の問題であったと言ってもよい。このばあいの"価格"とは、貨幣の流出入を通じて不断に調整される「名目的」なものでしかない。したがって租税による価格上昇は、それが全般的であれば外国貿易を何ら不利にしないと考えられる[64]。【商品の高価格→貨幣流出→商品価格低下】のプロセスが作動するからである[65]。商品価格の全般的上昇は貨幣価値の下落とほとんど同義なのである[66]。重要なことは、貨幣の流出入が阻害されていないことである。こうして、セイのように課税対象の選択でなく、価格転嫁プロセスそのものを重視するリカードウ課税論が現れることになる[67]。

　もちろん賃金税にも欠陥はある。すでにこれまでにも述べてきたように、固定資本の構成比率の大小によって賃金上昇の価格引き上げ効果は相違するから、「諸商品の間に以前に存在した自然的関係」（Ⅰ, 239）が破壊され、これによって利益を得る者が生じる可能性がある[68]。また、商品によっては戻税なしには輸出できぬものや、逆に自然的・技術的優位をもった商品のように、課税しても輸出力を失わないものがある。奢侈品は必需品よりも生産的資本を減少させない点で課税対象として優れていることも確かである。これらに対する微調整の余地は残されているかもしれない。しかしリカードウは、このような再調整すべき余地は、「国庫に入る以上のものが人民から徴収されること」（Ⅰ, 234）、

つまりスミスの課税第四原則の侵犯から生じる言わば派生的なものであり、何よりも避けるべきは第一原則の侵犯であることを、ここでも強調するのである。

3）製造品に対する租税

第17章「原生産物以外の諸商品に対する租税」の冒頭では、製造品に対する租税はその商品の価格を引き上げるという、これまで提示されてきた原理が確認されている。そして、必需的な製造品に対する租税のばあいには、賃金が上昇し利潤が低下すると言う[69]。つまり、穀物（原生産物）税の際に確認された原理が、製造品に対してもまったく同様に適用されるという基本見解の表明から、リカードウはこの章を始めるのである。

> 必需品であろうと奢侈品であろうと、すべての商品に対する課税は、貨幣が不変の価値のままであれば、それらの商品の価格を少なくとも租税と同額だけ引き上げるであろう。（Ⅰ, 243）

この一節にリカードウは注を付けて、セイを批判している。セイは、リカードウとともに租税による価格上昇を語るのだが、前項（第16章）でも触れたように、それを生産者への負担に結びつける。価格上昇による高価格は、当該商品の消費（需要）を減退させることによって「一部は生産者にかかってくる」（Ⅰ, 243）と考えるのである。これに対してリカードウは、「もし消費が減少するのであれば、供給もまた速やかに減少するのではないだろうか？」（Ⅰ, 243）と言い、生産者の負担（利潤低下）が生じることを否定する。需要の減退なしに供給の縮小はなく、供給はそれ自らの需要を創出するのだから、租税はあくまで「完全に消費者にかかってくる」（Ⅰ, 242）、と考えるのである[70]。

ところで第17章は、タイトルからすれば「製造品に対する租税」を扱っているように思われるが、そこで主として論じられているのは、国債とモルト税である。それらが、原生産物に関連づけられながら、またセイ批判をも絡ませながら展開されている。

まず国債について。リカードウは、国家歳出に対する歳入超過に支えられな

いイギリスの減債基金制度は「国家の破産」(I, 249) の危険をはらんでいると、当時の累積した国債について警告している。しかし、頻繁に語られている「国債の破棄」には反対である。国債の利子を免除される者の方が利子を放棄する者に比べて生産的にそれを使用するという保証はないし、そもそも国債の利子の破棄によって一国の所得が増加することはないからである[71]。またリカードウは、これとほぼ同様の主旨で、国債への投資を産業的投資に転換すべきとするセイの見解を批判する。国債償還金（国債費）がその国の「生産的産業」から徴収されることは確かであるとしても、しかし「真の経費」は、すでに不生産的に使用されてしまった国債本体であって、「国債のために支払われねばならぬ利子」ではない (I, 244)[72]。だから、「国債所有者の資本は決して生産的にすることはできない」(I, 249) のであって、セイのように、資本を生産的に使用する人々への移転を云々することは幻想と言わねばならない。そもそも、「政治的高潔の犠牲によって政治的効用が何ほどか得られる、ということは決して確実ではない」のであり、国家の恣意的な価値判断による介入は、「富よりもより大きな効用である正義および誠実の要請」という見地から避けるべきである、とリカードウは考えるのである (I, 245-6)[73]。

　次にモルト税（ビール税）について。セイは、「エコノミストに反対してすべての租税が最終的には消費者にかかってくると主張する人々の誤り」(I, 255) を指摘するが、もちろんリカードウはこれに不同意を表明する。再三述べてきたように、リカードウは租税を地代にでなく、商品価格の上昇によってひとまず消費者によって支払われるものととらえている。そして、セイの議論はビュキャナンに依拠しており、ビュキャナンにはスミスとともに、矛盾する2つの見解が並存していると、リカードウは見ている。ビュキャナンは、パンに対する租税とモルトに対する租税では、まったく異なる租税源泉を見いだしているからである。すなわちビュキャナンは、一方でパンに関して、「パンに対する租税は、最終的には、価格の上昇によってではなく、地代の削減によって支払われるだろう」(I, 254) と言う。ところが、他方でモルトに関しては、モルト税はモルトの価格に転嫁され、原料である大麦の栽培地の地代にはかからない、と言う。モルト税が地代を減少させれば、大麦栽培地の地主は土地の利用方法

を他の用途に転換させてしまう、と考えたからである[74]。つまり、租税源泉を地代とするフィジオクラート（エコノミスト）的な見解と、租税は価格転嫁され消費者によって支払われるとするリカードウ的な見解が、ビュキャナン（スミス）には並存しているのであり、セイはこのことについてよく考えてみるべきだった、とリカードウは批判するのである。

4）救　貧　税

　リカードウの課税論は、第18章「救貧税」で終わっている。すでに第1節で述べたように、軍隊縮小に伴う失業者の急増もあって、この時期の「救貧税支出」の激増は、国家財政圧迫の最大原因となっていた。「課税論諸章」が「救貧税」で結ばれているのは、リカードウが、「救貧税はこれらすべての租税の性質を帯びている」（I, 257）と述べていることからもわかるように、救貧税が「労働」を通して他の租税に根底的に作用する課税形態だからであろう。第18章の冒頭でリカードウは課税論全体を次のように総括している。

>　[1] 原生産物に対する租税および農業者の利潤に対する租税は、原生産物の消費者にかかってくる。……[2] 農業者は、租税を地代から控除することによって地主に転嫁することはできない。……[3] もし租税が一般的であって、製造業であれ農業であれ、すべての利潤に等しく作用するのであれば、租税は財貨の価格にも原生産物の価格にも作用せず、直接的にも究極的にも生産者によって支払われる。[4] 地代に対する租税は地主だけにかかり、決して借地農に転移されえない。（I, 257）

　農業部面にかかる租税は価格に転嫁され、地代でなく消費者によって支払われ（[1][2]）、租税が一般的であれば生産者によって支払われ（[3]）、地代に限定的にかかる租税は地主にかかる（[4]）、というこの一節は、課税論全体の総括句としては少々農業部面に重点が置かれすぎているとはいえ、リカードウ課税論がいかに地代論を軸にしたスミス穀物価格論批判であったかを語り出している。

第18章はまた、救貧税がかかえるいくつかの問題にも言及している。まず、救貧税はその実際上の賦課が、製造業部面よりも農業部面に概して重くかかってくることが指摘される。それは、「農業者は彼が獲得する実際の生産物に応じて賦課されるのに、製造業者は彼が使用する機械・労働・資本の価値とは関係なく、彼が作業している建物の価値に応じてだけ賦課されるからである」（Ⅰ,260）。また、救貧税は、「農業者の土地の年々の価値に比例して」（Ⅰ,258）課されるが、このばあいの「土地の価値」が過大評価されがちであることも指摘される。「土地の価値」の中には、開墾・整地など地主や農業者がおこなった先行的な改良投資が含まれているばあいがあり、これらの「土地と合体してしまった」（Ⅰ,261）土地資本は見分けがたく、「厳密に言って地代の性質をもつ」（Ⅰ,262）ことになるからである[75]。これらは農業者と製造業者との間の新たな不均衡を生み出し、資本は利潤率の差異によって移動するのだから、農業から資本が流出してしまわないためには、農業者が農産品価格を引き上げることができなければならない[76]。このようにリカードウは、救貧税の実際上の問題に言及し、課税論を結ぶのである。

以上、リカードウ課税論の諸章を概観してきた。租税の価格転嫁プロセスを中心に、スミス批判、地代の取り扱い、所有の安全と財産移転の自由、賃金・利潤相反論、貨幣の流出入を媒介にした国内価格論、価格修正論、課税第四原則への注目等々、ユニークな議論が展開されていた。これらの諸論点は、理論的にどこに向かって収束していくのだろうか。それについて私たちは第3章で検討するが、その前に主要な批判対象となったスミス"租税論"についても一瞥しておく必要があるだろう。

【注】
1）この間の事情については、『書簡』138、142、『書簡』175、『書簡』185、188、『書簡』180、187、192、193、195、196、『書簡』208を参照のこと。ただし、「課税論」の第一次的なスケッチが1815年10月に実際に開始されたかどうかを確定できる資料はない。したがってスラッファも、「リカードウは、原稿の最初の小包を発送したのち課税論の執筆にとりかかっていたが、1816年11月17日までに、『課税の問題に関する研究』（ミルの記述による）を完了してこれをミルに送っていた」（Ⅰ,xviii）と記すに止めている。
2）Mitchell, B. R., *Abstract of British Historical Statistics*, Cambridge, 1962, p. 391, p. 396,

p. 402, p. 388, p. 392、および Deane, P. and Cole, W. A., *British Economic Growth 1688-1959*, Cambridge, 1962, p. 156, p. 161, p. 167, p. 328 より算出。また土生芳人「ナポレオン戦争期のイギリス所得税」(『法経学会雑誌』〔岡山大学〕12-4、1963年) 81、99、112頁も参照せよ。

3) Mitchell, 1962., pp. 392-3, pp. 402-3, p. 396 より算出。なお、軍隊の急激な縮小は、退役兵の社会復帰等、新たな社会・労働問題を発生させ、そのことはまた、新規の歳出増加要因でもあった。「救貧税」が、1813～5年の600万ポンド台から1818年の800万ポンド近くまで急増していることが注目される。この論点については、佐藤進『近代税制の成立過程』(東京大学出版会、1965年) 125-6頁、151頁、および、土生芳人「ナポレオン戦争後のイギリス財政」(『法経学会雑誌』〔岡山大学〕15-2、1965年) 11頁を参照されたい。

4) 所得税は1803年のH. アディントンの改革の際に「財産税 Property Tax」と改称されたが、その後も人々によって「所得税 Income Tax」と呼ばれ続けた (Hope-Jones, A., *Income Tax in the Napoleonic Wars*, Cambridge, 1939, p. 20)。この税の1801年の納税状況を見てみると、納税者32万人 (人口1069万人の3%)、納税総額585万3629ポンド、その87.4%は所得額200ポンド以上の中産階級8万644人 (人口の0.75%) によって納税されていた (Meisel, F., *Britische und deutsche Einkommensteuer*, 1925, S. 283、および、Mitchell, 1962, p. 8 より算出)。この点については、土生、1963、92-3頁、105-14頁、および佐藤、1965、110頁も参照のこと。

5) 1816～35年の20年間に実施された減税リストは、Dowell, S., *A History of Taxation and Taxes in England*, 1884, rep., 1965, pp. 262-305 が与えてくれる。また土生によれば、1816～35年の減税期の減税額は4250万ポンド、増税額は550万ポンド、純減税額は3690万ポンドであった (土生、1965、33-5頁)。

6) Mitchell, 1962., p. 392。なお、1824年頃までは輸入品目税が内国消費税局によって徴収されていたために、関税がエクサイズに分類されることが多々あり (多いときには関税額の85%にも上った)、両項目の厳密な確定は難しい。この点については、土生、1965、36頁を参照のこと。またイムラーのこの点に配慮した1790～1840年の連合王国の税収構造の推移図も、概観を得る上で参考になる (Imlah, A. H., *Economic Elements in the Pax Britannica*, New York, 1958, p. 117)。

7) 『書簡』156、167、170、190、194、226、235、255、300、330、346、351、355、359、381。また、『書簡』218、341、350も参照のこと。

8) 『書簡』256、258、259、269、346。

9) 『書簡』215、330。この論点に関しては、佐藤有史「現金支払再開の政治学――リカードウの地金支払案および国立銀行設立案の再考――」(『一橋大学社会科学古典資料センター』No. 41、1999年) も興味深い。

10) 『書簡』116、136、143。またこれを主題とした『経済的で安定的な通貨のための提案』の執筆過程におけるグレンフェル発書簡も参照のこと (『書簡』113、112、122、123)。

11) さしあたりは『書簡』87、116を参照。またマカァロク宛手紙も興味深い (『書簡』167、194)。

12) 『書簡』150、154、170、209、235、156、226、239、249、等を参照。

13) 『書簡』265、267、284、285、290。なお、ここで、「課税の原理」というタームをめぐるマカァロクとリカードウのやりとりがあることにも注意しておこう (『書

14)『書簡』118、121、160、161、および、『書簡』209、214、346。歳入不足や減債基金の確保を口実にしたヴァンシタトの5％所得税の提案に対して、リカードウは原則反対のスタンスを基本的に取りつつも、2年間の限定条件付きならば応じても良いとする等、柔軟な容認の姿勢をも見せている。なお、租税の現実問題へのリカードウの言及について、下院演説にまで対象を広げてみれば、内国消費税法案（1819年6月18日）、不動産税（1819年12月16日）、家屋・窓税廃止（1821年3月6日）、マーバリ氏の減税動議（1823年2月28日）が確認できる。
15)「リカードウは、価格下落と失業という1815～23年の困難な数年間の租税政策や予算政策に関して処方を書こうなどという意図をもっていなかった。」(Shoup, C. S., *Ricardo on Taxation*, 1960, p. 248)。
16)「課税の原理」という用語は、注13)で述べたもののほか、『書簡』188、346、および『マルサス評注』(Ⅱ, 167)にも認めることができる。この点については、羽鳥卓也「リカードウ『経済学および課税の原理』について」(『一橋大学社会科学古典資料センター年報』No. 19、1999年) を参照のこと。
17)森嶋通夫『思想としての近代経済学』(岩波書店、1994年) 25頁。
18)佐藤進「リカァドの租税論について」(『経済学論集』〔東京大学〕34-1、1968年) 50頁。
19)真実一男『リカード経済学入門』(新評論、1975年) 100頁、105頁。
20)羽鳥卓也、1999、また、「『経済学および課税の原理』解題」(『経済学および課税の原理』改定版、岩波書店、1987年) も参照のこと。
21)"租税必要悪論"は、『原理』「課税論」の随所で繰り返されている (Ⅰ, 152, 185, 206-7, 221-2, 225, 238-9, 244)。
22)課税対象の人為的選択に反対するリカードウの立場は、租税は転嫁されていくものだから対象の選択は副次的な意味しかもちえないという、リカードウ課税論の中心的主張と結びついている。例えば第9章では、次のように述べられている。
　「課税は、どんな形態をとろうとも、害悪の選択を示すにすぎない。もしそれが利潤または他の所得源泉に作用しないのであれば、それは支出に作用するに違いない。そしてもしも負担が平等に担われて再生産を抑圧しないとすれば、それがどちらに課されるかはどうでもよいのである。」(Ⅰ, 167)
23)同じ理由から、"奢侈品税"に対してもリカードウは否定的である。第16章で、「奢侈品」への特別税が、「所得から支払われ、それゆえその国の生産的資本を減少させない」から「必需品に対する租税」よりも有利であることは認めつつも、「税額についての確実性がない」などの理由も挙げ、あまり積極的な態度を採っていない (Ⅰ, 241)。
24)「なぜある個人は、彼の土地を売りたいと思うのだろうか？ それは、彼が自分の基金がより生産的であるだろう何か別の用途を考えているからである。別の人がこの同じ土地を買いたいと思うのはなぜだろうか？ それは、彼にあまりにも少ししかもたらさないか、使用されていなかったか、あるいは彼がその使用方法に改善の余地があると考える資本を、使用するためである。この交換は、これら両当事者の所得を増加させるのだから、一般的所得を増加させるだろう。だが、もしも課徴金がこの交換を妨げるほどに過大であれば、それは一般的所得のこの増加に対する障害となる。」(Ⅰ, 155)

25)「あらゆる人がもっている、その生活上の地位を保ち、その富を一度達成した高さに維持しようとする欲求は、たいていの租税を、それが資本に課されようと所得に課されようと、所得から支払われるようにさせる。」（Ⅰ, 153）
26)「租税は、資本に課されるからといって必ずしも資本に対する租税ではなく、また所得に課されるからといって必ずしも所得に対する租税ではない。」（Ⅰ, 152）
27) 例えばリカードウは、遺産税を天引きしてしまうばあいと内国消費税のようなかたちで間接的に徴収するばあいの違いについて、次のように述べている。
　「もし1000ポンドの遺産が100ポンドの租税を課されるならば、遺産相続人はその遺産を900ポンドにすぎないものと考えて、したがって彼の支出から100ポンドの税を節約しようとする何ら特別の動機も感じない。こうしてその国の資本は減少する。だが、もし彼が実際に1000ポンドを受け取り、そして所得、ワイン、馬、あるいは召使に対する租税として100ポンドを支払うように要求されたとするならば、彼は、おそらくその額だけ彼の支出を減少させたであろう、というよりもむしろ彼の支出を増加しなかったであろう。そしてその国の資本は損なわれなかったであろう。」（Ⅰ, 153）
28) 例えば第9章でリカードウは、「原生産物に対する租税」は、農業者・商人・製造業者の所得を減少させるが、地主や公債所有者の固定所得を無税のままにしておくから不平等という非難に対して、次のように述べている。
　「もしも租税の作用が不平等ならば、立法府は、土地の地代および公債の配当金に直接に課税することによって、それを平等にすべきである。そうすることによって、各人の私事を詮索したり、自由国の慣習と感情にもとる権力を収税吏に与えたりするという、いまわしい手段に訴える不便なしに、所得税のすべての目的は達せられるであろう。」（Ⅰ, 160-1）
29) この基本命題は、第17章では原生産物だけでなく全商品について、以下のようにより一般化されて「原理」として定式化されている。
　「穀物に対する租税が穀物の価格を引き上げるであろうというのと同じ原理にもとづいて、他のいかなる商品に対する租税もその商品の価格を引き上げるだろう。」（Ⅰ, 243）
30) このアンバランスな価格論が露呈する矛盾を、リカードウは第16章で、賃金税に関わらせて次のように指摘している。すなわち、スミスによれば賃金税は製造品価格のみを上昇させ農産品価格は上昇させないのだから、上昇した製造品価格が再び賃金を上昇させ、賃金上昇はさらに製造品価格をひき上げ、こうして、「まず賃金の財貨に対する、次に財貨の賃金に対する作用・反作用は、どんな指定されうる制限もなしに繰り広げられるだろう」（Ⅰ, 225）から、結局は、「地主だけにこれらの租税の全負荷がかかってくる」（Ⅰ, 224）という「馬鹿馬鹿しい結論に導く」（Ⅰ, 225）ことになる、と。
31) また、第16章の次の一文も見よ。
　「アダム・スミスの誤謬は、まず第一に、農業者によって支払われるすべての租税は、地代からの控除という形で必然的に地主にかかってくる、と想定することから起こってくる。」（Ⅰ, 225）
32)「もし彼らがすべて、利潤に関する租税の引き当てのために、彼らの財貨の価格を引き上げることができるとすれば、彼らはすべてお互いの商品の消費者なのだから、租税はけっして支払われえないということは明らかである。というのは、もしすべての者が補償されるのならば、いったい誰が納税者となるのであろうか？」（Ⅰ, 226）

33) 課税論の冒頭は次の一節で始められていた。
「租税は、一国の土地と労働の生産物のうち、政府の自由処分に任される部分である。そして常に究極的には、その国の資本か収入のどちらかから支払われる。」（I, 150）
34)「地代に対する租税は、ただ地代だけに影響するだろう。それは完全に地主の負担になり、どんな消費者階級にも転嫁されえないだろう。」（I, 173）
35) リカードウのいわゆる"キャピタル・レヴィ"擁護論は、この文脈で出てくる議論である。
「生産に対する租税、つまり資本の利潤に対する租税は、利潤に直接に課されようが、土地またはその生産物への課税によって間接に課されようが、他の租税以上に次のような利点をもっている。すなわち、もしも他のすべての所得が課税されているとすれば、社会のいかなる階級もそれを逃れることはできず、各人はその資力に応じて納税することになる、という利点をもっているのである。」（I, 167）。
ここでリカードウは、租税の最終的な帰着先としての「利潤」に直接的に課税することのメリットを指摘している。しかしもちろんそのことは、リカードウが"キャピタル・レヴィ"を推奨していることを意味するものではない。特定の課税対象への選択的課税には、リカードウは基本的に反対の立場を取るからである。
36) 第10章（「地代に対する租税」）は、それがはじめて章立てされたのは初版の印刷段階であり、もともとは第9章の「補論」として執筆されたものであった（I, xxviii-xxx）。
37) 例えば穀物1クォータの価格が4ポンド（80シリング）であるとき、「原生産物に対する租税」はクォータあたり8シリングというように固定した貨幣額が賦課される課税形態であり、「十分の一税」は1クォータ（80シリング）の十分の一（8シリング）というように穀物の一定割合が徴収される課税形態である。したがって穀物生産の困難が増大して、例えば穀価が4ポンドから5ポンドに上昇するばあいには、「原生産物に対する租税」は8シリングのままだが、「十分の一税」は10シリングへと賦課が増すことになる。
38)「地租」についてリカードウはさまざまな形態を認めているが、例えば100エイカーあたり2ポンドのように、土地種類に配慮せず一律に課されるものが典型的なものとして考えられている。いま、穀価がクォータあたり4ポンドで、5クォータと6クォータを産出する2つの土地（各100エイカー）があり、地租を2ポンドとすれば、税率は劣等地が10％（2/20）、優等地は8.3％（2/24）になる。さて収穫逓減によって、劣等地の産出量が5クォータから4クォータ、優等地の産出量が6クォータから5クォータに、優等地と劣等地の産出量の差額は同一のままで、それぞれ低下したとする。穀価が、例えば5ポンドに上昇するならば、劣等地の税率は10％（2/20）のままだが、優等地は8.3％から8％（2/25）に軽減されることになるだろう。穀価上昇の下での「地租」は、産出量の大きな優等地により有利に作用するのである。
39) リカードウは、穀価上昇が賃金上昇をもたらすかどうかは、穀価上昇をもたらす原因を吟味しなければならないとして、①凶作等による供給不足、②発展的社会における漸次的需要増加、③銀流入等による貨幣価値の下落、④必需品に対する租税、という4つの原因を挙げる。そして、このうち①では、穀物が絶対的に不足しているのだから、穀価が上昇しても賃金は上昇しない、②では、穀価上昇が賃金上昇をもたらすというより、むしろ賃金上昇が高穀価に先行する、③では、穀価と賃金が並行して上昇するのであって、穀価上昇が賃金上昇をひき起こすとは言えない、と反論する。ま

た④のばあいにのみ穀価上昇→賃金上昇が言えるが、しかしこのばあいにも、賃金上昇は、a) 必需品に対する需給比率、b) 労働に対する需給比率、という2つの規定要因をもつのであり、したがって穀価上昇が必ずしも実質賃金上昇に直線的に連動するとは限らない、と指摘する。リカードウは賃金を、単に必需品価格によってでなく資本蓄積の発展過程の中で規定しようとしたと言えるだろう。この議論がスミスの"穀価・賃金連動論"への批判であることについては、本書第3編第1章で再説する。

40)「すべての国産品の価格をひき上げる効果をもっているであろう租税は、ごく限られた期間を除けば輸出を阻害しないであろう。……こうした事情のもとでは、貨幣以外には外国商品の見返りに輸出できるものは何もないだろうが、しかしこれは長くは続けられない貿易である。一国はその貨幣を使い尽くせるものではない。というのは、一定量の貨幣がその国から出ていった後では、残った貨幣の価値が上昇し、その結果、諸商品の価格は次のようなものに、すなわち再び有利に輸出されうるような価格になるからである。」（Ⅰ, 169-70）

41)商品の相対価値の修正という『原理』第1章（Ⅰ, 53）の議論は、課税論では租税による価格関係の修正問題として随所で展開されている（Ⅰ, 169, 171, 207-11, 239）。例えば第16章では以下の通りである。

「課税が、すべての商品の価値に同じ比率で作用して、それらの商品を従前どおり同じ相対価値に保つように平等に適用されるということは決してありえない。それはしばしばその間接的効果のために、立法府の意図とは非常に異なって作用する。われわれはすでに、穀物および原生産物に対する直接税の効果は、もしも貨幣もまたその国で生産されるならば、原生産物がその構成に入り込むのに比例して、すべての商品の価格を引き上げ、そしてそれによってこれらの商品の間に以前に存在した自然的関係を破壊する、ということを見てきた。……われわれはまた、本書の他の部分において、賃金上昇および利潤低下の効果は、より大きな度合いで固定資本を使用して生産される諸商品の貨幣価格を引き下げる、ということも見てきた。」（Ⅰ, 239）

42)「無差別にそして土地の質の差異を少しも考慮しないで、すべての耕作されている土地に賦課される等額の地租は、最劣等地の耕作者によって支払われる租税に比例して穀物価格を引き上げるだろう。……この種の租税はアダム・スミスの第四の原則に反するであろう。それは、国庫にもちこまれるものよりもいっそう多くを人民の懐から取り出し、その外にとどめておくであろう。革命前のフランスにおけるタイユはこの種の租税であった。」（Ⅰ, 182-3）

43)その他、第11章でも「十分の一税」に関して、「公正で妥当な方策」（Ⅰ, 179）として、輸入穀物や毛織物輸入業者への相殺税が推奨されている。

44)第9章には、市場価格が自然価格に先行して上昇するという反対の例示もある。すなわち、帽子の需要が供給に比べて大きければ市場価格が上昇するが、資本流入による供給の増大は市場価格を下落させ、市場価格が再び自然価格に一致していく、と言うのである。とはいえこの例示は、「市場価格」の「自然価格」への収斂が供給調整（資本移動）を通じておこなわれることを説く点では、本文中の例示と同じである。

「もし市場にある帽子が需要に対してあまりにも少なければ価格は上昇するだろうが、しかしそれはほんの短期間にすぎないだろう。というのは、1年も経過するうちにはその事業により多くの資本を使用することによって、帽子の分量をどれだけでも適度に付加することができ、それゆえその市場価格が自然価格を長期間にわたって非常に大きく超過しえないからである。」（Ⅰ, 165）

45)「すべての商品の市場価格と自然価格の一致は、いつでもその供給を容易に増減しうるかどうかに依存している。金、家屋、労働のばあいには、他の多くの物と同様、ある事情の下では、この結果が速やかに生み出されえない。しかし、帽子、靴、穀物、服地のような、年々消費され再生産される商品に関しては事情が異なる。それらは必要ならば縮減されるのであって、生産に課される負荷に比例して供給が縮小されるまでの間隔は長くはないのである。」(Ⅰ, 196)

46) 例えば、『国富論』第一篇第十一章「土地の地代について」および補論「過去4世紀間における銀価値変動に関する余論」を見よ (WN, 186-9, 231-2)。リカードウの「金に対する租税」については、しばしば「現実には存在しない租税形態である」と言われることがあるが、リカードウがこれをスミスから実際例として継承していることは明らかである。

47) リカードウは第13章の別の箇所では、70ポンドの重税によって100ポンド生産する最優等鉱山だけが採鉱されることになるばあいの金価値の上昇を、2.5倍(250ポンド)でなく2.33倍としている。すなわち、最優等鉱山の100ポンドのうち70ポンドが租税として徴収されてしまい同鉱山資本には30ポンドだけが残されるわけだが、この30ポンドは70ポンドに、すなわち課税前の最劣等鉱山資本(70ポンド産出)がちょうど「資本の通常利潤」を確保できていた水準にまで、金価値を2.33倍(70/30)上昇させなければならない、と考えたのである。

「残りの30ポンドの価値は以前の70ポンドの価値と同じ大きさであり、それゆえ100ポンド全体の価値は以前の233ポンドと同じ大きさでなければならない。」(Ⅰ, 197)

流通必要金量という観点から規定された250ポンドという数値と、金鉱山の「資本の通常利潤」という観点から規定された233ポンドという数値が並存しているが、リカードウは「金はある種の独占商品であるのでその自然価値を超過しうるだろう」(Ⅰ, 197-8)と言っているだけで、この併記について特に注意を払っているようには見えない。

48)「国王の租税の大部分が資本のよりよい配分によって獲得されるのだから、国王自身の臣民にかかるのは、租税の小部分だけであろう。」(Ⅰ, 198)

49)「金の他にも速やかに分量が縮減されえない商品がある。それゆえそれに対するいかなる租税も、もし価格の上昇が需要を減少させるのであれば、所有者にかかってくることになるだろう。」(Ⅰ, 200)

50)「敷地地代も土地の普通の地代も、ともに多くのばあい、その所有者が彼自身で何の配慮や注意を払わないでも享受するような種類の収入である。たとえこの収入の一部分が国家経費を支弁するために彼から徴収されるとしても、それによっていかなる種類の勤労も阻害されはしないだろう。その社会の土地と労働の年々の生産物、すなわちその国民大衆の真の富と収入とは、こうした課税の後でも以前と同じだろう。それゆえ敷地地代および土地の普通の地代は、それらに特別税が課されても、恐らくもっともよく耐えることのできるような種類の収入である。」(Ⅰ, 203-4; cf. WN, 843-4)

51)「アダム・スミスは、敷地地代を課税にとって特に適した物件とみなしている。……これらの租税の効果が、アダム・スミスが述べたようなものであることは認められなければならない。しかし一社会のある特定階級の収入に排他的に課税するのは、確かに非常に不公正であろう。国家の負担はすべての者によって、その資力に比例して担われるべきであろう。これはアダム・スミスによって述べられた、すべての租税を支

配すべき4つの原則の中の1つである。しばしば賃料は、多年の労苦の後にその利得を実現し、その資産を土地もしくは家屋の購入に支出した人々に帰属するものである。そこで、それに不平等な課税をするのは、確かに、所有の安全という、常に神聖に保たれねばならない原則の侵害であろう。」（I, 203-4）

52）「土地財産の移転に課されている印紙税が、土地を恐らくもっとも生産的にするであろう人々の手に土地が譲渡されることを著しく妨げているのは、悲しむべきことである。そして、単一課税にとって適当な物件とみなされている土地が、単にその課税の危険を補償するために価格が切り下げられるばかりでなく、その危険の無限定な性質と不確定な価値とに比例して、真面目な事業というよりもギャンブルの性質を帯びた投機に適した物件になるだろうということが考慮されれば、そのばあいに土地をもっとも入手しそうなのは、土地をもっとも有利に使用すると思われる真面目な所有者の性質よりもギャンブルの性質をもった人々の手のように思われる。」（I, 204）

53）「帽子製造業者に対する租税は帽子の価格を引き上げるだろう。というのは、もし彼の利潤が課税されて他の事業の利潤が課税されないとすれば、彼が帽子の価格を引き上げないならば彼の利潤は一般的利潤率以下になり、そこで彼は他の部面に向かってその部面から立ち去るだろうからである。」（I, 205）

54）「どれほどでも金の追加量を海外から購買するためには、国内の商品は高価でなく安価でなければならない。金の輸入と金が購買され支払われる全国産商品の価格上昇とは、絶対に両立しない結果である。」（I, 105）

55）「利潤に対するよく規制された租税が、究極的には国内と外国の製造業の商品を、租税が課される以前と同じ貨幣価格にまで復帰させるだろうということは、私には絶対に確実であるように思われる。」（I, 214）

56）高い商品価格はより多くの貨幣（貨幣流入）を必要とするにもかかわらず、商品価格の上昇は貨幣の流出要因ではあっても流入要因ではない。とすると、貨幣流入（商品価格低下）によってのみ租税は商品価格を上昇させうる、ということになる。この背理について、例えば第9章では、まず、「穀物およびすべての国内商品は、貴金属の流入なしには実質的に価格を引き上げられえないだろう」（I, 168）と、価格上昇した商品を流通させるためにはより多くの貨幣が必要であるという"必要説"が述べられる。しかしこれに続くすぐ次のパラグラフでは、「全流通には以前と同一分量の貨幣で十分であろう」（I, 169）と正反対の見解が表明されている。また『原理』第3版でも最初の引用文のパラグラフ末に注を付けて、「たんに課税によって価格が引き上げられる商品が、その流通のためにより多くの貨幣を必要とするかどうか疑問をもたれるかも知れない。私は必要としないだろうと信じている」（I, 169）と、明らかに"不要説"が述べられている。第15章でも、「さらに熟考した上で、私は、もし諸商品の価格が生産の困難によってでなく課税によってひき上げられるのであれば、商品の同量を流通させるためにより多くの貨幣が必要であるかどうかということを疑問に思う」（I, 213）と、やはり"不要説"が採られている。この"必要説"と"不要説"の併存問題についてスラッファは、「リカードウは彼の考えを二度変えた」（IV, 320）と述べて、『ボウズンキトへの回答』（1811年）、『原理』初版（1817年）、『原理』第3版（1821年）におけるリカードウの叙述の変遷を整理している。

57）「原生産物に対する租税、十分の一税、賃金に対する租税、そして労働者の必需品に対する租税は、賃金を上昇させることによって利潤を低下させるので、たとえ等しい程度ではないにしても、それらはすべて同一の結果をともなうだろう。」（I, 214）

58)「しかも、もし貨幣が課税されず価値が変更しないならば、すべての商品の価格は上昇するとはいえ、同じ比率で上昇はしないであろう。それらの商品は、課税後には、課税前と同じ相互間の相対価値をもたないだろう。本書の前の部分で、私たちは、固定資本と流動資本への資本の分割というよりも、むしろ耐久的資本と消耗的資本とへの資本の分割が諸商品の価格に及ぼす影響、を論じた。」（Ⅰ, 207）

59)「諸商品が課税されている国では、諸商品の価格が、通貨価値の上昇または下落のどちらの結果であるにしても、すべてが同じ比率で変動するものでないことは明らかである。」（Ⅰ, 210）

60)「もしすべての者が補償されるのならば、いったい誰が納税者となるのであろうか？」（Ⅰ, 226）

61)「そこで私は、賃金を引き上げる効果をもつどんな租税も利潤の減少によって支払われるだろうということ、それゆえ賃金に対する租税は事実上利潤に対する租税であるということを証明するのに成功したと思う。」（Ⅰ, 226）

62) ビュキャナンは、必需品価格の上昇が賃金を上昇させるというスミスの見解に対しても、「労働の価格は、労働者需要と比較した労働者供給にまったく依存しているのだから、食料価格とは何ら必然的な関連をもたない」（Ⅰ, 216）と反駁している。食料の高価格は食料の供給不足の結果であり、「労働者は共通の欠乏の一部を分担しなければならない」（*ibid.*）のだから、労働の貨幣賃金は上昇しえない、と言うのである。これに対してリカードウは、すでに第9章で展開された穀価上昇の資本蓄積論的原因を想起させながら（本章注39）参照）、ビュキャナンは、食料高価格の原因を単純に供給不足だけに帰している、と批判する。

63) なお、ここでリカードウは、租税による労働維持元本の削減は労働需要を減少させるとはいえ、「租税によって徴収される基金が政府によって労働者の維持に使用される」から「労働に対する需要は租税に比例して減少しない」、「なるほど彼らは不生産的労働者だが、それでもやはり労働者なのだ」（Ⅰ, 220）と述べ、"政府による生産的支出"という議論を持ち出している。

64)「もし何らかの原因が少数の製造品の価格を引き上げるようなことがあれば、それはそれら製造品の輸出を妨害し阻止するであろう。だが、もし同じ原因が一般にすべての製造品に作用するならば、その効果はたんに名目的であるにすぎず、それら製造品の相対価値を損なうこともなければ、また物物取引（すべて商業は、外国貿易も国内商業も、実質的には物物取引だが）に対する刺激を少しでも減少させることもないであろう。」（Ⅰ, 228）

65)「課税の帰結である貴金属の比較的低価格、換言すれば、諸商品の一般的高価格は、貴金属の一部分が輸出され、そのことが貴金属の価値をひき上げることによって、再び諸商品の価格をひき下げるであろうから、国家にとって少しも不利益にはならないであろう。」（Ⅰ, 232）

66)「私はすでに、何らかの原因が全商品の価格を引き上げるときには、その効果は貨幣価値の下落にほぼ類似していることを証明しようと試みてきた。もし貨幣の価値が下落すれば、全商品の価格は騰貴する。そしてその効果が一国にかぎられるならば、それは全般的な課税によってひき起こされる諸商品の高価格と同じ仕方で、その国の外国貿易に影響を及ぼすであろう。それゆえに、一国にかぎられた貨幣の低い価値の効果を検討すれば、われわれはまた、一国にかぎられた諸商品の高価格の効果を検討することにもなるのである。」（Ⅰ, 228）

67)「課税もしくは貴金属の流入によって諸商品の価格が引き上げられるときに、貴金属の自由貿易を許さなければ、社会の不活動資本の一部を活動資本に転化することが妨げられる。すなわち、より多量の勤労を雇用することが妨げられる。」（I, 229）

　自由貿易による貨幣流出入の自由が「より多量の勤労」に結びつくという上の引用文の議論は、第9章の以下の叙述とともに再考してみる必要があるだろう。リカードウはそこで、孤立国における租税転嫁の不可能性に言及しているのであるが、そのことは裏返せば、自由貿易下では他国への租税の移転が可能であることを語り出しているようにも見えるからである。この点については、本編第3章で検討する。

　「もしある国がどの国とも商業をおこなわず、他のすべての国から孤立しているならば、その国は、その租税のいかなる部分も自国から転嫁することは決してできない。その国の土地と労働の生産物の一部分は、国家事業に向けられるだろう。」（I, 168）

68)「課税制度には欠陥があるかも知れない。つまり、国庫に入る以上のものが人民から徴収されることがあるかも知れない。というのは、価格に及ぼすその効果の結果として、特殊な課税方法によって利益を得る人々によって、恐らく一部が受領されるからである。こういう租税は、有害であって奨励されてはならない。」（I, 234-5）

69)「労働者の必需製造品に対する租税は、……穀物に対する租税と同様の影響を賃金に対して及ぼすだろう。そしてそれは、資本の利潤と外国貿易に対しても、まさに同様の影響を及ぼすだろう。」（I, 243）

70)「セイ氏はここでもまた、彼が他のところで支持している学説を忘れてしまったように思われる。すなわち、『生産費が価格を規定し、それ以下に下落すれば生産が停止し減少するから、諸商品は相当の期間にわたってそれ以下に下落しえない』、という学説である。」（I, 243）

71)「一国が窮迫するのは国債の利子の支払によってでなく、また一国が救済されるのは支払の免除によってでもない。国民資本が増加されうるのは、ただ所得の貯蓄と支出の削減によってのみである。したがって国債の破棄によっては、所得も増加しないし支出も減少しないのである。」（I, 246）

72)「戦争を支える目的で、あるいは国家の経常費のために一国に賦課され、主に不生産的労働者の維持に向けられる租税は、その国の生産的産業から徴収される。そして、このような経費が節約されうるならば、そのような節約はすべて、納税者の資本にではないにしても、一般に彼らの所得に加えられるだろう。」（I, 244）

73)「真の国民的困窮が、それを当然負担すべき社会の一階級の肩から、いかなる公正の原則にもとづいても、自分たちの割分以上を負担すべきでない他の階級の肩へ転嫁することによって除去されうると想像するのは、誤謬であり妄想である。」（I, 246）

74)「注目すべきことには、アダム・スミスとビュキャナンは、まったく一致して、原生産物に対する租税や地租および十分の一税がすべて、原生産物の消費者にではなく土地の地代にかかってくることに同意していながら、それにもかかわらず両者はともに、モルトに対する租税は地主の地代にではなくビールの消費者にかかってくることに同意していた。アダム・スミスの議論は、モルトに対する租税および原生産物に対するその他すべての租税の問題について私が採用する見解のきわめて有力な表明であるから、私は読者の注意をひくためにこれを提示しないではおれない。／『大麦栽培地の地代および利潤は、他の同等に肥沃で同等によく耕作されている土地のそれらと、常にほとんど等しいにちがいない。もし前者がより小さければ、大麦栽培地のいくつかの部分は間もなく何か他の目的に転用されるだろうし、また、もし前者がより大きけ

れば、より多くの土地が間もなく大麦の生産に転用されるだろう。……ビール醸造業者にとっては、モルトの価格は、モルトに賦課される租税に比例してつねに上昇してきた。……これらの租税の最終的な支払いは、つねに消費者にかかってきて、生産者にはかかってこなかった。』」（Ⅰ, 252-4 ; cf. WN, 892-3）
75)『原理』第2章の冒頭でリカードウは、土地改良資本がもたらす「利子」と厳密な意味での「地代」の範疇的な区別をかなり厳しくおこなっていたが、それは、「利子」をも「地代の法則にしたがう」（Ⅰ, 262）ものとして一括してしまいがちな"課税論"レベルでの現実を念頭に置いてのことであったと言えよう。
76)「資本をある特定の事業に使用するのを妨げるものは、利潤の絶対的下落ではなくて相対的下落である。資本をある使用から他の使用に移動させるものは、利潤の差である。」（Ⅰ, 259）

第2章

アダム・スミスの租税論

第1節　はじめに

　アダム・スミスは『国富論』第五篇第二章第2節「租税について」で租税の問題を扱っている。第五篇は、「主権者または国家の収入について」と題され、3つの章から構成されている。すなわち、第一章「主権者または国家の経費について」では軍事・司法・公共事業・公共教育等、国家の歳出諸項目が、第二章「社会の一般的または公共的収入の源泉について」ではその財源が、そして第三章「公債について」では国家信用による国家債務の問題が取り扱われている。「租税論」が論じられる第二章は2つの節、すなわち第1節「主権者または国家に専属する収入のファンドあるいは源泉について」と第2節「租税について」に分けられ、前者では、王領地や公的資本等によってもたらされる歳入が、後者では、一般市民の諸収入に賦課される租税が、それぞれ扱われている。このようにスミスの「租税論」は、歳出・歳入・国債という国家財政全般を論じた『国富論』第五篇のちょうど中ほどにあって、「私的収入」から引き出される歳入、つまり地代・利潤・賃金への賦課とそれがかかえる問題について検討したものである[1]。

　ところでスミスは、国家財政の基盤は「公的収入」から「私的収入」に移行し、歳入に占める「租税」の比重は徐々に高まってきたと考えている[2]。その背景には、もちろん17～18世紀イギリスにおける周知の政治過程がある。す

でにテューダー朝以降、軍事費を中心に国家財政支出は膨張し続けており、これに対して、「国王は独力で生活すべきである」という伝統的な観念の下、国王は王室領の売却・各種封建的諸収入の増徴によってなんとかこれに対処しようとしていた[3]。しかしこれだけではとうてい支えきれず、国王は議会に対して、補助金・十五分の一税・十分の一税・人頭税等の各種特別供与金を要請していく。議会はこれに認可を与える代償として、予算の公開・国王の封建的徴発権の廃止等、国家財政への管制権限を要求する。ステュアート朝における二度の市民革命は、経済史的には財政上の実権をめぐるこの2つの勢力の衝突であったと見ることもできよう。この革命によって、王室財政と国家財政が分離され、前者は、議会が供与する「王室費 Civil List」の狭い枠内に押さえ込まれていくことになる[4]。こうして、旧来の"王室財政主義"は"国家財政主義"へと決定的に転換され、"国民が支える国家財政"という概念が成立してくる。租税はもはや国家が一方的に課徴するものではなく、J. ロックが言ったように、国家が与える「保護」の恩恵に浴する度合いに「比例」して支払われる「賦課金」となる[5]。つまり租税は、国家と市民のギブ・アンド・テイクの場に引き出され、両者の相関関係によって規定されることになったのである。

　スミス租税論は、もちろんこのような歴史過程を踏まえて展開されている。そのことは、租税論が地代・利潤・賃金という「私的収入」を前面に据えて組み立てられていることに明白に読み取ることができるだろう。すなわちスミスは、「私は、まず第一に地代にかかるように意図されている租税、第二に利潤にかかるように意図されている租税、第三に賃金にかかるように意図されている租税、第四に私的収入のこれら三源泉すべてに無差別にかかるように意図されている租税について、できるだけよく説明するように努力しよう」(WN, 825)と述べて、租税論を以下のように構成したのである。

　　第1項　地代にかける租税
　　　　[1]　土地の地代にかける租税
　　　　[2]　地代でなく土地の生産物に比例する租税
　　　　[3]　家屋のレントにかける租税

第2項　利潤、すなわち資本から生じる収入にかける租税
　　第3項　労働の賃金にかける租税
　　第4項　様々な種類の収入に無差別にかかるように意図されている租税
　　　[1]　人頭税
　　　[2]　消費財にかける租税

　見られるように、まず第1項で「地代」、第2項で「利潤」、第3項で「賃金」にかけられる租税がそれぞれ検討され、最後にこれら三収入に「無差別に」かかってくる租税が第4項で検討されている[6]。とはいえ、各項はまったく同等な比重で叙述されているわけではない。分量的に見ると、第1項が租税論の叙述全体の1/4〜1/3、第4項[2]が1/2近くを占めており、この両者の間に比較的短い第2項、および極端に短い第3項と第4項[1]が挿入されている。つまり叙述の圧倒的な部分は、「地代税」と「消費税」に割かれているのである。これは当時の国家財政が、「地租 Land Tax」と「内国消費税 Excise」および「関税 Customs」という三大財源によって支えられていたことを反映するものと考えてよいだろう[7]。

　このように租税論の構成が確定され、以下、地代→利潤→賃金→消費税という順序で租税論が展開されていくことになる。だがスミスはその前に、「租税一般に関する4つの原則 maxims を前提しておく必要がある」(WN, 825) と言って、いわゆる"課税の四原則"を書き留めている。すなわち租税は、①収入に比例した公平なものであり、②誰が見ても明確で恣意性の入り込む余地がなく、③徴収に当たっては納税者の事情が十分配慮され、④徴収コストは極力低く押さえられる、という徴収上の留意点を指摘するのである[8]。"公平・明確・便宜・徴収費の節約"として今日語られることの多いこれらの諸原則は、いずれも国家と市民、あるいは市民相互間の距離の有り様を規定しようとしたものである。それは先に見た、"国家と市民の相関性としての租税"という、近代的租税の本質から必然的に生み出されたものにほかならない。

　本章は、スミスの租税論をできるだけ忠実に追ったものである。その際、登場してくる租税に関する具体的タームを、当時のイギリス財政史との関わりの

中で検討することに心がけた。またリカードウ租税論との相違についても折にふれて関説した。とかく『国富論』第一篇との関わりで、その高次展開としてのみ言わば"派生的"にとらえられがちなスミス租税論に、新たな側面から光を当てることができるかもしれぬ、と考えたからである。以下、テキストに従って順次検討していこう[9]。

第2節　スミス租税論の展開

1）地代にかける租税

　スミス租税論は、「地代にかける租税」から始まる。これに照応する当時の具体的な課税形態は「地租」である。「地租」は、すでに述べたように、「内国消費税」「関税」と並ぶ18世紀イギリス財政の三大支柱の1つであるが[10]、その名称から想像されるよりも広い意味あいをもつ課税項目であった。「地租」は、もともと12～3世紀に十五分の一税・十分の一税として地域ごとに割り当てられた"動産税"が転化したもので、ヘンリー8世・エリザベス時代を通じて、国家の緊急支出に際して議会が供与する臨時的直接税（「サブシディSubsidy」）として確立していったものである。その後、動産の過小評価や地域間不均衡といった問題をかかえつつも、ウィリアム治下には各種補助金（エイド）が制定され、「地租」が定率の総合的収益税として、租税の安定的増加の基軸に据えられようとする[11]。要するに、軍事派遣等臨時の国家支出に応ずるために、単に土地だけでなく家畜・穀物等の動産や役職俸給までをも含むおよそありとあらゆる資産収益を課税対象とした"直接税"を総称するものが「地租」だったのである[12]。この意味では、スミスが租税論の第1～3項で検討している地代・利潤・賃金に賦課される様々な租税は、すべて「地租」という項目に一括できると言うこともできるのである[13]。

　さてスミスは、第1項「地代にかける租税」を3つの細目項に分けて検討している。すなわち、「土地の地代にかける租税」「地代でなく土地の生産物にかける租税」「家屋のレントにかける租税」である。

　まず、「土地の地代にかける租税」でスミスは、イギリスのように、「各地区

ごとに一定不変の規準に従って割り当てられる地租」(WN, 828) の方がよいか、フランスのフィジオクラートが主張するように、地代の変動に合わせて課税規準をスライドさせていく方がよいのか、を議論している。課税原則に照らせば、「公平性」の点では明らかに後者が優るが、しかしそれは変動的だから「不確定」で、地代の正確な把握のための「徴収費」も多大となる。他方、前者のイギリス型は、「確定的」で納税者にとっても「便宜的」だが、時の経過につれて実勢から次第にかけ離れてしまうという「不公平」への危険につきまとわれている。結局、地租のイギリス型とフランス型のどちらがよいかは容易に決められぬし、またそのように徴収方法を云々するよりも、「地主と農業者双方の注意をかき立て」(WN, 833)、租税源泉そのものを豊かにすることこそが重要である、とスミスは述べる。こうして、国家財政と私的収入の間にあって、土地耕作の不断の改良をひき起こしていくような「行政システム system of administration」(WN, 832) の構築が問題化されるのである[14]。

「地代でなく土地の生産物に比例する租税」でスミスは、いきなり次のように切り出す。「土地の生産物にかける租税は、現実には地代にかける租税である」(WN, 836)。例えば教会の十分の一税のように農業者からその生産物の十分の一が取り立てられても、「農業者は、この部分の価値が年々の平均でいくらくらいになりそうかをよく計算し、その上で、地主に支払うことを同意する地代をこれに見合う分だけ減額するから」(WN, 837)、租税は、結局、地代にかかってくる、というのである。これは、農業利潤にかけられる租税は最終的には地代に転嫁されるという、後に見る第2項の「利潤、すなわち資本から生じる収入にかける租税」につながっていく議論である。さらにスミスは、この「生産物に比例してかけられる租税」は「不公平」だと言う。多くの地代をもたらす優等地にも、わずかな地代しかもたらさない劣等地にも、収入に比例してでなく生産物に比例して租税が課されるからである[15]。地代が現物で支払われるか貨幣で支払われるかの相違を簡単に考察した後、スミスは次の家賃税に向かう。

「家屋のレントにかける租税」でスミスは、まず「家屋のレント（家賃）」を「建物地代 building rent」と「敷地地代 ground rent」の2つの概念に分ける。前者は、家屋を建設した資本の利子あるいは利潤であり、後者は、家屋が

立地している「その位置の現実的あるいは想像上の有利さ」(WN, 840) に対して支払われる価格である。「家屋のレントにかける租税」(家賃税) は、前者を削減することはない。それは前に見た、農業者の利潤への課税が利潤に食い込まず地代に転嫁されたのとまったく同様の理由による。ただ家賃税は、地主だけでなく消費者（借家人）にも転嫁される点が異なっている。借家人は家賃の上昇によって、居住家屋のランクを落とすというかたちで租税を負担させられるからである。「家屋のレント」は、「土地のレント」とは違って、「不生産的物件を利用することに対して支払われる」(WN, 842) ものであり、「その家屋も家屋が建っている敷地も、何一つ生産しない。だから家賃を支払う人は、この物件とは別に、何か他の源泉からそれを引き出してくるほかない」(WN, 842) からだ、とスミスは説明している。こうして家賃税は、地主だけでなく消費者にも転嫁される。それは家賃を押し上げ、借家人の需要ランクを低下させることによって敷地地代をも減少させる[16]。スミスはさらに、「敷地地代も普通の地代も、多くのばあい、その所有者が何も配慮や注意をしなくても享受できる類の収入である」(WN, 844) から「特別の租税」がかけられても構わない、と多少道徳的な立場から「地代」に対する政策上の差別を容認している[17]。最後にスミスは、各国の炉税・窓税を概観してこの項を終える[18]。

2）利潤および賃金にかける租税

第2項と第3項では、利潤と賃金にかけられる租税が検討される。ここで語られていることは、結局、利潤および賃金に賦課される租税は必ず他に転嫁される、ということである。もし租税によって利潤が低下するならば企業家は決して生産しようとしないだろうし、また賃金カットによって労働者の生活状態をこれ以上悪化させるわけにもいかないからである。とすれば利潤と賃金への課税は、最終的にはそれ以外の収入、つまり地代に転嫁されていくことになるだろう[19]。スミスは、まず大枠としてこのように考えていた。ただそれに至る転嫁のプロセスが、農業部面と非農業部面では違うと言う。すなわち、租税が農業部面の利潤や賃金に賦課されるのであれば地代に転嫁され、製造業・商業部面の利潤や賃金であれば、企業家は租税分を価格に上乗せして消費者に転嫁

する、と言うのである[20]。第2項と第3項でスミスが提示する理論は、大略以上のように要約しうるであろう。

　さて第2項は、「利潤、すなわち資本から生じる収入にかける租税」である。スミスは、資本から生じる収入には「利潤」と「利子」とがあり、前者は、「資本の使用にともなう危険と労苦に対する報酬であり、しかもたいていのばあい、ごく穏当な報酬でしかない」(WN, 847) から、課税賦課の対象にはならない。だからもし特定の事業の「利潤」に課税されても、それは他の収入に転嫁されるだけだと言う。上で述べたように、農業部面では地代に、製造業や商業部面では商品価格の上昇を通じて消費者に転嫁されると言うのである。では、資本のもう一つの収入である「利子」はどうか。スミスはあらゆる事業の利潤が同等に課税されるばあいには、租税負担は利子にかかってくると言う[21]。実際、イギリスでは「地租」の名目で、土地と同様、資本の利子にも租税が課されようとしてきた。しかしその大部分は把捉されず、徴税の手から逃れてしまった。スミスはその理由を、土地と違い資本ストックの量は確定困難であり、また「世界市民」(WN, 848) である資本所有者は租税が大きくなればすぐ自分の資本を外国へ移動させてしまうことができるからだ、と言っている[22]。

　スミスは、この第2項の後半に「特定の営業の利潤にかける租税」という細目項を設けている。このばあいにも、資本の投下部面が農業であるか非農業であるかによって、租税が先に見たように二様の転嫁プロセスを示すことが述べられる。ただここでは、興味深いいくつかの新しい論点も展開される。例えば、「商業の特定部門」への「特別税」が小資本を圧迫し、やがて駆逐して、大商人による「商業独占」(WN, 853) を成立させる可能性があることが述べられている。あるいはまた、農業においては、「その土地をきちんと耕作していくには、ある一定量の資本が必要である」(WN, 856) から、商業のように自由に資本を引き抜き移動させることはできず、そのため農業資本への課税は価格転嫁できないのだと、農業で租税が地代に転嫁する理由を、農業資本の土地への"固定性"から説明している。さらにスミスは、この細目項の最後で、アメリカや西インド諸島の黒人奴隷所有に対する「人頭税 poll-taxes」を、プランテイション経営者の「利潤にかける租税」として論じている。この税目は、例えば

オランダで召使にかけられるばあいには「資本でなく支出にかける租税であり、そのかぎりで消費税に似ている」(WN, 857) と述べられているように、必ずしも本項の範囲内に収まりきらない性格ももっている。実際スミスは、第4項で再び「人頭税 Capitation Taxes」を論じ、二重叙述をおこなうことになる[23]。

　第2項の後にスミスは、「第1項および第2項への付録：土地・家屋・ストックの資本価値への租税」という「付録」を置いている。これまで検討してきた租税は、財産がもたらす収入の一部を徴収するものであったのに対し、ここでは財産価値そのものに賦課される租税が検討される。財産移転の際にかけられる「印紙税 stamp-duty」および「登記税 duties of registration」がそれである。これらは、「相続許可料 relief」「負担金 fine」「和解金 composition」等、封建的付帯条件をもつ「臨時上納金 casualties」と密接に結びついているが、実は「ごく近代の発明」(WN, 861) であり、そして財産収入にでなく財産本体にかかる租税であるため、多かれ少なかれ生産的労働を維持しうる国民資本の一部を削減する「不経済な租税 unthrifty taxes」(WN, 862) である、とスミスは言う。そして、これらについても、課税の四原則を規準に議論を整序していくのである。

　第3項は、「労働の賃金にかける租税」である。フランスのタイユやボヘミアの工匠の労働に課される重税のように、この租税は、「不合理で破壊的である」(WN, 865)。なぜならば賃金への課税は、税率以上の比率で賃金を上昇させてしまうからである。例えば、20％の賃金税率の下で週賃金10シリングを確保するためには、賃金は12シリング6ペンスに25％上昇しなければならない（12シリング6ペンス×(1 − 0.2) = 10シリング）。つまり、20％の賃金税は25％の賃金上昇をもたらすのである。この重税は、直接には雇用主によって支払われるが、それによって雇用主の利潤が縮減されることはない。すでに述べたように、彼が前払いした租税は、農業では地代に、製造業・商業では商品価格の上昇を通じて消費者に転嫁されるからである[24]。最後にスミスは、「労働の賃金にかける租税」の中には、高級官僚の俸給にかけられるもののように害の少ないものもあり、イギリスではこれが唯一このジャンルの租税であると言ってこの項を終える。

3) 諸収入に無差別にかける租税

これまでは、諸収入のどれかに直接かけられる租税が検討されてきた。租税論の第4項は、「様々な種類の収入に無差別にかかるように意図されている租税」と題されている。ここで扱うのは、3つの収入すべてをターゲットとした、「納税者がどんな収入を所持しようとも、無差別にその収入から、すなわち土地の地代からでも、資本の利潤からでも、あるいは労働の賃金からでも、支払われざるをえない」（WN, 867）ような租税である[25]。

三収入への無差別な租税としては、「人頭税 Capitation Taxes」と「消費財にかける租税」（消費税）がある。「人頭税 Poll Tax」は、イギリスでは「地租」の徴収不足を補う追加税として、名誉革命後毎年のように徴収されている。この側面からすれば、それは「地租」の補助税として第3項以前で触れるべきとも考えられうるが（現にスミスは第3項で一部これに触れていた）、推定資産や身分に応じて全国民に対して無差別にかけられるという側面からすれば、スミスがおこなったように、この第4項で言及することも可能であろう[26]。この租税は不公平・不確定であり、フランスでは、特権をもたない下層階級にもっとも重くかかる悪税の代名詞になっている。とはいえ、「厳格に取り立てられるところでは、国家にきわめて確実な収入を与える」から、「下層階級の人々の安楽・慰安・安全にあまり注意が払われない国々では、人頭税がたいへん広くおこなわれている」（WN, 869）、とスミスは皮肉を交えて述べている。

「消費財にかける租税」も三収入を無差別的に標的にする租税であるが、「人頭税」とは違って、測定困難な「収入」にでなく「支出」に課税するものである。「どんな人頭税によっても、収入に比例して人民に課税することができなかったために、消費財にかける租税が発明されたように思われる。国家は、その臣民の収入に直接的・比例的に課税する方法を知らないときは、その支出に課税することによって収入に間接的に課税しようとするのであって、そのばあい、彼らの支出はほぼその収入に比例するものと想定されている」（WN, 869）。「支出」というワン・クッションを置くことによって、この租税は、明確で確定的で、しかも消費した分だけ正確に課税されるのだから公平な租税になる。しかも、租税を支払いたくなければ消費しなければよい、という租税支払いの選

択の自由を形式上留保する点で、考えようによってはこの課税形態は、「人頭税」とは対照的に、「あらゆる租税は、それを支払う人にとっては、奴隷のしるしでなく自由のしるしである」(WN, 857) という租税の理想を、きわめてよく体現したものとさえ言えるかもしれない[27]。

「内国消費税 Excise」は、外国商品のばあいには輸入業者から、国産商品のばあいには製造業者から、それぞれの商品について定められた比率に従って徴収される。塩・鞣皮・石鹸・蝋燭などの生活必需品、タバコ・チョコレート・砂糖・茶・四輪馬車・金銀食器などの贅沢品と、その課税対象の範囲は広い。これらに賦課された消費税は、商品価格の上昇によって商人や製造業者から消費者に転嫁する。したがって、「租税が賦課されるべきものは、下層階級の必要な支出でなく贅沢品である」(WN, 888) と、スミスは贅沢品への課税を推奨する。「生活必需品にかかる租税は、労働の賃金に直接かかる租税と正確に同様の作用をする」(WN, 871) からである。

「関税 Customs」は、外敵から国家を守る海軍維持のために、貿易商人から徴収された「入港税」「通行税」を起源とし、「内国消費税よりもはるか昔からの租税」(WN, 878) である。もともとは、「あらゆる種類の財貨に、贅沢品はもちろん必需品にも、輸入品はもちろん輸出品にも、平等に賦課された」(WN, 879) のであるが、「重商主義が、収入の手段としてでなく独占の手段として課税を使うことを私たちに教えた」(WN, 882) 頃から、差別的な性格をもつようになった。スミスは、ウォルポールの改革を頂点とする重商主義的な保護貿易政策を見据えながら、課税品目の膨大化・徴収経費の多額化・密輸の横行・税関への虚偽の申告・関税率表の複雑化・税関吏の横暴・消費および生産の阻害等、現行制度の様々な問題を摘出していく。概して消費税に関するスミスの議論は、このように「行政システム」(WN, 884-5) を槍玉に上げてきわめて具体的に展開されているが、もちろんそれは、この税が"間接税"であることによっている。すなわち間接税においては、直接の納税者と真の担税者が時間的あるいは空間的に分離しており、したがって両者をつなぐ制度的機構についての議論が不可欠になるからである。こうして消費税において、課税の第四原則がもっとも濃密に議論されることになる[28]。

ところで、消費税の中でもビール税については、スミスも特に力点を置いて叙述している[29]。後にリカードウによって注目される「地代」に関する興味深い論点もここで展開されている。すなわち、特別の風味をもったワインを生み出すぶどう園とビールの原料である大麦を生産する大麦畑とが区別され、ぶどう園のばあいには、「その土地は、なにか別の、同じくらい価値のある生産物用に転換することができない」(WN, 893) が、それとは違って大麦畑のばあいには容易に他の耕作目的への転換が可能であるから、もしビール税が大麦畑の地代を圧迫すれば、その地主は大麦畑を他の生産用途に切り換えてしまうから、ビール税は地代に食い込めず価格に転嫁することになる、と言うのである。農業部面への課税はすべて地代に転嫁されると述べていたそれまでの見解が、ここでは明らかに修正されている[30]。

その上に立って、スミスはビール税の改革を具体的に提案する。ビールは、大麦を主原料とするモルトをベースにして醸造されるのだが、スミスは、製品ビールへの課税を廃止しモルトへの課税を3倍化すれば、税収は増加し、ビール価格も低下する、そして低下したビール価格はビール需要を増大させ、こうして大麦生産地の地代と利潤も増加させるだろう、と言う[31]。ビール価格が下がりしかも税収も増える、という手品のようなことをスミスが言う背景には、「大ブリテンでは、販売用でなく自家用の発酵酒と醸造酒は、内国消費税がまったくかからない」(WN, 888) という、イギリスの捕税実態があった。つまり当時の中流以上の家庭では、ほとんどが自家製のビールを製造していながら、従来のビール税はまったくこれを捕捉しえていなかった。「収入をごまかす機会は、モルト製造所より醸造所の方がはるかに大きい」(WN, 889) からであった。そこでスミスは、もともと捕税率の小さな製品ビールへの課税はこの際廃止し、モルト税を増加すれば、税収のアップとビール価格の引き下げを同時にもたらすことができる、と考えたのである。それは、国家財政と私的収入の間にある租税制度の不備に目をつけた提言であった[32]。

第4項の最後で、スミスは、イギリスの消費税は他国に比べて決して重い方ではなく、その「統一的な課税システム uniform system of taxation」(WN, 900) は、商業の自由と国家の繁栄の原因である、と述べてこの項を終わってい

る。フランスの複雑な租税制度に起因する租税徴収効率の低さが、またオランダの共和政体下での租税徴収効率の高さ（＝重税）が、それぞれイギリスとの対比において指摘される[33]。

第3節 小　　括

　以上、スミスの租税論を項目を追って順に見てきた。その際、①スミス租税論の構成そのもの、②課税原則、特に第四原則の意義、③租税転嫁のプロセス、には特別の注意を払ってきた。本節では、全体をふり返ってみて今後検討してみるべき問題を3点ほど指摘しておきたい。

　まず第一に、スミス租税論は「私的収入」である地代・利潤・賃金を前面に出して、これら経済的基礎範疇を基軸に組み立てられている。そのこと自体がもつ意味は、"市民的収入によって支えられる国家"という国家イメージであり、"国民の生産的資本を削減して不生産的労働者を雇う本質的に不生産的な国家"という国家財政イメージであろう。国家領域から独立した経済領域の自律的展開というこのような枠組みの下では、租税論は、①徴収総額としてはできるだけ少額で、②徴収にあたっては公平を旨とし、③徴収に伴うコストは極力縮減する、という市民的諸原則を自ずと前提することになるだろう[34]。

　しかしながら、この時代のイギリスが圧倒的な軍事大国であり[35]、租税収入の10倍にも及ぶ多額の公債残高が存在していた[36]、ということもまた別の事実なのである。現実の国家財政において占める租税収入の比重はあまりにも小さく、また戦争等、突発事態の発生は、国家財政を絶えず不確実状態に置いていた。そして返済見込みのない国債残高は累積する一方であった。このような環境の中で、租税論を上に述べた"市民的諸原則"に従って記述していくことは、国家財政のトータルな把握という点で、どれほどのリアリティをもちえたであろうか。もちろんスミスは、局限された実験室的範囲内での抽象理論を組み立てようとしたわけではない。私たちはスミス租税論を、18世紀イギリスにおける租税、という財政史的文脈の中に置いてもう一度吟味し直してみる必要があるだろう[37]。

第2章　アダム・スミスの租税論　57

　第二に、租税を徴収する側から言えば、徴収額はもちろん多い方がよいに決まっているが、それにも自ずと限界がある。しかも長期間にわたって安定的な租税を確保するためには、税源そのものを損なってしまうような愚は避けられねばならない。こうして徴収方法の工夫が不可欠となる。それは、①税源である私的収入に対して破壊的でなく、②"収益に応じた醵出"という公平性が確保され、しかも、③将来の税源の潜在的育成へとつながっていくような租税であることが必要である。この限りで租税は、単に私的収入から集められる受動的な存在でなく、その賦課のあり方によっては私的収入をも破壊してしまうような、一定の能動性をもった存在と言える。公平・明確・便宜・徴収コストという"課税原則"は、実は国家の側からも擁護されねばならぬ徴税基準にほかならなかったのである。

　このことは租税論が、国家財政と私的収入の相関性の場において論じられねばならぬ必然性を示唆している。両者の抽象的対立に代わって両者のつなぎ方が問題となり、その接点としての租税制度がクローズ・アップされてくる[38]。行政は、不断に変容する両者の間にあって、安定的で発展的な"租税空間"を実現しようとする。そこでは、単に抽象的な"公平性"という規準よりは、両領域を有効に結ぶ"効率性"という規準の方がより重要となってくるだろう。リカードウが強調する"課税原則"の第一原則と第四原則の相違という視角から、もう一度スミス自体に帰って、スミス租税論の内的変容という観点から跡づけ直してみたら何が見えてくるだろうか[39]。

　第三に、租税理論として見たとき、スミスの理論はフィジオクラート的"土地単一税論"ではないが、リカードウのように価格転嫁論を全面的に提出しているわけでもなく、両者のちょうど中間的な位置にあることについてである。スミスは、租税はすべて最終的には地代に転嫁されるとしたフィジオクラートの議論を「形而上的」と言い、どこに転嫁されるかはプロセスそのものの中で考えるべきだという立場をとる[40]。ここには、ものごとを事物そのものに即して観察しようとするスミスの一貫した方法が確認できるが、それによってスミスが提出した理論は、租税は農業部面では地代に転嫁するが製造業や商業のような非農業部面では課税商品の価格上昇を通じて消費者に転嫁されるという、

言ってみれば不徹底で、まさに折衷的なものであった。

ところで、すでに17世紀末には、例えば「内国消費税」をめぐって、消費税を最終的に負担するのは商品販売者であるか消費者であるか、あるいは地主であるかについての大きな議論があった[41]。租税が直接の課税対象者によって必ずしも負担されず転嫁されていくものだ、という考えはすでに自明事に属していた。フィジオクラートはこれを十分踏まえた上で、国家の経費を負担できるのは"社会的剰余"としての「純生産物」のみであり、したがって租税はどこに賦課されようとも、最終的には「純生産物」＝地代に転嫁する、と述べたのであった。スミスも、たとえ三収入に賦課されても、利潤と賃金への課税は他に転嫁されてしまうと言っているのだから、フィジオクラートと同様、租税が最終的には地代に帰着すると主張しているようにも見える。だがこの点について、スミスは一貫して明言を避けている[42]。むしろ、"剰余"の在処は言わばひとまずカッコに入れておいて、課税が波及していくプロセスの追求に精力を注ぐのである。このようなスミスの理論態度は、フィジオクラート的高みから見れば不徹底と映るかもしれない。しかし、フィジオクラートが「純生産物」の概念に封じ込めてしまった市場プロセスをもう一度解放し、これを全面的に展開したリカードウへの道をスミスが拓いたとも言える。別の角度から見れば、スミス租税論は、賦課された租税が転嫁されていくがまだその最終的な帰着先には至らない、転嫁プロセスの中間段階そのものを主題化した理論である、とも言うことができるかもしれない。私たちは、重商主義→フィジオクラート→スミス→リカードウという経済学説史的文脈において、不徹底で折衷的に見えるスミス租税論の独自の意義にあらためて光を当ててみる必要があるだろう。

【注】

1) 『国富論』（1776年）に先立つ『法学講義』（1762～4年）においては、スミスは「正義」「行政」「歳入」「軍備」を法の四大目的として挙げ、租税論は第3番目の項目に位置づけられていた。しかし実際の叙述においては、「歳入」は「軍備」とともに「行政」の一部として考察されているだけで、必ずしも独立した項目としては扱われていない。新村は、「おそらくもっとも初期の行政論では、収入が富裕の緩慢な進歩の原因の一つとして、また軍備は商業の悪影響への対策の一つとしていずれも行政論に

含まれていたのが、やがて独立したのであろう」(新村聰『経済学の成立』御茶の水書房、1994年、257頁)と推定し、『法学講義』段階のスミス租税論を、「富裕の緩慢な進歩」をひき起こす重商主義政策批判の枠内に位置づけようとしている。

2) 租税論が書き始められる直前の第二章第1節の末尾で、スミスは次のように述べている。

「主権者または国家に専属するものとすることのできる2つの収入源である公的資本と公有地とは、大きな文明国ではどこでも、その必要経費をまかなうのに不適当かつ不十分な財源であるから、残るところは、必要経費の大部分を、なんらかの種類の租税によってまかなう以外にないはずである。つまり人民が各自の私的収入の一部を、主権者または国家に公的収入を調達してやるために拠出するのである。」(WN, 824)

3) 例えばエリザベスは、晩年の5年間に37万2000ポンドにものぼる大量の王領地売却をおこない(当時の国家財政規模は30〜40万ポンド)、財政欠損を埋めようとしたが、しかし、なお40万ポンドの負債が残ったと伝えられる(隅田哲司『イギリス財政史研究』〔ミネルヴァ書房、1971年〕4頁参照)。

4) 「王室費」の成立過程については、長谷田泰三『英国財政史研究』(勁草書房、1951年)、第二章および第七章を参照せよ。"議会が供与する王室費"という性格は、例えばこの語が初めて登場したウィリアム3世治世第九(1697年)法律第23号に、次のように明瞭に現れている。「年額70万ポンドが国王に対して、その内帑および王族の用に供し、またその他国王の必要な経費および所要に当てるために、(1)エクサイズ、(2)郵税収入、(3)国王の雑収入、(4)この法令によって与えられる"新税収入"により支給されるが、他方、70万ポンドを超過する収入があるばあいには、これを議会が処理すべく留保さるべきことを、ここに規定する。」(*Calendar of Treasury Books*: preserved in the Public Record Office, prepared by W. A. Shaw, Introduction to v. 11-7, London, 1934, p. xxix)。

5) ロックは次のように言っている。「政府が多額の賦課金なしには維持されえないということは真実であり、また保護の恩恵に与っているすべての人はそれに比例して、政府維持のために彼の資産から支払うべきである、というのは真実である。」(Locke, J., *The Second Treatise of Government*, 1692, ed., by T. P. Peardon, 1952, p. 80)。

6) 第1項と第4項は、さらに細項目に分けられている。さらに、第2項には「特定の営業の利潤にかける租税」という細目が、また第2項の後には「第1項および第2項への附録:土地・家屋・ストックの資本価値への租税」が挿入されている。したがってスミスは、「本章第2節を4つの項に分け、そのうち3項は、さらにいくつかの細目に小分けする必要があるだろう」(WN, 825)と述べるのである。

7) 『国富論』に散見する数字だけで当時のイギリスの財政構造を再現してみれば、国家歳入約1000万ポンド、その内訳は、「地租」約200万ポンド、「関税」約250万ポンド、「内国消費税」約500万ポンド、さらにこれらとは別に、公債残高約1億3000万ポンド、その平均年償還額約100万ポンドであった(WN, 822-3, 882, 896, 905, 922-3)。地代税(「地租」)と消費税(「内国消費税」「関税」)が基本財源であり、しかも歳入の10倍にも及ぶ公債を抱えた"借金財政"であったことが読み取れるであろう。なお、17世紀末から18世紀全般にわたるイギリスの歳入費目の推移については、隅田、1971、193頁を参照されたい。

8) 4つの原則はスミスの言葉では、次のようであった。すなわち、①「どの国家の臣民も、その政府を維持するために、各人それぞれの能力にできるだけ比例して、拠出

すべきである」(WN, 825)。②「各個人が支払わされる租税は、確定的でなければならず、恣意的であってはならない。……そうでないばあいには、納税者は誰でも、多かれ少なかれ徴税人の権力下に置かれ、徴税人は気にくわない納税者の税を重くしたり、税を重くするぞとおどしては、贈物や役得をせしめることもできる」(*ibid.*)。③「すべての租税は、納税者が支払うのにもっとも都合のよさそうな時期、また方法で、徴収すべきである」(WN, 826)。④「すべての租税は、人民のポケットから取り立てるにせよ、また収入がポケットに入らぬようにしてしまうにせよ、それらの分と国庫に入る分との差が、できるだけ小さくなるように工夫すべきである」(*ibid.*)。後論との関わりでここで一言しておけば、普通、"徴収費の節約"と解されることの多い第四原則が、必ずしも徴収テクニックの問題のみを説くものではなく、「国庫」と「私的収入」の相関関係を問うたものであることに気付かれるだろう。この点に関しては、さしあたり第一原則の"能力説"と"利益説"の併存問題とともに、花戸龍蔵『財政原理学説』(千倉書房、1951年) 75-90頁を参照されたい。

9) スミス租税論を比較的丹念に掘り起こしたものとしては、高島善哉『原典解説・スミス「国富論」』(春秋社、1964年)、西村正幸『アダム・スミスの財政論講義』(嵯峨野書院、1981年) がある。

10) スミスは第三章「公債について」では、「地租」「内国消費税」「関税」に加え「印紙税 stamp-duties」も含めて、「大ブリテンの租税の4つの主要な部門」(WN, 934) と呼んでいる。「印紙税」は、言うまでもなく植民地財政との関わりで後に重要な意味をもってくるが、資本価値の移転の際に課される租税という側面から言えば「地租」の性格を帯びているとも言える。だからスミスは第二章では、これを「第1項と第2項への付録」において検討し、事実上「地租」として扱ったのであろう。

11) いわゆる"地租の定型化"の試みである。しかし18世紀に入ると「地租」は減収を重ね、それと同時に動産課税も事実上放棄され、こうして「地租」は文字どおり"地代税"となっていく (石坂昭雄「租税制度の変革」『西洋経済史講座Ⅳ』岩波書店、1960年、181頁参照)。

12) "地租定型化"を図って1693～7年に連発された各種エイドのうち、1693年の『地租法』における課税対象項目は次のようであった。「(1) 現金または借財・商品・家畜およびその他の動産 (極度の借財・土地投資資本・家財道具を除く) に対して、それぞれの年価値1ポンドにつき4シリング。(2) 公職保有者およびその他の俸給取得者 (陸海軍人を除く) に対して、年収1ポンドにつき4シリング。(3) 荘園・家屋敷・所有地および借家、これに加え、採石場、石炭・錫・鉛・黄鉄鋼・鉄その他の鉱山、鉄工場、塩泉、製塩所、明礬鉱山ならびに明礬工場、猟園、狩猟場、鳥獣飼育特許地、森林、潅木林、雑木林、漁場、十分の一教区税、諸料金、年金、その他いっさいの年収益および不動産に対して、年価値 (地代) 1ポンドにつき4シリング」(隅田、1971、180頁)。地租が、動産・俸給・不動産と、ほぼ全収入をカバーして賦課されようとしていたことがわかる。なお、この期のエイドの徴収額については、Cobbet, W., 1811, *Parliamentary History of England, from the Norman Conquest, 1066 to the year 1803*, Vol. V rpt., London, 1966 を参照せよ。

13) この点についてはスミスも十分承知しており、「この税は地租と呼ばれはするものの、土地の地代だけでなく、……そのかなり大きな部分が、家賃と資本ストックの利子から生じている」(WN, 822) と、この語の広義性に言及している。

14) 「行政システム」の問題は、もちろんスミスの"課税原則"のうち特に第四原則に

関わってくる。「租税が、国庫に入る分を大きく上回って、国民のポケットから取り立てられたり、あるいは国民のポケットに入るべきものが入らぬようにされたりする」(WN, 826)、すなわち第四原則が侵犯されるばあいとして、スミスは次の4点を指摘している。①徴収人の俸給等、徴収コストが過度に大きいばあい、②国民の勤労意欲に水をさすようなある特定事業への租税、③密輸を誘発する過度の租税、④徴税人の過度の干渉。これを見るとスミスの第四原則は、単に徴収コストだけでなく徴収機構全体の関連を問題にしていたことがよくわかるだろう。すなわち第四原則は、いかに私的収入を損なわずに国家財政へと汲み上げていくかという徴収効率の問題と結びつくものだったのである。
15) これに対してリカードウは、この種の「生産物に比例してかけられる租税」(リカードウの表現では「原生産物に対する租税」) は「公平な」租税であると言う。リカードウのばあいには、原生産物への租税は地代にではなく農産物価格上昇となって消費者に転嫁され、したがって優等地と劣等地の従来の地代格差は、課税前後で同じままに維持されるからである。ここには、最劣等地の地代＝ゼロと想定し、最劣等地には支払うべき地代がないから租税は価格に転嫁されるほかない、というリカードウ地代論の独特の理論構造が顕現している。
16) リカードウ課税論においても「家屋税」は検討されている。ただ家屋は、穀物・金・労働と並んで、租税転嫁プロセスを修正する"特殊な事例"として考察されている点が特徴的である。すなわち、一般商品のばあいには、租税賦課は、課税→「自然価格」の上昇＝「生産の困難」の増大→供給の縮小→「市場価格」の上昇、というプロセスで調整されていく。ところが家屋は（労働・金も同様に）、その供給をすぐには減らすことができない商品であり、したがって租税を価格転嫁できず所有者が負担せざるをえない一定期間が存在する、とされるのである。概してリカードウの議論では、スミスに比べて租税転嫁のプロセスがより前面に出てくる傾向がある。ここ「家屋税」のばあいも、まず租税転嫁プロセスがベースとされ、その上でこの過程が商品の特殊性によってどう修正されるか、というかたちで議論が組み立てられているのである。
17) リカードウは、このような「不公正」な租税には反対である。「これらの租税の効果がアダム・スミスの述べたようなものであることは認められなければならない。しかし、もっぱら一社会のある特定階級の収入だけに課税するのは、確かにきわめて不公正だろう。国家の経費はすべての者によって、その資力に比例して負担されなければならない。これは、アダム・スミスのあげたすべての課税を支配すべき4つの原則の1つである」(I, 204)。リカードウにとって、諸収入についての道徳的判断はともかく、租税の転嫁は基本的に市場プロセスに委ねられるべきで、これへの介入は極力避けられるべきと考えられたのである。ここにも、租税転嫁過程への依拠の度合に関して、リカードウとスミスの温度差が現れている。
18) 窓税はともかく炉税は、物品税として消費税の要素を多分にもっており、第4項で論じられるべきものとも言える。とはいえ、窓や炉の数が「地租」算定の規準とされ、またしばしば非常支出に対する臨時税として徴収されたことから、スミスはここで取り上げたのだ、とも考えうる。炉税については、酒井重喜『近代イギリス財政史研究』（ミネルヴァ書房、1989年）を参照せよ。
19) このような"土地単一税"的主張は、すでにロックによっても述べられている。「その資源の大部分が土地である国においては、政府の公共経費をそれ以外のものに賦

課しようとしても無駄であり、それは究極的には土地に転嫁されるのである。商人は（いかなる方法をもってしても）それを負担しようとはしないであろうし、労働者は負担することができない。それゆえ土地保有者が負担しなければならない。そこで、租税が最終的に帰着するところに直接に賦課するのが良いか、それとも誰でもが知っているように、いったん下がると簡単には浮かび上がらない地代を下げるという方法で土地保有者に負担させた方が良いかは、土地保有者に考えさせればよい。」(Locke, J., *Some Considerations of the Consequences of the Lowering of Interest, and Raising the Value of Money*, 1691, reprinted by A. M. Kelley., 1968, pp. 96-7)

20) これに対してリカードウのばあいには、利潤・賃金への課税は、農業部面であるか否かを問わず、ひとまずすべて価格上昇を通じて消費者に転嫁するとされる。スミスが農業資本を特別扱いしたことは、「利潤」と「地代」についてのリカードウとスミスの範疇的相違を浮き出させている。この問題については、リカードウにおける"租税転嫁論"と"租税源泉論"の関連も含めて、次章で検討する。

21) 「特定の事業での資本の利潤にかかる租税は、決して貨幣の利子に影響しえない。税のかからない事業をする人よりも税のかかる事業をする人に、より少ない利子で彼の貨幣を貸してやろうなどという人は誰もいないだろう。全事業でのストックから生じる収入にかかる租税は、政府がある程度の正確さでそれらの事業から取り立てようと試みるところでは、多くのばあい、貨幣の利子にかかってくるだろう」(WN, 857-858)。羽鳥は、この一節と、『国富論』第一篇第9章「利潤論」における「総利潤」と「純利潤」の区別論（WN, 113-4）との関連を指摘し、スミスにおける「利子」範疇への注意を喚起している（羽鳥卓也「A. スミス課税論の若干の局面」『経済系』第213集、2002年）。この論点については、第2編第4章で立ち返る。

22) 「地租」による資本収益捕捉の困難は、例えば次のように、チャールズ・ダヴナントの内国消費税支持の立場をもたらした。「これまで課税は土地および外国貿易を主たる対象としてきたが、これはイングランド総国力の約1/3にすぎず、残りの2/3は課税をのがれてきた。高利貸業者・法曹家・商工業事業主・小売商人、その他人民の悪習や贅沢によって利得を得ている連中はすべて内国消費税により、共通の負担の彼らの割当て分を分担させられるべきである。」(D'avenant, C., *An Essay upon Ways, and Means*, 1695, The Political and Commercial Works of that celebrated White Charles D'avenant, ed. C. Whitworth, Vol. I, 1771, p. 62.)

23) 「人頭税 poll tax」は、議会が国王に臨時的に供与する直接税として、サブシディ（臨時税）・十分の一税・十五分の一税とワンセットになって賦課されることが多かった。後期ステュアート朝になるとこの種の"直接税"は後景に退くが、名誉革命後、地租の定型化とともに補助的な性格をもって復活してくることになる（隅田、1971、3頁、176頁、183-4頁、参照）。この面から言えば人頭税は、資産収益税として全階層を対象として賦課される"直接税"であり、スミスが第2項に配置したのもそのためであろう。

24) 利潤と賃金にかかる租税は必ず他に転嫁されるという本項で述べてきた議論は、スミスの課税の第一原則を侵犯する可能性を秘めている。というのは、スミスは「公平」の原則に関して、「ここで、はっきりと述べておかなければならないのは、上述した3種類の収入のうち、最終的にそのどれか1つにだけかかるような租税はすべて、他の2つに影響しないかぎりで必然的に不公平なものだ、ということである」(WN, 825) と、租税の「公平」は三収入すべてにかかることだと明言していたからであ

る。利潤と賃金への租税を他に転嫁させてしまう市場プロセスは、「公平」原則と両立可能なのだろうか？ この問題は、もちろんスミスの第一原則と第四原則の関連いかんという問題へとつながっていく。

25) スミス租税論においては、今日おこなわれているような"直接税"と"間接税"の区分は前面には現れてこない。すなわちすでに述べたように、まず第1〜3項と第4項の間に、租税が三収入に「無差別にかかるように意図されている」かどうかという大きな仕切りが入れられ、その上で第4項が、直接の課税対象が「収入」であるか「支出」であるかによって二分されているのである。地代・利潤・賃金という「私的収入」の基礎範疇を軸に据えたこの構成は、一部リカードウにも引き継がれることになる。

26) 1689年から1698年にかけて毎年のように徴収された「人頭税 Poll Tax」は、1697年のものだけ"Capitation"という名称をもっている。隅田はこれについて、「97年に至っては、地租に人頭税を加算することによって納税者の真の負担能力を把握せんとする、苦肉の策が試みられている」（隅田、1971、184頁、また、187-8頁の表も参照のこと）と論評している。スミスは第4項の細目項として「人頭税 Capitation」を設定したが、それは、「地租」の追加税としての「人頭税 Poll Tax」でなく、「納税者の負担能力の把握」という要素も加えられた1697年のこの「人頭税 Capitation」を念頭に置いてのことだったかもしれない。

27) 実際にはイギリスでは、消費税は長い間「奴隷の印」とみなされ反発も大きかった。そのため、この税（「内国消費税」）が導入されたのは遅く、1643年の長期議会による「ビール税」が最初であり、しかもあくまで臨時的なものとしてであった。しかしながら消費税は、その後多くの反対にもかかわらず王政復古期にも徴収されつづけ、イギリス財政構造が転換していく中で、名誉革命後は、累積する国債に並行して政府借款の担保としてイギリス財政の中心を占めるようになっていくのである。

28) 消費税についてスミスは、次のように言う。「全体として、このような租税は、課税に関する4つの一般原則のうち最初の3つに合致する点で、おそらく他のどんな租税にも劣ることはないだろう」(WN, 896)。公平性・確定性・便宜性という点で申し分のないこの租税は、裏返して言えば、第四原則、つまり国家財政と私的収入の関連性においては問題を抱えており、したがって「行政機構」についての議論がまさに前面に現れてくることになるのである。

29) 「イギリスにおけるビール税の歴史は、そのまま内国消費税の歴史といっても過言ではあるまい」（隅田、1971、54頁）と言われるほど、ビール税は、当時の消費税の根幹を占めるものであった。スミスも多くの頁をこの税に割いているが、それは、その圧倒的な税収割合（例えば王政復古期には総消費税収入の80％強にのぼった）のためばかりではなく、ビール税には、生活必需品であることによる大衆課税的要素、ホップ・モルト等中間原料への課税、ワイン等代替商品との競合、外国産ビールとの競合、といった消費税がかかえる理論的に興味深いあらゆる問題が凝集しているからでもあるだろう。なお、モルト税の事例がC. ダヴナントに遡り、J. ステュアートによっても展開されていることについては、竹本洋『経済学体系の創成』（名古屋大学出版会、1995年）184頁を見よ。

30) ぶどう園では租税が地代に食い込むのに大麦畑では食い込まない理由は、ワインの価格は、すでに消費者が支払いうる「最高の価格」としての「独占価格 monopoly price」に達していないからだ、とスミスは説明している (WN, 893)。このばあい「独

占」という言葉は、当該地が他の土地利用に転換できないという意味で用いられているが、他に比類のない優等地ほどこの転換度合いは低いと考えられるから、とすれば、本来より大きな地代の原因であったはずの土地の優等性が、ここでは逆に、租税による地代削減原因に反転している論脈が確認できるだろう。「地代」をもたらすのは単なる自然的優等性ではなく、他の土地との転換過程の中での相対的優等性であることを、叙上のことは言外で語っている。リカードウの"差額地代論"は、まさにここに立脚点を見いだすのである。

31) スミスの試算を示しておこう。当時、「ロンドンの黒ビール醸造所では、普通、モルト1クォータが黒ビール2.5バレル（樽）以上、時には3バレルに醸造され」(WN, 889)、租税は、モルトに対してはクォータあたり6シリング、製品ビールに対してはバレルあたり8シリング、したがってモルトを基準に考えて、モルト1クォータあたり26〜30シリングが賦課されていた (6＋8×{2.5〜3}＝26〜30)。そこでいま、モルトにかかる租税をクォータあたり6シリングから18シリングに3倍化し製品ビールにかかる租税は廃止すれば、モルト1クォータあたりの租税は、26〜30シリングから18シリングへと低下するであろう。スミスはこう言うのである。

32) スミスのこの提案は、1778年のモルト税（見積額31万ポンド）となって実現した。J. レーは、それが当時の首相ノース卿へのスミスの奨めによるものであり、スミスはこの前後の1777年に関税委員および塩税委員（年収600ポンド）に任命されている事実を指摘している (Rae, J., *Life of Adam Smith*, 1895, Reprints of Economic Classics, New York, 1965, pp. 319-24, 大内兵衛他訳『アダム・スミス伝』岩波書店、1972年、401-8頁参照)。

33) 租税徴収効率という点でスミスが挙げている数値を示しておけば、次のようである。すなわち、イギリスは人口800万人で1000万ポンドの税収をあげるのに対し、フランスは人口2300万人で税収1500万ポンド、オランダはイギリスの1/3に満たない人口で税収525万ポンドであるから、イギリスは、フランスとオランダの中間に位置するということになる。なお、"租税徴収効率"という概念が、"徴税システム"を問題にした課税の第四原則に関連することは言うまでもない。

34) 山崎は、このようないわゆる"安価な政府"というイメージに対して、スミス国家論が必ずしもそれに収約しきれるものではないことを主張している（山崎怜『《安価な政府》の基本構成』信山社出版、1994年）。

35)「1688年からナポレオン戦争後の1815年までの長期間をとってみると、陸海軍および造兵局が購入した人員・物資・サービスへの支出額は、民間投資家が将来の経済成長のためにおこなう資本形成額を超えていた」(Froud, R., and McCloskey, D., *The Economic History of Britain since 1700*, 2nd ed., Vol. 1, Cambridge, 1994, p. 212.)。

36) スミスは第三章「公債について」で、名誉革命後に累積する公債残高を丹念に追っている (WN, 921-924)。これによると、1775年のイギリスの公債額は、129,146,322ポンド3シリング11 7/8ペンス、約1億3000万ポンドで、年歳入額の10倍以上に達していた。償還の方は、七年戦争後の1764年から1775年にかけての「11年間の完全に平和な期間に、総額10,415,474ポンド16シリング9 7/8ペンス」(WN, 923)、つまり年平均にすれば100万ポンド以下にすぎなかった。

37) 例えばW. コートの次のような指摘もある。「偉大な社会的諸力の複合体［国家］に対する経済学者の尊敬の念には、それが彼らのもっとも弱点とする学問領域であるにもかかわらず、実に感服すべきものがあった……。アダム・スミスのような人物は、

この種の科学的認識を、道徳や法律の社会的機能の評価と結びつけた。しかしスミスの後継者たちは、例えばリカードウのばあいのように、経済学者としては実に熱心であり卓越していたが、しかし社会哲学者としてはむしろ有能ではなかった。」(Court, W. H. B., *A Concise Economic History of Britain from 1750 to Recent Times*, 1954, Cambridge University Press, 1967, p. 124、矢口孝次郎他訳『イギリス近代経済史』ミネルヴァ書房、1957年、146頁)
38) この議論は、私たちに、臣民と主権者の中間団体としての「政府」を設定したルソーを想起させる。ルソーは、主権者と統治者（政府）と人民の関係を、主権者：政府＝政府：人民という有名な連比の喩えで表す。すなわち、主権者からの距離と人民からの距離が等しくなる比例中項的な均衡政府のイメージによって、「臣民と主権者との間にその相互の交通のために確立され、法の執行と市民的・政治的な自由の維持を負う中間的な団体」(Rousseau, J. J., *Du Contrat Social*, 1762, Ⅲ-1, p. 60) としての政府を問題設定するのである。この点に関しては、浅野清『ルソーの社会経済思想』（時潮社、1995年）第八～十章を参照されたい。
39) スミス租税論は、しばしば"課税の四原則"によって賞賛される。実際、スミスがこの原則によって、さまざまな時代さまざまな国の租税を比較し問題を整序している叙述は、なかなかに説得的である。しかし、社会現象を把握するのにまず一定の規準を設定し、次いでこの規準に当てはまるかどうかで現実を再構成してみても、それは規準の絶対性を物語るものでしかないこともまた確かなのである。私たちにとっての問題は、課税原則をめぐるスミスの叙述の中にある多くの留保や限定を掘り起こし、同義反復的枠組みの中に秘められたスミスの生きた方法を発見することであろう。
40) 「およそ租税が、最終的に租税を支払うはずのファンドに対してできるだけ公平にかけられねばならぬということは、確かに真実である。しかし彼ら［フィジオクラート］の非常に独創的な理論を支えている形而上的な議論に関するあまり愉快でない議論に立ち入ることがなくても、最終的に土地の地代にかかる租税がどれであり、また最終的に他のファンドにかかる租税がどれであるかは、以下の考究によって十分明らかになるであろう。」(WN, 830)
41) この議論の詳細については、Seligman, E. R. A., *The Shifting and Incidence of Taxation*, 1899, New York, 1927 を参照されたい。
42) 例えば租税論冒頭で「四種の租税」について述べ、租税源泉を示したそのすぐ後でも、スミスは、「これらの租税の多くは、以下の検討によって明らかになるように、その租税をかけようとする財源あるいは収入源泉から最終的に支払われるわけではない」(WN, 825) と、この問題を後論に委ねてしまっている。

第3章

リカードウ課税論の理論問題

第1節　章別構成と租税源泉論

　『原理』第8〜18章を通読してみるとき、私たちはリカードウ課税論を特徴づけると思われるいくつかの興味深い論点を指摘することができる。"差額地代論"の租税理論への原則的な適用、租税転嫁論の中での"賃金・利潤相反論"の再例証、スミスの課税第一原則と第四原則の区別の必要性の重視、「所有」に対する一見するとスミス以上に擁護的な態度、租税を原因とする商品価格上昇と貨幣価値低下を原因とする商品価格上昇との意識的な同一視、貨幣の流出入による他国への租税転嫁の可能性の示唆、等々である。本章はこれを、1）章別構成、2）租税転嫁論、3）貨幣流出入論、の3つの論点を中心に検討し、リカードウの「課税の原理」のアウト・ラインを示すことに努めたい。

　もちろんリカードウの課税論は、『原理』第8〜18章に限られるわけではない。第26章「総収入と純収入について」には、租税を支払う力は総収入でなく純収入（利潤＋地代）に比例するという、租税源泉についての言及が認められる。第29章「生産者によって支払われる租税」では、製造品の初期の工程に賦課される租税について、それが利子支払いを含むがゆえに不利だとみなすセイやシスモンディの所説が批判されており、課税論の短い補足章を構成している。さらに奨励金や関税をも租税の一種とみなすならば、第22章「輸出奨励金と輸入禁止」および第23章「生産奨励金について」もまた、課税論の範囲に

含めることができるだろう[1]。とはいえ、課税論としてのまとまった叙述はやはり第8〜18章に与えられているから、本章は考察を主としてこの11の章に限定し、その他の関連諸章については必要に応じて関説するに止める。

さて、リカードウ課税論で、何と言ってもまず目を引くのは章別構成であろう。実際、「租税について」（第8章）に始まり、「原生産物」「地代」「十分の一税」「地租」（第9〜12章）、「金」・「家屋」（第13・14章）、「利潤」・「賃金」（第15・16章）、「製造品」（第17章）と続き、そして「救貧税」（第18章）で終わるリカードウ課税論の章別構成は、スミス租税論と較べてかなり異なった印象を与えるものとなっている[2]。スミスのばあいには、租税論は「収入」という明確な編成原理を基軸にして組み立てられていた。すなわち、租税が地代・利潤・賃金の諸収入に直接的に賦課されるか（第1〜3項）、消費税のように三収入形態に無差別（間接的）に賦課されるか（第4項）に大別されて、租税論が体系的に構成されていた。これに対してリカードウのばあいには、章項目には「収入」と「商品」が混在していて、ただ単に課税対象が羅列されているだけの非体系的な章別構成に見える。ミルは、リカードウの叙述は「思想の順序に従ったものである」と論評したが、それはおそらく、こうした一見雑然とした章配列と、「原生産物」から始まり全体的に農業部面に比重のかかったリカードウの原稿を読んでのことだっただろう[3]。

もちろん、リカードウとスミスの章別構成における同型性を指摘することはできる。例えばスラッファは、スミスの第1項とリカードウの第9〜14章、第2項と第15章、第3項と第16章、第4項と第17章をそれぞれ対応させ、リカードウのスミスからの継承性を強調している[4]。しかしこれに対しては、例えばスミスになかった「金に対する租税」（第13章）という項目がリカードウにはあるとか[5]、叙述分量について、例えばスミスではもっとも短い項目であった「賃金」がリカードウでは最大章になっているとか、逆にスミスでは最大項目であった「消費税」がリカードウにおいては第17章に大幅に圧縮されている、などの相違も指摘されうる。はたして、リカードウはスミス租税論の章別編成原理をそのまま承け継ぎ、したがって章別構成の基本枠においてスミスとリカードウは同型であると、みなすべきか否か[6]。

この視角からもう一度スミスとリカードウの項目構成を眺め直してみると、リカードウはスミスとは異なる独自の編成原理を採ろうとしていたのではないかと思わせられる、いくつかの事項を指摘することができる。

 まず第一に、リカードウにおいては明らかに「収入」項目が後退している。リカードウは、スミスの第1項［1］と［2］を入れ替え、「地代」ではなく「原生産物」を課税論各論の冒頭に配置している。「収入」項目である「地代に対する租税」（第10章）は叙述分量としても少なく、「十分の一税」「地租」（第11・12章）と一括されて「原生産物に対する租税」（第9章）の補論的な位置に置かれている[7]。また、スミスの「家屋のレントにかける租税」（第1項［3］）のタイトルが、リカードウでは「家屋に対する租税」（第14章）へと「レント」の文字が消えていることも注目される。さらに「利潤」「賃金」の位置が後方に下げられている（第15・16章）ことも合わせ考えるならば、リカードウ課税論において「収入」項目の比重低下は歴然としているだろう。

 第二に、"租税源泉論"がスミスとリカードウでは異なっていることが注目される。リカードウは、「租税は、一国の土地と労働の生産物のうち、政府の自由処分に任される部分である。そして究極的には、その国の資本か収入のどちらかから支払われる。」（Ⅰ,150）と言い、スミスのように「収入」だけを租税源泉とはしていない。このばあいの「収入」とは「純収入」のことであり、単に「地代」だけでなく「利潤」をも含んだものであるが、さらにそれに加えて、リカードウは「資本」をも租税源泉として指摘するのである。「資本」のカットは純収入のマイナスをひき起こすのだから、租税は結局は「収入」によって支払われると言ってもよさそうだが、しかしリカードウは、「資本」と「収入」のこの連関をあえて横断的に断ち切って、租税の2つの源泉として並列的に提示したのである[8]。それは、租税は資本蓄積にとって本質的に有害（資本のマイナス）であるというリカードウの基本主張に沿った議論であるとともに、リカードウ課税論には租税の資本蓄積構造への作用が含意されていることを示唆するものでもある。上で述べた課税論の構成における「収入」項目の後退を、このリカードウ課税論の主題とも関連させて考えるならば、リカードウはスミス租税論の章別編成原理をそのままひき継いだなどと、簡単に言うことはできない

だろう。

　第三に、この観点に立って翻ってスミス租税論を観察してみれば、スミスの構成方法にも問題点が指摘されうる。そもそもスミスが「収入」を軸にして租税論を編成したのは、「租税の源泉は私的収入である」というスミス自身の租税定義によるものであった[9]。ここで注目されるのは、租税がしばしば当初の課税対象から転嫁していくものであることの確認の上で、スミスが課税する側の「意図」に従って租税論を構成しようとした点である[10]。そのことは、スミス租税論の項目構成を本質的に動揺的なものにするだろう。租税の直接の課税対象と最終的な帰着先が相違するものとすれば、租税源泉を特定することの困難が予想されるのだが、この複雑さの中で、スミスは課税者が租税をそのどの段階に課そうと「意図」しているかによって、項目分類をおこなおうとしているからである。例えば「原生産物に対する租税」は、直接の課税形態としては「消費財にかける租税」であるが、生活必需品にかける租税としては「賃金にかける租税」であり、直接の納税者が農業者であるという点では「利潤にかける租税」でもありうるが、スミスはそれが実際には「地租」として賦課されるから、「地租」に対する課税側の「意図」に即してこれを「地代にかける租税」に項目分類するのである。他方、塩・獣皮・石鹸・蝋燭などに賦課される租税は、「内国消費税」として賦課されているという理由で「消費財にかける租税」に分類される。課税者の「意図」を介したスミス租税論の構成は、同じく生活必需品であってもまったく異なる位置づけが与えられるわけである。そこには、主観的な規準によってもたらされる恣意性と不明確さが垣間見えるが、リカードウがこのようなスミスの編成原理から一線を画そうとしたことは十分予想される[11]。

　リカードウ課税論の章別編成原理は、「収入」を軸に据えたスミスとはまったく異なる編成原理に従ったものと考えるべきではないか。リカードウにおいて、諸章は単に課税対象別にモザイク的に配列されている。地代・利潤・賃金という個々の「収入」と直接的には無関係にという点で、それはスミスの第4項（「様々な種類の収入に無差別にかかるように意図されている租税」）に照応している、とも言える[12]。項目の前面に現れるのは、もはや「収入」ではなく「商品」で

ある。需要の価格弾力性が小さい「原生産物」、供給の価格弾力性が小さい「金」「家屋」「労働」(「賃金」はここでは「労働」という供給調整しにくい特殊な「商品」として検討される)、そして「利潤」と「製造品」。こうして章別構成が"租税源泉論"から切り離されることによって、"租税転嫁論"を中心的なテーマとする、スミスとはまったく異なるリカードウの叙述世界が開かれることになったのである。

第2節　租税転嫁論と穀物価格

　リカードウ課税論の最大の特徴として、多くの論者が指摘するのが"租税転嫁論"である[13]。租税転嫁とは、価格プロセスを通して租税が直接の賦課対象から他にシフトしていくことを指すが、リカードウの独自性は、ひとまずすべての租税は商品価格を上昇させる、と想定したところに求められるだろう。例えば、帽子に課税すれば帽子価格が、穀物に課税すれば穀物価格が上昇し、そのことは、課税対象が農産品であるか製造品であるか、必需品であるか奢侈品であるかを問わず一般的に全課税品目について妥当し、こうして租税は価格上昇した帽子や穀物を購買する消費者によって支払われる、とされるのである[14]。

　スミスのばあいには、土地生産物に対する租税は直接には農業者によって納付され、農業者は地主への支払いの際にこの額を控除するから、農業部面への租税は結局は地代によって負担されると考えられた。したがって、租税賦課によって製造品価格は上昇するが農産品価格は上昇しないことになる。リカードウは、このような言わばアンバランスな"租税転嫁論"は不合理な結論に導くと批判する（I, 224-5）。またモルト税のように、農業部面であっても租税の価格転嫁をスミス自身が展開している事例があるではないか、と指摘し批判する（I, 252-4）。リカードウの租税の価格への全面的な転嫁論は、スミスとの対質を十分意識して提出されたものなのである。

　この"租税転嫁論"をリカードウは、「自然価格」と「市場価格」という2つの価格概念を使って展開している。すなわち、租税賦課による「生産の困難」の増大は課税商品の「自然価格」を上昇させ、「自然価格」の上昇は当該部面

から資本を撤退させ、資本撤退による当該商品量の供給減少は需要超過によって「市場価格」を上昇させ、こうして租税によって上昇した「自然価格」の水準にまで「市場価格」が接近していき市場の均衡がもたらされる、と言うのである。つまり、【租税→生産の困難の増大→自然価格の上昇→資本撤退→供給減少→市場価格の上昇】という、「市場価格」が「自然価格」に収斂していく一連のプロセスが描かれるのである。

このプロセスにおいてさしあたり目を引くのは、既存の「収入」が侵食されずに確保される、ということである。租税は価格に転嫁され、上昇した価格は「消費者」によって支払われるからである。例えば帽子税が賦課されても、帽子業者の「利潤」が削減されることはない。「もし彼が帽子の価格を引き上げなければ、彼の利潤は一般的利潤率以下になり、そこで彼は他の部面に向かってその部面から立ち去るだろうから」（I, 205）、利潤率が低下することはないのである。同様に、賃金税や必需品税によっても、「賃金」がカットされて労働者の必要最低限の生活が脅かされることはない[15]。賃金税を直接支払うのは労働者でなく雇主であり、雇主は支払い額を価格に上乗せしてこれをカバーするだろうからである。またスミスと違って土地への租税も、差額地代に直接課されるものは別として、基本的には農産品価格に転嫁され「地代」は削減されない、と想定されている。リカードウの"租税転嫁論"は、既存の諸収入確保の前提の上で進行していくプロセスなのである。

もちろん、金・家屋・労働のような供給調整の困難な課税対象もある。そのばあいには、租税が「消費者」でなく「所有者」によって負担される一定期間が発生することになるだろう。だがそれも、やがては価格転嫁され「消費者」が支払うことになっていく。リカードウは、「租税は最初に不平等でないかぎり決して不平等にはなりえない」（I, 186）とまで言い切り、個々の収入の詮索につながりかねない「課税対象の選択」（I, 152）を避け、課税を租税転嫁プロセスそのものに委ねるべきことを強く主張するのである。リカードウ課税論の租税転嫁プロセスへの全面的信頼とも言えるこのような依拠の姿勢は、リカードウをスミス以上に"所有擁護"的に見えさせる理由でもあった。それはともかく、ここではリカードウが、"租税源泉論"とは位相を異にする"租税転嫁論"を

第3章　リカードウ課税論の理論問題　73

独自の一領域として設定したことを記憶にとどめておこう。"租税転嫁論"が「地代」という租税源泉との直接的結びつきをまだ残していたスミスに対して、リカードウの"租税転嫁論"は、"租税源泉論"から相対的に自立した固有のプロセスとして展開されたのである。

　だが、明らかに租税は消費者によってだけ負担されるのではない。例えば帽子税は帽子価格を上昇させるが、このとき帽子資本の一部が帽子業から撤退していくだろう。帽子価格の上昇は帽子需要を減退させ、帽子供給を縮小させると考えられるからである。つまり確かに消費者は、価格上昇した帽子を購入することによって帽子税を支払うのだが、同時にこのときそれと並行して、消費者が購入できる帽子の数もまた減少しているのであり、したがって、消費者は帽子税を、帽子の「価格」だけでなく言わば「分量」においても負担している、と言うべきなのである。他方、「租税は、その国の土地と労働の生産物のうちの、以前は納税する諸個人によって消費されていた分を政府が消費することを可能にさせる」(Ⅰ, 237) ものだから、帽子業から撤退した資本は政府向けの財とサービスの供給に向かうと考えられる。こうして消費者の「収入」から徴収された租税収入は、「資本」移動を媒介にして政府による租税支出と均衡していくのである。課税論の冒頭でリカードウが、「租税は一国の土地と労働の生産物のうち、政府の自由処分にまかされる部分である。そして常に究極的には、その国の資本か収入のどちらかから支払われる」(Ⅰ, 150) と述べたのは、この文脈でのみ理解することができるだろう。リカードウの"租税転嫁論"は、租税が消費者の「収入」から徴収されるとき、同時に「資本」移動による資本蓄積構造の組み替えという"租税源泉論"とも結びついて、言わば重層的に提示されてくるものなのである[16]。

　"租税転嫁論"のこの重層性は、利潤税や賃金税のばあいにはより鮮明に表面化することになるだろう。例えば帽子業という特定資本の利潤に租税が賦課されれば、帽子業資本の縮減が生じる。それと同様に、租税が一国の利潤全般に賦課されるならば、全事業にわたって資本撤退が生じそれに伴って利潤の全般的な低下がひき起こされると推論できる[17]。確かに利潤税も、商品価格への転嫁によって消費者の負担になると考えられよう。しかし全事業部面で商品価

格が上昇するわけだから、お互いに消費者である事業家にとっては上昇した商品価格は相殺されてしまい、したがって利潤税の商品価格への転嫁は「名目的」なものでしかなくなる、とリカードウは述べている[18]。利潤税は、「収入」ではなく「資本」が、租税源泉として前面に出てくる課税形態なのである。

　同様に、賃金税もまた利潤によって負担される、とリカードウは言う。賃金税は賃金を上昇させ、賃金の上昇は全事業家を圧迫することによって全事業部面での資本撤退と利潤低下を帰結する、と推論されるからである。このばあいも、利潤税のばあいと同様、賃金上昇による全般的な商品価格の上昇は名目的となるから、賃金税は消費者には転嫁されえないと考えられる。「そこで私は、賃金を引き上げる効果をもつどんな租税も利潤の減少によって支払われるだろうということ、それゆえ賃金に対する租税は事実上利潤に対する租税であるということを証明するのに成功したと思う」（Ⅰ, 226）。リカードウは、課税論において"賃金・利潤相反論"を再確認するのである[19]。

　穀物税についても、同様の推論が成立しうる。すなわち、穀物税は穀物価格を上昇させ、穀物価格の上昇は穀物部面からの資本撤退を生じさせる、とひとまず大枠で押さえられることになる。これに対しては、穀物は必需品だから穀物資本の撤退は不可能ではないのか、という反論が予想される。だが外国からの穀物輸入を想定すれば、安価な外国産穀物の輸入によって穀物不足は弾力的に調整されうるのだから、穀物資本の撤退は十分可能となるだろう。事実、リカードウの時代、穀物は金銀とともにすでに"国際商品"だったのである[20]。だから逆に、穀価上昇が賃金上昇に一元的に連動してしまうのは穀物の自由な輸入が制限されているからこそだ、と考えることができる。リカードウが、穀物税は穀価を上昇させ穀価上昇は賃金上昇を通じて利潤を低下させる、つまり、【穀物税→穀価上昇→賃金上昇→利潤低下】という"租税転嫁論"を展開させるとき、彼がこの展開のうちに暗黙に前提される穀物輸入の制限という制度的前提を意識していたことは、十分想像できるのである。

　このようなリカードウの"租税転嫁論"が、スミスの穀物価格論への批判になっていることは言うまでもない。スミスのばあい、穀価上昇は賃金上昇を通して商品価格を上昇させていく、つまり【穀価上昇→賃金上昇→商品価格上

昇】というプロセスを辿って、穀価は商品価格全般に波及していくと把握されている[21]。いま、租税転嫁論が展開される"価格の領域"と、租税源泉論に関わる"価値の領域"とを区別してみれば、スミスのばあいの"価格の領域"は、"価値の領域"とは関わりなく一方的に穀物価格を膨張させていくプロセスとして描き出すことができるだろう。これに対してリカードウのばあいには、穀価上昇は資本移動を介して土地生産を拡張するというように、"価格の領域"は"価値の領域"の変動を伴いながら動いていくのである。それは、租税源泉をスミスのように「地代」にでなく「資本」に見いだしたリカードウ"租税源泉論"の必然的帰結と言えるだろう[22]。

ところでスミスは、穀物価格の上昇を貨幣価値変動としばしば結びつけて議論している。穀価上昇による商品価格の全般的上昇は、名目的であるという点で銀価値下落による商品価格の上昇と同様である、というようにである[23]。リカードウもまた、商品価格の全般的上昇と貨幣価値下落との類縁性を指摘する。課税による商品価格の上昇は、一国に限られた貨幣価値の下落がもたらすのと同じ弊害をもたらすだろう、というようにである[24]。だが同時にリカードウは、このような一国に限られた高い商品価格や低い貨幣価値がもたらす害悪は、単に一時的なもので永続的なものでないことも強調する[25]。ここには、スミス租税論とは異なるリカードウ課税論に固有の問題設定が表出しているように思われる。節を改めて検討してみよう。

第3節　貨幣の流出入論と"価格－貨幣領域"の設定

リカードウは、課税は外国貿易を何ら不利にしないと言う。もちろん租税が特定の商品に賦課されれば、その商品の価格は引き上げられ輸出が妨げられる。しかし、租税が特定の商品でなく国内の全商品の価格を上昇させる全般的なものであるならば、そのような租税は価格を名目的に上昇させるだけで、長期的には輸出を阻害しない、と言うのである。租税によって商品価格が全般的に上昇すれば、上昇した商品価格によってさしあたり輸出が抑制され、輸出の抑制はその国から貨幣を流出させ、貨幣の流出による国内貨幣量の減少は貨幣価値

を上昇させ、貨幣価値の上昇は商品価格を低下させる、という一連の経路を辿って、商品価格は再び元の水準に低下していく、と考えられるからである[26]。だから反対に、もし貿易が自由におこなわれないのであれば、租税によって上昇した商品価格も低下しえないことになる。実際リカードウは、封鎖国のばあいには租税は他国に転嫁されえないから富の一部分が「国家事業」に不生産的に支出されると語っており、これは裏返せば、貨幣流出入が自由であれば租税の他国への転嫁を認めることになるだろう[27]。

　実はこの一連のプロセスは、それほど簡単に説明できるものではない。租税による商品価格の上昇が輸出を抑制するということにはさしあたり同意を与えるとしても、もし輸出に並行して輸入も縮減してしまえば貨幣の流出はトータルには生じないわけだし、また高価格の商品を流通させるためにはより多量の貨幣が必要であると考えるならば、租税による商品価格の上昇は貨幣流出でなく貨幣流入原因であるとさえ考えられるからである[28]。すぐ後に見るように、商品価格の上昇が貨幣流出をもたらすかどうかは、その国の富と資本の配置の他国との相関から総体的に決定されてくるものである。上の説明では、商品価格が上昇すれば貨幣が流出するというように、ただ以前と現在の時間軸上での商品価格の差異が語られているにすぎず、貨幣を流出させる商品価格と貨幣価値の絶対的な高さの規準については、何ら定義されてはいないのである。

　そこで、プロセスをもう一度子細に観察してみることにしよう。まず、商品価格の上昇が貨幣価値の下落と等置されていることについてである。リカードウは、租税による商品価格の上昇は貨幣価値を低下させ、低下した貨幣価値は貨幣を流出させ、貨幣流出→貨幣価値上昇によって商品価格が再低下する、と語っている。つまりリカードウは、上昇した商品価格を、流出入を通じて自己調節する貨幣価値の変動プロセスを通して、元のレベルにまで復帰させているのである。商品価格の全般的上昇と一国に限られた貨幣価値下落を同等視するというのが、リカードウの基本的スタンスである[29]。

　ところで、商品価格についてのリカードウの元来の定義はこうであった。商品価格は、金銀を市場にもたらすために必要な労働量と当該商品を市場にもたらすために必要な労働量との、2つの投下労働量間の比率によって規定される、

と[30]。だから貨幣の生産事情が不変であれば、租税による生産上の困難の増大は商品価格を上昇させることになる。ところがリカードウは、この上昇した商品価格をさらに貨幣の流出入に接続させ、【商品価格上昇→貨幣価値下落→貨幣流出→貨幣価値上昇→商品価格低下】という、別の帰結にまで導くのである。こうして、商品価格は投下労働によって規定されるだけでなく、流出入によって自らを価値変動させる貨幣によっても規定されることになる。商品価格は、商品価格によって変動させられる貨幣価値によっても変動する、というリカードウが付け加えたこの循環論的な連関を、ひとまず"価格－貨幣領域"と呼んでおくことにしよう[31]。

おそらくリカードウは、貨幣の特殊な性質に着目しているのだろう。貨幣に対する需要は「価値」に対するものであり、財貨に対する需要のように特定の「量」に対するものではなく、したがって「価値」と「分量」が無差別になる、とリカードウは第13章で言っている[32]。

一般に、需要は価格の減少関数であり、価格が上昇すれば当該財貨への需要は減退する、と考えられる。だが財貨に対する需要は人間の具体的嗜好に結びついているから、価格の上昇が需要の減退を直ちにひき起こすとはかぎらない。例えば衣服の価格が2倍になったからといって、衣服の具体的有用性に向けられた需要が直ちに半減するわけではないだろう。穀物のように価格がどれほど上昇しても需要量が一定限度を超えては減少しえないような必需品もあるし、贅沢品であればたとえわずかな価格上昇でも需要が絶無になってしまうものもある。その点で貨幣は違う。貨幣としての金は、誰もその具体的分量の増加を欲する財貨ではない。貨幣への需要は一定量の金の「分量」に対するものでなく「価値」という抽象的なものに対する需要だから、貨幣の「分量」と「価値」は無差別であり、したがって金価値が2倍になれば金量に対する需要は半減し、金価値が半減すれば金量に対する需要は2倍になる。「貨幣に対する需要は貨幣価値によって規定される」（Ⅰ, 193）のである。

他方、一般に供給は価格の増加関数と考えられる。財貨需要の増大によって上昇した価格は、財貨の供給を増大させるだろう。とはいえこの過程もスムーズに進むわけではない。財貨を供給する資本は自然的・技術的・制度的条件に

縛られており、財貨の供給が財貨の需要に直ちに応えうるとはかぎらないからである。例えば衣服の価格が2倍になったとしても、独占的意図によって供給増加が押さえられたり、逆に需要が減退し衣服の価格が半減したとしても、設備に固定された資本の撤退の困難が供給過剰を存続させ価格の再上昇を妨げることもありうるだろう[33]。この点では、ひとまず貨幣も同様と言える。金鉱山の豊度への自然的制約や鉱山資本撤退の技術的困難、また金輸出禁止などの政策的障壁は、金供給の価格弾力性を妨げるだろう。しかし貨幣としての金のばあいには、すでに述べたように「分量」と「価値」は無差別であり、したがって貨幣需要の増大に応じえない貨幣の追加的供給は貨幣価値の上昇によって直ちに充填されうる。一国の貨幣需要が2倍になれば、もし貨幣量が増大しえないのであれば貨幣価値が直ちに2倍になるだろう。とするとリカードウにおいては、貨幣需要の抽象性によって、貨幣量供給の遅れは貨幣価値変動によって無化させられ、一国の流通必要貨幣総額は常に充足されていることになる。「貨幣価値は貨幣量によって規定される」（Ⅰ, 193）のである。

　だが、では貨幣はなぜ流出入するのだろうか。リカードウは第7章で、金銀は「流通の一般的媒介物」に選ばれており、「自然的交易」に適応する割合で各国に均衡に配分されていく、と述べている[34]。ここで言われる「自然的交易」については、"比較生産費説"が想起されるべきだろう。ワインと服地の生産コスト面で、たとえポルトガルがイギリスを絶対的に凌駕していても、両国がそれぞれ相対的に低いコストの製品に国内生産を特化させ、不得意部門の製品を交易を通じて補い合うことによって、両国は共により多くの財貨を獲得し国富を増進できる。逆に、貨幣の流出規制によって「自然的交易」が妨げられるならば、両国は不得意部門の製品をも国内で生産しなければならず、国富を増大させることはできない。ここでは、各国の商品価格の絶対的な高さそのものは問題にならず、商品価格は、金銀の「諸国間への分配」によって均衡化されていくととらえられている。外国貿易は本質的に「物物貿易」であり、貨幣は「流通の一般的媒介物」なのである[35]。

　このことは、租税を機械の発明と同一地平で議論する境位を成立させる。リカードウは、機械の発明と租税は、一方は労働生産力の増進によって商品価格

を低下させ、他方は生産の困難の増大によって商品価格を上昇させ、いずれも一国の生産構造と各国間の貿易構造を変動させるのだが、しかし、貨幣がこの新たな「自然的交易」に沿って諸国間を流出入していくことにより、貨幣の流出入方向は反対とはいえ、商品価格が均等化されていく可能性について示唆している[36]。貨幣の流出入は、「富」に対して作用するのである。リカードウが、貨幣の流出規制は租税の他国への転嫁を不可能にすると述べたのは、この地平に立ってのことだろう。

このような"金の国際的均衡配分論"にもとづく"貨幣流出入論"は、スミスの"貨幣流出入論"とは位相を異にしている。スミスは、一国に存在する貨幣量は、金銀需要と金銀供給によって、すなわちその国の「購買力」「産業の状態」「年生産物量」が規定する"貨幣需要"と、金銀鉱山の豊度が規定する"貨幣供給"という、需給2つの条件の相関によって決定されると考えている[37]。だから、いま、もし鉱山豊度が所与であるならば、一国の必要貨幣量は貨幣需要によって一元的に規定されることになるだろう。つまりスミスのばあいには、貨幣需要によって規定される流通必要貨幣量という概念が、貨幣量の過多あるいは過少を測る規準として存在しているのである。ある国の貨幣量は、もし貨幣需要を超えればその国の貨幣価値は他国より低くなって貨幣が流出し、逆にもし貨幣量が貨幣需要に達しなければその国の貨幣価値は高くなり貨幣が他国から流入してくる、と考えられている。貨幣の流出入は、貨幣量と貨幣需要の相関によって規定される貨幣価値の関数として表現され、国内流通必要貨幣量は貨幣流出入の言わば分水嶺を与えるのである。

だからスミスの議論においては、貨幣の流出入規制は本質的に無効になるだろう。貨幣の流出規制は国内貨幣量を流通必要量以上に増大させ、それによる貨幣価値の下落と商品価格の上昇は輸出を阻害し、輸出が縮小すれば貨幣流入が減少し、国内貨幣量が結局は縮減してしまうからである。スミスは『国富論』第四篇第一章で、スペインやポルトガルでおこなわれた銀流出規制政策によっても、貨幣の流出入を無限界に規制することはできなかった、と言っている[38]。貨幣の流出入によってひとまず国内に貨幣を滞留させても、貨幣量増大による貨幣価値下落と商品価格上昇は、結局は商品輸出を阻害し貨幣量の増大

を一時的なものにするからである。とはいえスミスはまた、『国富論』第四篇第五章では、スペインやポルトガルの銀流出規制政策をダムにたとえてその無効性を指摘しつつも、ダムの内側が外側よりも水位が高いように、満水水位以下での流出規制の可能性、すなわち政策的規制によって国内貨幣量が"流通必要貨幣量"を一定超えうることを容認しもするのである[39]。金銀獲得を目的とする重商主義的な貨幣流出規制政策[40]は、この範囲内では有効に作用し、「土地と労働の年々の生産物に対する貨幣の比率」を他国に比べて高めうるのである。

このようなスミスの議論と比べるとリカードウのばあいには、貨幣の流出入規制は、さしあたり決定的なものとして現れている。貨幣は「自然的交易」の方向に沿って液体のように流れていくものととらえられているが、流出規制は外国貿易そのものを規制してしまう、ととらえられるからである。リカードウはスミスとともに、貨幣の流出規制は一国の富にとってマイナスになる、と言う。とはいえリカードウのばあいには、貨幣に対する需要は「分量」と「価値」が無差別であるととらえられており、したがって流出規制による国内貨幣量の増大は、貨幣価値の低下によってそれ自体としては無意味になるとされる。リカードウにおいては、本質的に貨幣の需給ギャップは生じず、したがってスミスのような、流出入を規定する流通必要貨幣量という規準は存在しないのである。だからリカードウは、確かに貨幣流出規制は社会の「死んだ資本」の「活動的資本」への転化を妨害し、産業構造の歪曲によって「より多量の勤労の雇用」が妨げられるのだが、しかしこれにすぐ続けて、「だが害悪はこれですべてである」とも言えたのであった[41]。

ここにおいて、"市場論"におけるリカードウの独自性が現れているように思う。リカードウにとって自由な外国貿易とは、"市場"を拡大し富を増大させるものである[42]。スミスのばあいには、この富の増大による商品価格の低下が利潤と結びつけられ、価値の変動と一体化してしばしば語られる[43]。またスミスのばあい、「富」と「価値」の区別が不分明になっているきらいがある[44]。リカードウは、商品生産に投下された労働によって規定される商品価値は、一国の投資（産業）構造と緊密な関係をもっているが、商品価格に総括される次

元では貨幣価値との相関に置かれ、したがってもっぱら物的商品量の多寡としてのみ問題にされる固有の経済空間がある、ととらえている。つまり、あらゆる変動をいったん受けとめる"価格－貨幣領域"をリカードウは設定したのであり、これによって、租税は富の減少ではあっても価値の増大ではなく、利潤率そのものの変動とはひとまず別の位相にあるものだという「課税の原理」を、リカードウは語り出したのである。

【注】

1) 第26章について山崎怜は、「第26章は直接には租税論といえないが、税源論、一国の税負担限度論に関係している」と指摘している（山崎怜「リカードウ」、大川政三・小林威編著『財政学を築いた人々――資本主義の歩みと財政・租税思想――』〔ぎょうせい、1983年〕所収、157頁）。また大内兵衛は、第8〜18章に第22、23、26、29章を加えた、「合わせて15章が、彼［リカードウ］の租税学説を知るのに必要にして且つ恐らくは充分であろうところの部分である」と述べている（大内兵衛「リカルドの租税論」〔1924年〕〔『大内兵衛著作集』第二巻〔岩波書店、1974年〕所収、437頁〕）。
2) 念のため、スミスとリカードウの「租税論」の構成を、項目タイトルによって対照表示しておこう。

『国富論』第五篇第二章第2節	『経済学および課税の原理』
第1項　地代にかける租税	第8章　租税について
［1］土地の地代にかける租税	第9章　原生産物に対する租税
［2］地代でなく土地の生産物に比例する租税	第10章　地代に対する租税
［3］家屋のレントにかける租税	第11章　十分の一税
第2項　利潤、すなわち資本から生じる収入にかける租税	第12章　地租
	第13章　金に対する租税
第3項　労働の賃金にかける租税	第14章　家屋に対する租税
第4項　様々な種類の収入に無差別にかかるように意図されている租税	第15章　利潤に対する租税
	第16章　賃金に対する租税
［1］人頭税	第17章　原生産物以外の諸商品に対する租税
［2］消費財にかける租税	第18章　救貧税

3) ミルの1816年12月16日付けのリカードウ宛手紙参照（『書簡』195）。この手紙でミルは、リカードウの原稿を満足して読んだこととその学説の独創性への賛辞を述べた上で、「あなたは、読者の心へきわめてすらすら入っていくような順序をあまり考慮されないで、あなた自身の思想の順序に従われたように思われます」(Ⅶ, 107)という表現で、リカードウに対して構成順序に若干の手直しが必要であることを婉曲的に伝えている。
4) 『リカードウ全集』第Ⅰ巻所収の「編者序文」を見よ（Ⅰ, xxv）。もっともスラッファの本意は、この「章対応」の指摘によって『原理』の章別構成のスミスとの同型性を確認することにあったのではなく、章別編成に際してのミルの影響の過大評価を

排するところにあったのではあるが。

5) もちろんこのことは、「金に対する租税」論がスミスにおいて不在であることを意味するものではない。スミスは、『国富論』第一篇第十一章「土地の地代について」や補論「過去4世紀間における銀価値変動に関する余論」において、スペイン国王の金鉱山に対する租税を、銀鉱山との課税割合の相違（金鉱山1/20、銀鉱山1/10）との関わりでしばしば論じている（WN, 186-9, 231-2）。リカードウはスミスのこの「金に対する租税」論を、金鉱山からの資本ひき揚げによる金価値上昇・地代減少という新たな論点をつけ加えて、さらに展開したのである。

6) これまでリカードウ課税論は様々に整序されてきたが、それは同時に、各論者がリカードウ課税論の章別編成原理をどう見ているかを表すものともなっている。大内兵衛と梅中雅比古は、スミス租税論とまったく同様に、直接税と間接税に大別してリカードウ課税論を再整理している（大内、1924、および梅中雅比古「リカードウ租税論の一考察」『マルサス・リカードとその時代』白桃書房、1981年）。真実一男は、「総論」（第8章）と「各論」（第9〜18章）に分けた上で、後者をさらに「地代関係」（第9〜14章）と「賃金・利潤関係」（第15〜18章）に細別して整理している（真実一男、1975、100-5頁）。森七郎『古典派財政思想史』（白桃書房、1964年）は、産業資本の代弁者リカードウという視角から租税転嫁論を中心にした議論をおこなっている。また、菱山泉『リカード』（日本経済新聞社、1979年、91-9頁）も、租税転嫁論を軸にした再構成を試みている。

7) スラッファによれば、第10章「地代に対する租税」はもともと第9章「原生産物に対する租税」の補論として叙述され、初版の印刷段階で初めて章立てされたものであった（I, xxviii-xxx, 10）。なお、スラッファの先述（注4））の「章対応」では、リカードウの第10章はスミスの第1項[1]、第11・12章は第1項[2]と対応させられている（I, xxv）。リカードウの第12章（「地租」）はスミスの第1項というより第1項[1]に対応させるべきであるなどの問題を含むとはいえ、このスラッファの整理は、第9章を別格章とし第10・11・12章をその補論とする点では、著者と見解を共にする面も有している。

8) 『原理』第26章「総収入と純収入について」でもリカードウは、「租税を支払う力は、純収入に比例するのであって総収入には比例しない」（I, 349）と、租税源泉が「純収入に比例する」、つまり単に「純収入」だけに還元しえないという含みをもたせた表現を与えている。

9) スミスの租税論は、『国富論』第五篇第二章第2節で展開されている。すなわち、国家歳出を扱った第五篇第一章「主権者または国家の経費」に続いて、第二章「社会の一般的または公共的収入の源泉について」では国家歳入が、そして第二章第1節「主権者または国家に専属するファンド」では王領地や公的資本等からひき出される歳入が、第2節「租税について」では「人民の収入」（WN, 817）あるいは「諸個人の私的収入」（WN, 825）からひき出される歳入としての「租税」が、議論される。つまり、第2節は「私的収入」が源泉であるとされる「租税」についての議論なのであり、したがって"租税論"が地代・利潤・賃金といった「収入」を軸に展開されることは、けだし当然と言えるのである。

10) 念のため、該当するスミス租税論の冒頭句を引いておこう。傍点箇所に注目して読み下されたい。

「本書第一篇で示したように、諸個人の私的収入は、究極的には、地代・利潤・賃金

という3つの異なる源泉から生じる。すべての租税も、最終的にはこれら三種の収入のどれか、あるいはそれらすべてから無差別に支払われるに違いない。私は、第一に地代にかかるように意図されている租税、第二に利潤にかかるように意図されている租税、第三に賃金にかかるように意図されている租税、第四に私的収入のこれら3つの異なる源泉に無差別にかかるように意図されている租税について、できるだけよく説明するように努めよう。これら4つの種類の租税のそれぞれの個別的考察は、本章第2節を4項に分け、そのうち3項はさらにいくつかの細目項を必要とするだろう。以下の検討から明らかになるように、これらの租税の多くは、かけようと意図したファンドあるいは収入源泉から最終的に支払われるわけではない。」(WN, 825)

11)「地租」「内国消費税」「関税」という当時の実際の課税形態における課税者の「意図」と範疇的な項目構成との間でスミス租税論が非一貫性と重複性を有していることについては、前章を参照されたい。

12) この点でスラッファが先述の「章対応」において、スミスの第4項[2]（「消費財にかける租税」）とリカードウの第17章「原生産物以外の諸商品に対する租税」を対応させていること（I, xxv）には同意できない。リカードウの第17章はむしろスミスの第2項中の細目項「特定の営業の利潤にかける租税」に対応しており、スミスの第4項はリカードウ課税論全体のベースとなって全章に拡散されたととらえるべきではないか。

13) さしあたりセリグマンとメーリンクを想起しておこう。セリグマンは、スミスやリカードウの方法を一括して、資本と労働の絶対的な可動性が前提されるという意味で「絶対説」と呼び、その抽象性を現実の租税分析によって補完しようとした(Seligman, 1899, pp. 143-51)。またメーリンクは、「リカードウは相対的要因価格に対する課税の究極的作用の考察はおこなわなかった」として、部分均衡分析という方向から転嫁プロセスの精緻化を（セリグマンを批判しつつ）図ろうとした(Mering, O., *The Shifting and Incidence of Taxation*, Philadelphia, 1942, pp. 4-5, p. 127〔菅原修訳『租税転嫁論』ミネルヴァ書房、1960年、5-6頁、136頁〕)。

14)「必需品であろうと奢侈品であろうと、すべての商品に対する課税は、貨幣が不変の価値のままであれば、それらの商品の価格を少なくとも租税と同額だけ引き上げるであろう。」（I, 243, *cf.* I, 157）

15) リカードウは『原理』第16章では、「労働階級は国家の負担に実質的に貢献することはできない」（I, 235）というスミスの主張を支持し、「それゆえ必需品または賃金に対する租税は貧者から富者に転嫁される」（I, 235）と言っている。しかし、第26章「総収入と純収入について」の第3版の「注」では、労働者には「生産の必要経費よりも大きなものが割り当てられ」（I, 348）ており、したがって賃金の一部を貯蓄し租税貢納によって国防に貢献しうる可能性があることについて付記している。この議論は、第32章でのマルサス人口論に関説した労働者の生活状態改善論（I, 406-7）との関わりでも興味深い論点を構成している。この点については、渡会勝義「デイヴィド・リカードウの救貧論と貯蓄銀行」（『一橋大学社会科学古典資料センター』No. 45、2000年）、および羽鳥卓也「マルサス賃金論の展開」（『熊本学園大学経済論集』第6巻第3・4合併号、2000年）を見よ。

16) リカードウは『原理』第17章の冒頭の注で、「セイは、……『生産費が価格を決定する』という教義を忘れてしまったように見える」（I, 243）、と皮肉っている。確かにセイもまた『経済学概論』第三篇第8章「租税について」で、「租税は一部分は生産

者によって負担される」と、リカードウと同様に生産者側の負担に言及している。租税による価格上昇は需要を減少させ、需要の減少は供給を減少させるから生産者にかかる、と言うのである (Say, 2ᵉ éd., t. 2, pp. 331-3)。だが、セイが言う「生産者による負担」とリカードウの「資本による支払い」とは明らかに違う。リカードウは第16章でも、租税が課税商品の「需要の減少」と「生産の減少」をひき起こし納税者の富の一部を奪うと言ったセイに関説して、「その国の蓄積能力は、資本が新たに使用された事業において獲得される利潤と、資本が撤退した事業において獲得される利潤との差額だけ増加したにすぎない」と述べ、「生産の減少」は資本の配置構造総体の中で判断すべき問題であると指摘している (I, 238; cf. Say, op. cit., pp. 301-2, p. 314)。「生産の減少」を個々の商品のレベルで説くセイの言わば平板な"需給説"的な議論に対して、リカードウは「生産費」概念を強調し課税論の資本蓄積論的展開を企図した、と約言できるだろう。

17) もちろん資本の撤退は、「利潤」だけでなく「賃金」をも低下させるはずである。だが、①賃金の直接の支払者は事業家であること、②救貧事業による労働者の最低限の生活の保証、③新設される政府部門による雇用の吸収、という事情を斟酌することによって、リカードウのように「資本」撤退の帰結を「利潤」低下に一括させることも可能だろう。

18) 「もし彼らがすべて、利潤に関する租税の引き当てのために彼らの財貨の価格を引き上げることができるとすれば、彼らはすべてお互いの商品の消費者なのだから租税はけっして支払われえない、ということは明らかである。というのは、もしすべての者が補償されるのならば、いったい誰が納税者となるのであろうか？」 (I, 226)

19) リカードウのいわゆる"賃金・利潤相反論"が、賃金と利潤という単に「収入」間の関係というよりも「資本」との関連を踏まえた上での「収入」間の関係であることについては、リカードウが本文中に引用した一文に続けて、賃金と利潤の分割を「労働維持ファンド」と関連づけて展開していることからも読み取ることができる (I, 226)。この論点については、『原理』課税論の他の箇所 (I, 157, 160, 214-5) でも確認できるが、第2編第1章注12) も併せて参看されたい。

20) 穀物がイギリス貿易の輸入品目として一定の比重を占めるようになるのは、七年戦争後、1770年代中頃以降のことである。スミスも、「フランスでは1764年まで、穀物輸出は法律によって禁止されていた」と、(輸出奨励金が必ずしも低い穀価の原因でないと主張する文脈の中で) 述べている (WN, 216, 474)。その後、対仏戦争中に穀物は砂糖・茶・コーヒー・生綿などと肩を並べて輸入額の4～6％ (100～300万ポンド)、年によっては10％近くを占めるまさに主要輸入品目となっていく。ナポレオン戦争後も、基本的には戦中水準が継続されるが、しかし、例えば1815、16、21、22年の輸入の激減年と、1817、18年の激増年との間の開きが10～20倍以上に達していることに見られるように、穀物の国際市場との弾力的な結びつきはこの時期に一挙に進展していったと考えられる (Mitchell, 1962, pp. 280-2, p. 286, p. 289, の諸数値から算定)。穀物は基本的な必需品であるからこそ、奢侈品が特定諸国との間の貿易に限定されるのと違って、貿易を通して多数の国々との間に普遍的な国際市場を成立させうるとも考えられるのである。竹本洋は、穀物が普遍的な交易財として国際的な価格水準の影響下にあるという視角から、スミスと対蹠的なJ. ステュアートの経済学体系の創成を展開している (竹本、1995、182-3頁、172頁)。

21) すでに述べたように、スミスは農業部面への租税を地代に帰着させているから、穀

物税に対応する価格転嫁論は固有には展開されていない。だがスミスは輸入制限や輸出奨励金を論じた諸章で、製造品とは異なる穀物価格の特殊な波及プロセスを描き出している。例えば『国富論』第四篇第五章「奨励金について」では、穀物は「真の価値」が刻印されているがゆえに「真の価格」になりえないという、少々逆説的な"租税転嫁論"が展開されている。ここで「真の価値」とは穀物の養う労働が一定であることに関わる概念であり、「真の価格」とは穀物の生産促進につながる価格のことであるが、その詳細については第3編第1章に就かれたい。

22) リカードウ理論において、「価格」は「価値」によって一方的に規定されるだけの単なる受動的な存在ではない。そのことは、例えば『原理』最終章(第32章)の、「穀物の生産が奨励されるのは穀物の真の価格の変更によるのではなくて穀物の市場価格の変更によるのである」(Ⅰ, 416)という象徴的な一句からも明確に読み取ることができるだろう。見られるようにリカードウは、「穀物の生産が奨励される」のは「市場価格」によってであってスミスのように「真の価格」によるのではないと考えている。他方でリカードウは、この引用文の少し前で、「一商品の真の価格はそれを生産するために使用されねばならない労働と資本(すなわち蓄積された労働)の分量の多少に依存する」(Ⅰ, 410)と、「真の価格」が「労働と資本」によって規定されることを述べている。つまりリカードウにおいては、スミスのように「真の価格」と「生産の奨励」は直結されておらず、「労働と資本」が規定する「真の価格」と、「市場価格」が規定する「生産の奨励」とに分離されるのである。リカードウの「価値」と「価格」は、それぞれが規定する一定の幅をもった作用領域を介して分節的に接合されていると考えうるだろう。

23) スミスは、「奨励金の真の効果は、穀物の真の価値をひき上げるよりはむしろ銀の真の価値をひき下げることである」(WN, 509)と言い、穀物輸出奨励金による商品価格の上昇と、金銀の輸出制限による銀価値下落との同等性を指摘する。なぜならば、「その国のみに特有のすべての商品の貨幣価格の上昇は、その国内で営まれるあらゆる種類の産業を多かれ少なかれ阻害する傾向がある」(WN, 510)のであり、また、「ある特定の国の特殊事情あるいは政治制度の結果のために、その国のみに生じる銀価値の下落は……万人を実質的により貧しくする傾向がある」(*ibid.*)からである。この同等視の背後には、スミスの重商主義観がある。「重商主義は貿易差額によって国全体を富ませ、私たちすべてのポケットに貨幣をねじ込むことを目的としている」(WN, 505)と言っているように、スミスにとっての重商主義とは、本質的に、「土地と労働の年々の生産物に対する金銀の比率」(WN, 512)の増大をめざす政策であった。スペインとポルトガルの金銀輸出の禁止が、典型的な重商主義政策として『国富論』の随所で論じられる所以である(WN, 256, 431, 436, 511-3, 541)。つまり奨励金と金銀輸出禁止はともに、貿易への介入によって国内貨幣量を増大させ、生産物量の相対的減少(=国富の減退)と金銀量の相対的増加(=商品価格の上昇)をもたらす「その国のみに特有の」重商主義政策として同等視されえたのであった。

24) 「私はすでに、何らかの原因が全商品の価格を引き上げるときには、その効果は貨幣価値の下落にほぼ類似していることを証明しようと試みてきた。もし貨幣の価値が下落すれば、全商品の価格は騰貴する。そしてその効果が一国にかぎられるならば、それは全般的な課税によってひき起こされる諸商品の高価格と同じ仕方で、その国の外国貿易に影響を及ぼすであろう。それゆえに、一国にかぎられた貨幣の低い価値の効果を検討すれば、われわれはまた、一国にかぎられた諸商品の高価格の効果を検討す

ることにもなるのである。」（I, 228）
25)「課税もしくは貴金属の流入によって諸商品の価格が引き上げられるときに、貴金属の自由貿易を許さなければ、社会の死んだ資本の一部が活動的資本に転化されることが妨げられる。すなわち、より多量の勤労を雇用することが妨げられる。だが害悪はこれですべてである。すなわち、銀の輸出が許可されているか黙認されている諸国では決して感じられないような害悪なのである。」（I, 229, *cf*. I, 310-1）
26)「すべての国産品の価格をひき上げる効果をもっているであろう租税は、ごく限られた期間を除けば輸出を阻害しないであろう。……こうした事情のもとでは、貨幣以外には外国商品の見返りに輸出できるものは何もないだろうが、しかしこれは長くは続けられない貿易である。一国はその貨幣を使い尽くせるものではない。というのは、一定量の貨幣がその国から出ていった後では、残った貨幣の価値が上昇し、その結果、諸商品の価格は次のようなものに、すなわち再び有利に輸出されうるような価格になるからである」（I, 169-70）。『原理』課税論には、同内容の叙述を随所に確認することができる（I, 214, 228, 232）。
27)「もしある国がどの国とも商業をおこなわず、他のすべての国から孤立しているならば、その国は、その租税のいかなる部分も自国から転嫁することは決してできない。その国の土地と労働の生産物の一部分は、国家事業に向けられるだろう。」（I, 168）
28) この論点についてリカードウの主張に動揺が観察されることについては、すでに述べた（第1編第1章注56))。すなわち、『原理』第5章でリカードウは、「貨幣量への追加なしには全商品価格は同時に上昇しえない」（I, 105）と言い、「もし全商品の価格が上昇するならば、金はそのような高価な商品を購買するために海外からやってくるはずがない」（I, 105）から、「賃金が上昇するから諸商品が騰貴するだろうと言うのは、明確な矛盾を主張することである」（I, 104-5）と記述していたのだが、ところが第9章では、初・2版では上と同様に、貨幣流入なしには原生産物への租税による全商品価格の引き上げは不可能であると主張していたにもかかわらず（I, 168-9）、第3版ではこの箇所への注で、上昇した商品価格を流通させるためのより多くの貨幣は必要でないと主張しているのである（I, 169）。
29)「私はすでに、何らかの原因が全商品の価格を引き上げるときには、その効果は貨幣価値の下落にほぼ類似していることを証明しようと試みてきた。もし貨幣の価値が下落すれば、全商品の価格は騰貴する。そしてその効果が一国にかぎられるならば、それは全般的な課税によってひき起こされる諸商品の高価格と同じ仕方で、その国の外国貿易に影響を及ぼすであろう。それゆえに、一国にかぎられた貨幣の低い価値の効果を検討すれば、われわれはまた、一国にかぎられた諸商品の高価格の効果を検討することにもなるのである。」（I, 228）
30)「諸商品の価格、すなわち諸商品と比較した金銀の価値は、一定量の金銀を市場にもたらすために必要な労働の量と、一定量の他の何らかの種類の財貨をそこにもたらすために必要な労働の量との間の比率に依存している」（I, 346）。『原理』第25章における商品価格のこの"投下労働価値説"的な規定は、スミスのものとして『原理』第22章でも引用されている。しかし『国富論』第二篇第2章（WN, 328-9）のスミスの原文は、これらとは大幅に異なっている。引用文相互の異同については、第3編第1章注25) を参照のこと。
31) 金銀価値の投下労働による規定と貨幣数量による規定の並存は、『原理』の諸処で確認される。例えば第27章「通貨と銀行について」の冒頭では、「金と銀は、他のす

べての商品と同様、それを生産し市場に持ち込むのに必要な労働の量に比例してだけ価値をもつ」と言った直後に、「一国で使用されうる貨幣量はその価値に依存するにちがいない。……流通する通貨は決してあふれるほど豊富にはなりえない。というのは、その価値を減少させれば同じ比率でその分量が増加し、その価値を増加させればその分量が減少するからである」、と続けて述べられている（Ⅰ, 352）。これについて中村廣治は、リカードウは、金銀価値は投下労働量に比例して定まるという"投下労働価値"的規定と、貨幣流通量が貨幣価値に比例して定まるという"流通必要貨幣量"的規定を混同している、と評している（「リカードウ『地金案』考」『熊本学園大学経済論集』5-3・4、1999年、65頁）。

32)「貨幣に対する需要は、衣服あるいは食物に対する需要のように一定分量に対するものではない。貨幣に対する需要は、全体としてその価値によって規定され、その価値はその分量によって規定される。」（Ⅰ, 193）

33) 資本の可塑性（マリアビリティー malleability）の問題は、もちろん『原理』第1章の"価値修正論"（Ⅰ, 53）に関連するが、社会的総体で考えれば資本蓄積構造の偏倚の問題となるだろう。この主題は課税論においては、固定資本と流動資本の資本構成割合の相違によって「課税が、すべての商品の価値に同じ比率で作用して、それらの商品を従前どおり同じ相対価値に保つように平等に適用されるということは決してありえない」という問題として、随所で展開されている（Ⅰ, 239, 207-11）。またこの議論は、土地に平等に賦課された「地租」が優等地に超過的な地代を発生させて「相対価値」を修正してしまう問題（Ⅰ, 182-3）、原料価値に占める原生産物の構成割合が及ぼす価格上昇への影響論（Ⅰ, 171, 239）とともに、スミスの課税第一原則（公平性）の上で生じる課税第四原則の侵犯、すなわち「国庫に入る以上のものが人民から徴収される」（Ⅰ, 234）問題としてとらえられ、土地生産物への課税が固定所得を有利にするという非難に対する「地代や公債の配当金」への直接課税（Ⅰ, 160-1）、国産穀物への十分の一税に釣り合わせるための「輸入穀物」への課税（Ⅰ, 179）などとともに、"相殺的な課税"容認論としても展開されている。

34)「金と銀が流通の一般的媒介物に選ばれているので、金銀は商業競争を通じて、もし金銀が存在せず、諸国間貿易が純粋に物々交易であるばあいに生じるであろうような自然的交易に自らを適応させるような割合で、世界の諸国間に分配されるのである」（Ⅰ, 137）。"金の国際的均衡配分論"は、初期の「金の高い価格」論文以来、リカードウが一貫して主張してきた議論である（Ⅲ, 53-4）。『原理』第1章でも、商品価格自身の変動によるものと貨幣価値の変動によるものとが厳密に腑分けされねばならないという文脈で、貨幣は「文明国の間の交換の一般的媒介物」であり、各国の経済状態につれて「これらの国の間に貨幣が分配される割合は常に変化する」と述べられている（Ⅰ, 48）。

35) 例えばワインと服地の生産費が、ポルトガルで{80, 90}、イギリスで{120, 100}の下で、ポルトガルのワイン{80}とイギリスの服地{100}が交換されえたのは、この「自然的交易」に照応するイギリスからポルトガルへの貨幣流出が、ポルトガルの貨幣価値を低下させイギリスの貨幣価値を上昇させることによって、両国のワイン価格と服地価格を均等化させるためである、と説明されうる。貨幣が、比較優位なポルトガルのワインとイギリスの服地の「自然的交易」に適応するような割合で「諸国間に分配される」わけである。

36)「国内製造業を物質的に改良する機械の発明は、つねに貨幣の相対価値をひき上げ、

それゆえ貨幣の輸入を促進する傾向がある。これに反して、すべての課税、つまり諸商品の製造業者あるいは栽培者に対するすべての障害の増加は、貨幣の相対価値をひき下げ、それゆえ貨幣の輸出を促進する傾向がある。」（Ⅰ, 214）

37)「あらゆる国の貴金属の量は２つの異なった事情に依存するように思われる。第一に、その国の購買力、その国の産業の状態、その国の土地および労働の年々の生産物の量。……第二に、ある特定の時期にこれらの金属を商業世界に供給しうる鉱山が豊かか貧しいか」（WN, 253）。『国富論』第一篇第十一章「余論」のこの一節と、スミスの金価値規定および地代論との関連については、拙稿「アダム・スミスの『地代』把握について——穀産地規定と地代性格の転換——」（『経済学史学会年報』第 28 号、1990 年、4-5 頁）も参照されたい。

38)「一国に輸入される金銀の量が有効需要を超過する時には、政府のどんな警戒も金銀輸出を防ぐことはできない。スペインとポルトガルのあらゆる血腥い法律も、金銀を国内にとどめておくことはできない。ペルーとブラジルからの継続的な輸入は、スペインやポルトガルの有効需要を超過し、両国でのそれら金属の価格を近隣諸国における価格以下に低下させる。これと反対に、もしある国で金銀の量が有効需要に満たず、そのために金銀の価格が近隣諸国よりも引き上げられるのであれば、その政府は金銀を輸入するために何ら骨を折る必要はないだろう。たとえ金銀の輸入を防ぐために骨を折ってみても、有効にそれをおこなうことはできないだろう」(WN, 436)。この一節でスミスは、一国の貨幣量は貨幣に対する「有効需要」によって規定され、そこに政治的規制の入り込む余地はないことを明快に述べている。この限りでスミスには、一国の富の状態によって規定される"流通必要貨幣量"の想定があると言えるだろう。だから清水敦（『貨幣と経済』〔昭和堂、1997 年〕、85-98 頁）が、ロックからマルクスに至る貨幣理論史を整理する中で、スミスは、一国の貨幣量は経済状態の変化によって決定されるという「内生説」を採り、ヒュームの貨幣の自動調論から一定距離を置いていると主張し、この点にスミス貨幣論の独自性を認めようとしていることは、この限りで正当と言える。

39)「ダムを築いて水流をせき止めても、ダムが満水になれば、それ以上の水はあたかもダムが全然ないかのようにダムを越えて流れるに違いない。スペインとポルトガルの金銀流出の禁止も、両国が用いうる以上の量の金銀をひき留めておくことはできない。……しかしながら、ダムの外側より内側の方が水が常に深いように、これらの制限がスペインとポルトガルにひき留めておく金銀の量は、土地と労働の年々の生産物との比率において、他国で見られるよりもより大きいに違いない。」(WN, 511-2)

40)「重商主義は貿易差額によって国全体を富ませ、私たちすべてのポケットに貨幣をねじ込むことを目的としている。」(WN, 505)

41)「課税もしくは貴金属の流入によって諸商品の価格が引き上げられるときに、貴金属の自由貿易を許さなければ、社会の死んだ資本の一部を活動的資本に転化することが妨げられる。すなわち、より多量の勤労を雇用することが妨げられる。だが害悪はこれですべてである。すなわち、銀の輸出が許可されているか黙認されている諸国では決して感じられないような害悪なのである。」(Ⅰ, 229)

42) 同様の見解は、スミスにおいても認められるものである。例えば『国富論』第四篇第六章では、特恵貿易によるヨーロッパ製造業の奨励は、土地生産物のための新しい国内販路をもたらすことによって間接的にヨーロッパ農業を奨励する、と述べられている (WN, 545)。また同じく第七章でも、植民地貿易によるヨーロッパ製造業の奨

励が、土地生産物のための新しい国内販路をもたらすことによって間接的にヨーロッパ農業を奨励する、と述べられている（WN, 591-2）。
43) スミスは『国富論』第四篇第七章で、植民地貿易部面の独占的高利潤が他部面から資本をひき寄せ、他部面での供給が不足することによって商品価格の上昇と超過的利潤が生じ、一国全体の利潤率と商品価格の水準が上昇することによって輸出が抑制され貿易が妨げられる、と述べている（WN, 596-600）。この議論については、第2編第4章および第3編第3章で再説する。
44) スミスにおける「富」と「価値」の混同は、「穀物」を扱うときに顕著になる。例えばスミスは『国富論』第四篇第五章で、穀物輸入商の業務がいかに国民大衆の利益をもたらすかを語っている。穀物輸入商による穀物輸入の促進は、国内の穀物の貨幣価格を低下させ銀の真の価値を上昇させるから、他のあらゆる商品の貨幣価格を若干低下させ、そのことは、国内製造業のコストを他国に比べて低下させるから製造業を奨励し発展させ、それによって穀物の国内市場が拡大され穀物生産が奨励される、だから穀物輸入商の業務は国民大衆の利益をもたらすのだ、とスミスは言うのである（WN, 535-6）。

第2編

資本蓄積の理論

第1章

資本移動論
―第19章の研究―

第1節　はじめに

　『経済学および課税の原理』（第3版）の後半1/3（第19〜32章）は、「論争的諸章」に当てられている。『リカードウ全集』の編集者P. スラッファは、『原理』を、①「経済学の原理」部分（第1〜7章）、②「課税の問題にかんする研究」部分（第8〜18章）、③「一群の論争的諸章」部分（第19〜32章）、の3つに区分しているが（I, xv-xix）、これに従えば、リカードウは、価値論や地代・利潤・賃金を扱った経済学の原理的な部分である「理論的諸章」（第1〜7章）と、さまざまな財貨や諸収入に対して賦課される租税の影響について論じた「課税論諸章」（第8〜18章）に続いて、「論争的諸章」部分において、スミス、セイ、ビュキャナン、マルサス等への批判をおこない、それによって自らの理論を浮かび上がらせようとしたのである。

　この「論争的諸章」部分は、「理論的諸章」や「課税論諸章」と違って体系的な叙述はおこなわれていない。前の2つの部分に確認されうるような、スミス『国富論』との一定の照応関係も認めることができない。しかもこの部分は、数度に分けて書かれたいくつかの原稿の集積体なのである[1]。

　確かに単純に各章の表題を列記してみても、「貿易径路における突然の変化について」「価値と富：その示差的な特性」「蓄積の利潤と利子への効果」「輸出奨励金と輸入禁止」「生産奨励金について」「土地の地代に関するアダム・スミ

スの学説」「植民地貿易について」「総収入と純収入について」「通貨と銀行について」「富国と貧国とにおける金・穀物・労働の相対価値について」「生産者によって支払われる租税」「需要と供給の価格への影響について」「機械について」「マルサス氏の地代についての見解」というように、そこでは、理論問題・政策問題・学説批判・時事問題等、きわめて広範囲の主題が、しかも相互に連関を欠いた言わば単発章として雑然と集積させられているのが認められる。スラッファが言ったように、この部分は「付録」あるいは「批判的補説」と呼ぶべき特徴を確かにもっている[2]。

しかしながらこのことは、『原理』研究におけるこの第三の部分の重要性をいささかも失わせるものではない。個々の実際的問題への言及は抽象理論の背後の時代の文脈を浮き出させてくれるし、論争的批判的叙述は理論的に昇華された概念の周辺を照らし出して言葉に血を通わせる。リカードウが『原理』の不可欠の構成部分として叙述した第三の部分は、『原理』先行諸部分の解読にとって、まさにその"断片性"ゆえに、有効なキーを与えてくれるとも考えられる。

本書では、この「論争的諸章」のうち、第19・20・21・22・23・25の6つの章を直接の検討対象とする。"資本蓄積論"と"外国貿易論"という2つのテーマ内容を通して『原理』全体の理論構造を考える、という主旨である。これ以外の、"地代論"（第24・32章）、"通貨・銀行論"（第27章）、"機械論"（第31章）もテーマとしては大きいが、別著に譲らざるをえない。以下、本編では第19〜21章が、第三編では第22・23・25章が検討される。

本章が検討するのは、このうち"資本移動論"と特徴づけられる第19章「貿易径路における突然の変化について On Sudden Changes in the Channels of Trade」である。同章は、「課税論諸章」部分最後の第18章「救貧税」に接続しているが、理論内容的には「理論的諸章」部分最終章である第7章「外国貿易について」に対応している。「理論」の「実際」への適用は終わりから始まるということであろうか。あるいは、一国経済の原理的構造の闡明（せんめい）は他国との接触（外国貿易）によって反照的にのみおこないうるということであろうか。いずれにせよ、この章の検討に際しては、第7章とともに"輸出奨励金論"（第22章）およ

び"植民地貿易論"(第25章)との関連が射程に収められていなければならない、と言えるだろう。もちろん、戦時から平時にかけての資本移動と富増大の関連を主題とする第19章が、価値と富の区別と関連を論じた第20章、さらにまた資本蓄積の利潤と利子への作用を論じた第21章と、それぞれ"資本蓄積論"という同一の問題圏を構成していることは言うまでもない。以下、このような論脈にも配慮しながら、第19章に内在し、その問題性の析出に向かうことにしよう。

第2節　リカードウ資本移動論の展開

1）転換期における資本移動

　第19章は、戦時から平時への転換期に、イギリスが大製造業国なるがゆえに遭遇する苦難について述べた、次の一句から書き始められている。

> 大製造業国は、一部面から他部面への資本の移動によってもたらされる一時的な逆境と不運に格別にさらされている。(Ⅰ, 263)

　あらかじめ言っておくが、すぐ後に見るように、転換期の資本移動に伴う痛みについて、リカードウが本当に主題化しようとしているのは、実は、製造業部面ではなくて農業部面である。とはいえ、まずリカードウは製造業部面の資本移動に関して原理的な確定をおこない、その上で当面する農業部面の問題を論じるという順序で、議論を展開するのである。

　さて、製造業の貿易径路上の変動とそれがひき起こす苦況について、リカードウは次のように語っている。製造品は農産品に較べて、需要が購買者の「好みや気まぐれ」に左右されるから、わずかな価格変動でも資本移動がひき起こされてしまう。租税・運賃・保険料の引き上げは、その国の「比較優位 comparative advantage」を失わせ輸出競争力を鈍化させてしまうだろう。貿易相手国の突発事故によっても、それまで通りの輸入が困難になり自国内生産が余儀なくされることがある。こうした貿易の「諸径路 channels」における変

動は、一事業部面から他部面への資本移動をひき起こし、その全移動期間を通じて当事者にかなりの「難況 distress」を経験させるだろう。とりわけ、大資本が機械や設備などに投下されている富裕な製造業国のダメージは大きい。なぜならば、従業員のための衣類・食物・住居のような流動資本であれば他の事業部面でも一定転用可能なのだが、固定資本となるとほとんど転用不可能で、だから資本のひき揚げの際にはこれらが放棄されねばならず、資本の遊休と廃棄は雇用の減退と失業につながるからである。このようにリカードウは、ナポレオン戦争終結後における大製造業国イギリスの「逆境」と「難況」を、資本移動に伴う埋没費用（サンク・コスト）に関連づけて語るのである。

> 長い平和の後の戦争の開始、または長い戦争の後の平和の開始は、一般に貿易上にかなりの難況をもたらす。それは、諸国のそれぞれの資本が以前に向けられていた用途の本性をかなりの程度変化させる。そして、新たな事情がもっとも有利にした状況に資本が落ち着きつつある期間中は、多くの固定資本は遊休させられるか、たぶん全部解体され、そして労働者は完全雇用を失うのである。（I, 265）

とはいえリカードウは、資本移動がひき起こす痛みが「一時的」なものであることも強調する。貿易径路の変動に伴う難況と国富そのものの衰退による難況とは、しばしば取り違えられてきたが区別されるべきである[3]。戦時から平時への転換に伴う苦況は、国民資本そのものの喪失から生じるものでなく、「富裕な国民が甘受しなければならぬ害悪である」（I, 266）。苦痛は一時的なものであり、「国民は再び繁栄に向かって前進するだろう」（I, 265）。確かに国富も、人間と同様、いつかは衰退していくに違いない。しかし国富のような社会事象のばあいには、発展のピークは比較的長期間にわたって維持され続けていく、と考えるべきである。イギリスの衰退はまだまだ先のことだろう[4]。だから当面する苦難に対しては、惰性や嫉妬に惑わされて毛嫌いや過剰反応に陥ることなく、資本移動に伴う一時的な苦痛を恐れずにあるべき投資方向への転換に大胆に踏み出すべきだ。これが、資本移動一般についてのリカードウの大局的な

第1章　資本移動論　97

判断である。

2）農業資本の移動の困難と必然性

　以上、製造業部面に関して述べられてきたが、これと同様の判断が農業部面についても適用される。戦時における貿易の中断は、国内農業の肥大化をもたらした。いまや穀物輸入の再開とともに、農業部面からの資本移動が開始され始めている。それは多大な苦痛を伴うだろうが、断固として推進されるべきである。以下、第19章の終わりまで、リカードウは当面するイギリス最大の経済問題である農業の「難況」の歴史的本質を、理論的にえぐり出していく。

　　ある商業国において諸国家の商業を中断させる戦争は、穀物が小さいコストで生産されうる国々からそれほど恵まれた状況にない他の国々への輸出を、しばしば妨げる。そのような事情の下では、異常な量の資本が農業にひき寄せられ、そして以前は輸入していた国が外国の援助から独立するようになる。戦争の終結とともに輸入への障害が取り除かれ、国内栽培者にとって破壊的な競争が開始され、彼はその資本の大部分を犠牲にすることなしにはその競争から撤退できないのである。（I, 266）

　もちろん、土地からの資本撤退は漸次的におこなわれるべきである。戦時の国内穀物需要を支えてくれた農業者に対しては、何らかの国家的配慮が与えられて然るべきだからである[5]。しかし製造業のばあいと同様、国内農業資本の撤退は必至の方向である。このことをリカードウは、ある国で第六等地まで耕作されており、第四等地の生産費3ポンド、第五等地の生産費3ポンド10シリング、第六等地の生産費4ポンド、等々で、穀価が4ポンドから3ポンド10シリングに下落する、という数値例によって議論している。穀価が3ポンド10シリングに下落すると、第六等地に使用されていた資本は「一般的利潤」が確保できず農業部面から撤退し、移動した製造業部面で生産した製造品で外国からより多くの穀物を購入しようとするだろう、と。

資本はこの用途では、その所有者にとって、必ずより生産的であるだろう。さもなければ、それは他の用途からひき揚げられないだろう。というのは、もし彼が地代を支払わない土地から得るよりも、製造した商品で購入するばあいの方がより多くの穀物を獲得できないのであれば、穀物の価格は4ポンド以下にはなりえないからである。（Ⅰ, 268）[6]

　だが、農業からの資本移動を抑制する要因も存在する。資本を土地からひき揚げることについては、しばしばその困難が指摘されてきた。事実、施肥・柵・排水溝等のような土地と不可分離に結びついた土地資本は、転用することができないだろう。製造業部面の際に指摘された埋没費用は、農業部面ではさらに膨大な額に上ることが予想される。だから上の事例で、穀物価格がたとえ第五等地に「通常利潤」を与えるにすぎない水準にまで低下したとしても、第六等地がひき続き耕作されることも生じうる。穀物価格の低下によって地代が支払われず一般的利潤すら確保できなくても、生産された穀物はいくばくかの収益をもたらし、「農業者は、たとえどんな価格で売れようとも穀物を作り続けるだろう」（Ⅰ, 269）からである。こうして3ポンド10シリングへの穀価下落の下で、従前どおり第一～第六等地が耕作されるというある種異様な投資構造が現れることになる。そのばあいの一国の富の状態を、リカードウは次のように概括している。

　　穀物の価格がどれほど低く下落しようとも、もし資本が土地から移動させられえず、そして需要が増大しなければ、何らの輸入も起こらないだろう。というのは、以前と同一量が国内で生産されるだろうからである。生産物の異なる分割があり、ある階級は利益を受け、他の階級は損害を受けるだろうが、生産の総額はまさに同一であり、国は総体的に豊かにも貧しくもならないであろう。（Ⅰ, 270）

　リカードウはこの一文の直前でも、穀価の低下によって「すべての優等地の地代は低下するだろう」が、「私たちは生産されたあらゆる商品のまさに同一

量をもっているはず」だから、そして「一国の資本はその諸商品から成る」のであり「諸商品は以前と同一である」のだから、「再生産は同一率で進行するであろう」と、ほぼ同主旨の内容を述べている（I, 270）。しかし同時にそれに続けて、次のようにも言う。

　　しかし、相対的に低い穀物価格から常に生じる別の利益がある。すなわち実際的な生産の分割は、利潤の名の下に生産階級により多くを、地代の名の下に不生産階級により少なくを割り当てるのだから、恐らく労働維持のためのファンドを増加させる、という利益である。（I, 270）

　リカードウは、穀物価格が低下することには固有の「利益 advantage」がある、と述べている。穀物価格の低下は、地代減少・賃金低下・利潤上昇によって、「生産階級」により多くを割り当て、「労働維持のためのファンド」を増加させるからである。穀物価格の低下による「生産物の分割 division of the produce」の変動は、「生産の総額 aggregate of production」は同一のままでありながら、しかし「実際的な生産の分割 division of actual production」の組み替えによって将来の富を潜在的に増大させる、と言うのである[7]。ここには、富増大をめぐってのリカードウの重層的な言表を確認することができる。
　とはいえリカードウは、いずれ資本は第六等地から撤退していくべきだ、と考えている。土地資本の埋没費用を理由にして土地からの資本移動を拒絶するのは、耐用期間中の古い機械の未償却価値を楯にして新たに発明されたより生産的な機械の導入を渋るのに等しい。新たに発明された機械と同様、外国貿易の導入も、「部分的損失」にもかかわらず「全般的幸福」の潜在的可能性を有している。資本移動の当否は、結局は、現存資本価値の破壊と新資本の採用による利益とを比較考量する農業資本家に委ねられる「計算の問題 a matter of calculation」（I, 269, 271）に帰着するだろう。リカードウは、平時下で外国貿易再開に向かいつつあるイギリス農業が抱える難況の歴史的背景について、再度次のような記述を与えて、第19章を終えている。

農業は、他のすべての事業と同様に、特に商業国では、反対方向での強い刺激作用に続く反作用を受ける。こうして、戦争が穀物の輸入を妨げるとき、その帰結である高価格は、大きな利潤によって資本を土地に引き寄せる。このことは、その国の需要が要求するよりも多くの資本が使用され、より多くの原生産物が市場にもたらされることを多分ひき起こすだろう。このようなばあい、穀物の価格は供給過剰の結果から下落し、平均供給が平均需要の水準にもたらされるまで、大きな農業的な難況がもたらされるだろう。(I, 272)

第3節 小 括

　第19章におけるリカードウの論旨は、以上に概観してきたようにきわめて明解である。戦時中に閉ざされていた外国貿易の再開を前にして、商業国イギリスの国富増大の可能性は高まっている。穀物自給優先だった戦時の投資構造が再構築されねばならない。そのためには、すでに土地に投下されている固定資本の廃棄が生じるかもしれないが、農業部面から製造業部面への資本移動は断固として促進されるべきだろう。これは、ナポレオン戦争後のイギリス経済に対するリカードウの歴史認識であり、また処方箋でもあった。しかし同時に私たちはこの時論的主張の中に、富、価値、穀物価格、投資構造、生産物構成、諸収入の分配関係、労働維持ファンドといった基礎的な諸範疇の展開と、それを通して一国の経済構造についてのリカードウの基本的把握の概要を確認することができる。そこで以下ではこの側面に焦点を合わせて、後続する『原理』「論争的諸章」をも視野に置きながら、リカードウ"資本移動論"に胚胎している理論問題の析出に努めてみることにしよう。

　まず第一に、農業部面から製造業部面への資本移動の必然性を、リカードウが二重に記述していることについてである。リカードウが、農業部面の劣等地資本をひき揚げて製造業部面に移動させるべきだと言うのは、さしあたりは、そのような資本移動によってより大きな国富が獲得できると考えたからである。

　例えば、一国の投資構造は戦時には、{農業部面, 製造業部面} で $\{X, Y\}$ の

ように分割され、それによってもたらされる生産物は $\{A, B\}$ のような構成だったとする。ところが平時になって、資本が農業部面から製造業部面に移動し、投資構造は $\{X-k, Y+k\}$、生産物構成は $\{A-a, B+b\}$ に変化したとしよう。戦時よりも平時では、農産品は a だけ少なく製造品は b だけ多く国内生産されるわけである。さていま、この増加した製造品 b が外国貿易を通して農産品を減少量 a よりも多く獲得できるならば、$\{X, Y\}$ から $\{X-k, Y+k\}$ への投資構造の変更は推奨されるべきだ、ということになるだろう。資本移動によって一国の富を増大させることができるからである。

この議論は、自由な外国貿易の下で各国が比較優位に向かえば「普遍的利益」が達成されると説いた、『原理』第7章の"比較生産費説"に通底するものだろう。また、新たな機械の発明や外国市場の拡大によって、同一の資本価値をもった2つの国が投資構造いかんによっては異なる量の富を生産しうることを示した、第20章の"価値と富の区別論"に連接していくものでもあるだろう。いずれの議論も、外国貿易による富増大の潜在的可能性を確認した主張であり、ここ第19章においても、戦時中の貿易制限による富への圧迫は明白だから[8]、平時の到来とともに資本が農業部面から製造業部面に移動する必然性には、疑問の余地がないように思われる。

だが、富増大の方向に沿って一国の投資構造が組み替えられるべきだという議論と、投資構造が実際にどのようにして組み替えられていくかという議論とは、もちろん別のものである。ここで便宜上、前者の議論を「外的必然性」、後者の議論を「内的必然性」と呼ぶことにすれば、リカードウは、農業部面から製造業部面への資本移動を、単に上述したような外的必然性からだけでなく内的必然性としても、次のように説いている。

すなわち、戦時において、生産費4ポンドの第六等地、生産費3ポンド10シリングの第五等地、生産費3ポンドの第四等地、等々が耕作されていたが、平時に穀価が4ポンドから3ポンド10シリングに下落することによって、第六等地に使用されていた資本が生産費を回収できなくなり農業部面からひき揚げられる、と。リカードウは、穀物価格の低下につれて劣等地資本が「一般的利潤」を確保できなくなることから、資本移動の必然性を語っているのである。

リカードウが農業部面から製造業部面への資本移動を、一国全体の富増大という言わば大所高所の観点（外的必然性）からだけでなく、個々の資本家の利潤動機（内的必然性）に即しても展開していることは、十分注目しておいてよい。外国貿易がより大きな富をもたらすことは確かだが、そのような外国貿易による富増大の一般的可能性から直ちにではなく、富増大におそらく伴うであろう利潤獲得機会の増大とそれに対応する資本家の選択行動から、リカードウは農業資本撤退の必然性を内面的にも展開しているのである[9]。

　第二に、穀物価格と資本移動の関連づけに際して、リカードウが言わば"中間的"な投資構造を設定していることについてである。上に見たように、リカードウは投資構造を組み替えていく資本移動を、「外的必然性」よりも「内的必然性」に即して展開している。しかし、そもそも資本移動をひき起こすのは穀物価格の低下である。ここに戦時から平時への投資構造の転換に関して、「資本移動」とは異なる「穀物価格」が投資構造に及ぼす固有の作用は何か、という問題が設定されてくる。

　まず、リカードウの穀物価格が、単に資本移動の内的必然性に関連するだけでなく、外的必然性をも包含した概念であることを確認しておこう。すでに述べたように、平時において製造品 b が農産品 a 以上を獲得できるときに一国の富は増大し、したがってそこに資本移動の外的必然性が存在した。だがこれについてリカードウは、もし製造品で購入する方がより多くの農産品を獲得できないのであれば穀物価格は低下しなかった、つまり穀物価格が低下するのは農業部面よりも製造業部面の方が「より生産的」であることが前提されているからだ、と述べている[10]。低下した穀物価格のうちには、資本移動の外的必然性がすでに織り込み済みなのである。したがってリカードウにおいては、穀物価格の低下が内的必然性に従って資本を移動させるとき、「富」増大の外的必然性もまた同時に実現されていくことになる。穀物価格はその変動によって、資本移動を内的にも外的にも必然化していく、ととらえられているのである。

　とはいえリカードウは、穀物価格の低下を一直線に資本移動に結びつけてはいない。土地と不可分に結びついた固定資本への配慮から、農業資本家が農業部面からの資本撤退を思いとどまる可能性があることを、リカードウは指摘す

る。それは道徳的というより経済的な「計算の問題」としてであり、農業資本家は、穀価低下による利潤のマイナスと、廃棄される土地資本価値のマイナスとを比較考量して、資本撤退の当否を決める、とされる。資本移動の阻止要因としての土地資本の存在を指摘することによって、リカードウは穀物価格と資本移動の間に不連続面を挿入し、そこに農業資本家の投資選択空間を設定した、と考えられるだろう[11]。

　この選択空間の挿入は、戦時と平時の2つの投資構造の間に中間的な投資構造を設定させることになる。穀物価格が直ちに資本移動に結びつくのでなければ、戦時と平時の峻別された投資構造の間隙は、自ずと何らかの中間的な形態によって埋められることになるからである。こうして、穀価が4ポンドから3ポンド10シリングに下落し、この3ポンド10シリングは第五等地に辛うじて「一般的利潤」を確保させる穀価水準であるにもかかわらず、生産費割れをおこしたはずの第六等地にも資本投下が存続していくという、戦時と平時の投資構造を折衷させたような中間的な投資形態が出現してくることになる。いま、リカードウの"資本移動論"を、【戦時の投資構造→穀物価格の低下→資本移動→平時の投資構造】のように表すならば、プロセスの中核を成す【穀物価格の低下→資本移動】の非単線的な把握は、中間的な投資構造をリカードウに設定させることになった、と言ってよいだろう。

　第三に、この中間的な投資構造において検出できる、穀物価格そのものが投資構造に及ぼす独自の作用についてである。このばあい、「穀物価格の作用」と「資本移動の作用」とは区別されている。そのような区別立ては、上に見た穀物価格の低下と資本移動との間に不連続面を挿入したリカードウの議論に沿ったものだろう。では、【戦時の投資構造→穀物価格の低下→……《　》……→資本移動→平時の投資構造】という一連のプロセスにおいて、穀物価格の低下は、資本移動が平時の投資構造を招来させるよりも前に、戦時の投資構造の何を固有に変えるのだろうか。

　その点で、リカードウが設定した中間的な投資構造は、穀物価格そのものの投資構造に及ぼす作用を剔出(てきしゅつ)するためには格好の形態であると言える。穀物価格の低下にもかかわらずまだ戦時の投資構造が存続しており、したがって資本

移動が生じる前の穀物価格の作用だけを言わば原型のままに析出できるからである。リカードウの叙述に即して確認していこう。

いま、戦時の投資構造をP、平時の投資構造をQとし、PとQの間に設定された中間的な投資構造をπと呼ぶ。Pとπは同じ投資構造で同じ生産物を産出しているから、リカードウは、「資本」を構成する生産物も同等となり、したがって「再生産は同一率で進行するだろう」、とひとまず押さえている。しかしすぐこれに続けて、穀物価格の相違は「労働維持ファンド」を相違させるとも述べる。すなわち、πにおける低い穀物価格によって、「地代は低下し、……賃金も同様に低下し、利潤は上昇する」という「生産物の異なる分割」が生じ、このような分配関係の変更は、「利潤の名の下に生産階級により多くを、地代の名の下に不生産階級により少なくを割り当てる」という「実際的な生産の分割」の組み替えを通して、「労働維持ファンド」の増加と「富」の将来的増大をもたらすだろうからだ、と言うのである。

地代・賃金・利潤の分配関係の変更という点に、リカードウは穀物価格の投資構造への作用の痕跡を見いだしていると言えるだろう。資本が移動しておらず、したがって「富」がまだ現実には増大していなくても、穀物価格の低下が分配関係を変更し、「富」の潜在的増大を進行させうることが揚言されている。ここで、生産物の分配関係を、地代・賃金・利潤という名義への分割関係という意味で「価値関係」と呼ぶならば、リカードウは、「富」を増大させる「労働維持ファンド」の増加を規定する「価値関係」という位相の所在を提示したと言ってよいだろう。

「価値関係」変更の最大のポイントは、もちろん「地代」の減少である。なるほど穀物価格の低下は、製品品bが農産品a以上を獲得できることを前提するから、農業部面から製造業部面への資本移動は速やかに進行し、やがて富も増大していくことだろう。しかし、資本が移動するしないとは別に、穀物価格の低下はそれ独自で「価値関係」を変更するのである。中間的な投資構造を見ればわかるように、劣等地資本の非撤退にもかかわらず地代は穀価とともに低下し、「地代の名の下に不生産階級により少なくを割り当てる」ことによって「労働維持ファンド」が増加し、富の潜在的増大が可能になったのである[12]。

「地代は価格の原因でなく結果である」と述べた"地代論"の命題が想起される。資本移動は、穀価低下がすでに潜在的に増大させている富を、言わば後追い的に実現するだけとさえ見えてくる。

さらにまた、この「価値関係」という位相の提出は、「穀物価格」と「富」の直結的な把握を回避させるだろう。確かに、「富」は「労働」との相関で決まり、「賃金」は「労働」を規定し、「穀物（価格）」は「賃金」を規定するから、「穀物価格」の変動が「富」を変動させるという見解が成立しうるかに見える。しかし「賃金」が「労働」に連関するのは、「労働維持ファンド」によって規定される「人口」を介してであり、また「人口」を規定する「労働維持ファンド」は、「価値関係」によって規定されている。ここに私たちは、一方に「富」と「労働」、他方に「賃金」と「穀物」を配し、「価値関係」と「労働維持ファンド」を間に置いて両者が分節的に連関するという、独特なリカードウの理論構造を垣間見ることができるのである[13]。

一国の資本移動と投資構造を農業資本の撤退を中心に主題化した第19章の"資本移動論"は、外国貿易の再開による「富」の一般的増大傾向の中で、穀物価格の「価値関係」への作用を剔出し、そのことによって第20章の"価値と富の区別論"へと接続していくのである[14]。

【注】
1）私たちはリカードウの書簡から、「理論的諸章」と「課税論諸章」が、それぞれ、1816年10月と11月にミルに送付された一括した原稿から成っていること、これと対照的に「論争的諸章」の原稿は、何度かに分けて書かれたいくつかの論稿の集積であること、を知ることができる (185, 188)。そして、少なくともそこには、①1816年12月20日にミルに送付された「アダム・スミスの著作に関する考察」部分 (196)、②マルサスへの1817年1月3日の書簡で言及された「スミス、セイ、ビュキャナンの論評」部分(197)、③1817年3月9日にマルサスに送付された「マルサスへの批判」部分 (208)、さらに④『原理』の印刷開始（1817年2月末）以後の3月26日に最終的に印刷所に手渡された「原稿の最後の部分」(208、211)、の4つの諸原稿の所在が確認できる。ただし、これらのいくつかは重複している可能性があるし、またそれぞれの執筆時期を明示する資料はない。しかしながら、もともと"断片"として読まれるべき「論争的諸章」部分が、スミス、セイ、ビュキャナン、マルサスをめぐってかなり入り組んだ執筆事情にあり、執筆プロセスそのものが断片的であったことは、『原理』という書物を考えるばあいに十分注意しておかねばならぬことである。
2）「最後の第三群はアダム・スミスおよび他の著者のいろいろな学説を論評する諸章

から成り、『付録』あるいは相互にほとんど関連のない一連の批判的補説を構成している。」（I, xxiii-xxiv）
3）「貿易の激変に起因する難況は、国民資本の減少や衰退的社会状態に伴う難況としばしば取り違えられる。そして両者が正確に区別されうる何らかの指標を指摘することは、多分困難だろう。」（I, 265）
4）「衰退状態は常に社会の不自然な状態である。人は青年から壮年に成長し、次いで老衰し、そして死ぬ。しかし諸国民の進行はこうではない。最大活力の状態に達すると、たしかにそれ以上の前進は止められるかもしれないが、しかしその自然的傾向は、数世代にわたってその富と人口を減少させずに維持し続けるものなのである。」（I, 265）
5）第2版でリカードウは注を付し、非常時の農業資本の国家的貢献に報いる一種の「保険 insurance」として、急激な資本撤退を緩和するために外国穀物に対して漸次逓減する輸入関税を課すべしというマカァロクの提言に、賛意を表明している（I, 267）。
6）穀物価格が低下し農業部面から製造業部面に資本が移動するのは、製造業部面の方が無地代地（第六等地）よりも「生産的」であるからだという少々難渋なこの一文は、初・2版では、「というのは、もし彼が穀物を購入する商品を製造するばあいよりも、地代を支払わない土地で穀物を栽培することによってより多くの穀物を獲得できるのであれば、穀物の価格は4ポンド以下にはなりえないからである」（I, 268）と記されていた。内容的には同一とみなしうるが、しかし初・2版の叙述では、無地代地の生産性いかんでは穀価が低下しないとも解釈でき、穀価の最劣等地による規定という意味合いが強く出すぎてしまう。『原理』第2章の周知の命題、「穀物は地代が支払われるから高いのではなくて、穀物が高いから地代が支払われるのである」（I, 74）が語っているように、リカードウは基本的には、「最劣等地が穀価を規定する」というよりも「穀価が最劣等地を規定する」と考えていたのであり、第3版での訂正はこの線に沿ったものと言えるだろう。なお、この論点は、スミスの"鉱山地代論"およびマルクス地代論の"上昇・下降序列論"とも関連しているが、それについては、拙著『「土地」と「地代」の経済学的研究』（時潮社、1998年）を参照されたい。
7）この一連の引用文において、「生産物 product」と「生産 production」という言葉が使い分けられていること、また「現実的 actual」という言葉が、近い将来実際に起こりうるという意味で「実際的」と訳しうる語義であることに注意を喚起しておきたい。従来の邦訳ではこの点についてほとんど注意されることがなかったが、リカードウのこの文章を本書は、低穀価によってすでに変動させられた「生産物の分割」が、近い将来の「労働維持ファンド」を実際に増大させうる「生産の分割」を潜在的に用意している、と読み取っている。
8）「その国の生産物の総価値は、同一の資本が使用されるのだから、たぶんほとんど変更されないだろうが、それにもかかわらずその生産物は以前と同様に豊富で安価ではなくなるだろう。」（I, 264）
9）この点は、セイの「企業家」概念へのリカードウの高い評価とも関連してくる。本編第3章を参照されたい。
10）「資本はこの用途では、その所有者にとって、必ずより生産的であるだろう。さもなければ、それは他の用途からひき揚げられないであろう。というのは、もし彼が地代を支払わない土地から得るよりも、製造した商品で購入するばあいの方がより多く

の穀物を獲得できないのであれば、穀物の価格は4ポンド以下にはなりえないからである」（Ⅰ, 268）。この一節が『原理』初・2版では、穀価の最劣等地規定がより前面に出る記述になっていたことについては、すでに注6）で触れた。

11) この空間そのものは、穀物価格の低下とともに急速に消滅していく傾向にあるだろう。穀価低下による製造品価格の相対的上昇は、製造品が貿易によって獲得できる農産品量を増大させ、製造業部面への資本移動の外的必然性をますます高めていくからである。また穀価低下による地代減少は土地資本の本体価値を低めるから、資本移動の阻止要因としての固定資本の減価償却費も穀価低下とともに縮減し、そのことは資本移動の内的必然性をますます高めていくことにつながるだろうからである。それにもかかわらず、リカードウが穀物価格と資本移動の間に何らかの幅の選択空間を設定したことが、注目されるべきなのである。なお、この後半の論点に関しては、「土地と不可分に融合された」土地改良資本に対する報酬は当然「利潤」範疇なのだが、「しかしひとたび改良がなされるならば、その後は常に、獲得される収益は完全に地代の性質をもつようになり、そして地代のすべての変動に服するだろう」（Ⅰ, 262）と述べた、『原理』第18章の末尾の注も想起しておきたい。

12) ここで「労働維持ファンド」について一瞥しておこう。『原理』の随所に認められるこの語は、「労働の維持のためのファンド the funds for the maintenance of labour」、「労働の維持に向けられたファンド the funds destined for the maintenance of labour」、「労働者を維持するためのファンド the fund for maintaining labourers」等、いくつかの若干ニュアンスを異にする表現で使用されている。「労働維持ファンド」は、資本によって増加させられ（Ⅰ, 132）、逆に、租税等によって資本が減少させられることによって減少する（Ⅰ, 153, 222, 225, 221）。もちろん「節約」によって資本が増大すれば、「労働維持ファンド」もまた増加する（Ⅰ, 270, 292-3）。そして「労働維持ファンド」が増加すれば、労働需要の増大によって賃金が上昇し（Ⅰ, 222）、賃金上昇による人口増加と穀物需要の増大が生じるだろう（Ⅰ, 306, 196）。だが、「労働維持ファンド」の増加による穀物需要の増大は、一方では穀物生産を増進させるが（Ⅰ, 306）、他方では土地生産の増進は収穫逓減によって穀価上昇と地代増加・賃金上昇・利潤低下をひき起こし（Ⅰ, 78）、これは「労働維持ファンド」を減少させ（Ⅰ, 225）、「その国の将来の生産」の減退をひき起こす可能性がある（Ⅰ, 153）。「労働維持ファンド」に関するリカードウの議論は、大略以上のようなものである。

13) この点については、第3編第2章注13）も参照のこと。

14) この点で、「商業」が「価値」を増加させるかのように述べたセイの記述（Say, 4e éd., t. 2, p. 458）に対して、第19章の第3版への注でリカードウが、「商業の全利益はそれ自体、より多くの価値ある物でなくより多くの有用な物を私たちに獲得させる手段を与えることに帰着する」（Ⅰ, 264）と批判したことがあらためて注目される。セイに対する同様の批判は第22章の末尾にも認められ、やはりそこでもリカードウは、「外国貿易」が「価値」をもたらすかのように述べたセイ（Say, 2e éd. 2, t. 1, p. 401）を批判して、「本書の第7章で、私は、外国貿易であれ国内商業であれ、すべての商業は、生産物の価値を増加させることによってでなく生産物の分量を増加させることによって有益である、ということを示そうと努めた」（Ⅰ, 319）、と同様の主張を繰り返し強調している。では、「商業」でなく「農業」であるならば、「富」とともに「価値」をも増加させる、とリカードウは言うことになるのだろうか。このテーマについては、穀物価格の低下は「価値関係」を変更させるという本章の議論とも関

連して、リカードウとセイの"価値と富の区別論"の相違という文脈で、次章で検討しよう。

第2章

富と価値の区別論
―第20章の研究―

第1節　はじめに

　リカードウ『経済学および課税の原理』（第3版）の第20章は、「価値と富、その示差的な特性 *Value and Riches, their Distinctive Properties*」と題されている。同章は、第19章と第21章の間に挟まれ、これらとともに『原理』「論争的諸章」部分（第19～32章）の導入部分を構成している。すなわち、第19章「貿易径路における突然の変化について」でリカードウは、戦時から平時への転換に伴う貿易径路の変化と、そこに潜在する国富増大の可能性の中での資本移動の効果の問題を扱い、また第21章「蓄積の利潤と利子への効果」では、資本蓄積が利潤率を低下させると説いたスミスに対して、資本蓄積そのものが利潤率に直接作用するわけではなく、利潤は賃金騰貴によってのみ低落するという議論を展開した。このことは、"富と価値の区別論"として知られる第20章が、その検討に際しては単に"価値論"の用語上の定義を云々するものとしてだけでなく、"資本蓄積論"の文脈の中での"価値論"の再定義・再展開としても読まれるべきことを示唆している。

　第20章は「論争的諸章」部分の中では、第32章・第27章・第22章に次ぐかなり長い叙述分量をもつ章である。先行する経済諸理論への批判を通して自説を展開するという叙述スタイルは他の多くの「論争的諸章」と共通するものだが、第20章は、特にセイとの関連で注目される。リカードウは『原理』

「序文」で、セイをスミスと並ぶ主要な批判対象であると言いながら（I, 6-7）、本文中でのセイに関する記述は概して断片的なものに留まっている。その点でこの第20章は、セイについてのまとまった叙述がおこなわれている唯一の章であること、『原理』第3版での大幅な改訂を施された章の1つであること、さらにまたこの章がスミスを批判するセイに対するリカードウの批判、という重畳的な叙述構造を有していること、によって注目される。本章はこのような問題意識をもって、第20章におけるリカードウのセイ批判の所在をも探究するものである。

ところで第20章の検討に入る前に、「富」と「価値」に関する次の2つの基本的な事柄に触れておきたい。

まず、「富」と「価値」の「区別」ということそのものについてである。一般に日常語で「価値」は、その商品がどれだけの他商品を購買・支配できるかという「交換価値」の意味で使用されている。これに対してリカードウは、「価値」は「生産の難易 difficulty or facility of production」に依存すると言って、労働生産性と結びつけた「価値」の定義をおこなった（I, 273）。「生産の難易」とは、産出される「富」の大小に密接に関わる概念であるから、リカードウは「価値」を「交換価値」でなく「富」との相関でとらえるべきことを主張したわけである。このことは、"富と価値の区別"と言うばあい、それは「富」と「価値」の"切断"というよりもむしろ"連関"の主張であることを示唆している。「区別」とはすなわち「関連」づけのことである。この意味あいを理解しないと、第20章を読み誤ることになる。

次に、「富の尺度」と「価値の尺度」についてである。あまり指摘されぬことだが、リカードウには「価値の尺度 measure of value」とともに「富の尺度 measure of riches」（I, 280）という概念がある。「価値の尺度」とは、言うまでもなく諸商品の価値を測定する尺度のことであり、諸商品は尺度財に選ばれた財貨のどれだけを購買・支配できるかによって自らの価値の大きさを表示する。リカードウは、この「価値の尺度」がしばしば「富の尺度」と混同され、そのため、一国の富裕が価値尺度財のどれだけを獲得できるか、つまり価値尺度財の豊富さが一国の富を規定するという代表象が成立してしまうこと

を問題にしている。貨幣や穀物や労働のような価値尺度財の豊富が一国を富裕にする、と錯誤されることをである[1]。とりわけ「穀物」のばあいには、「穀物」は動員できる「労働」量をも規定すると考えられるから、「労働」概念の限局を通して"穀物＝富論"を完成しがちである。スミスの"穀物尺度論"批判が、第20章では「価値の尺度」の「富の尺度」への横滑り論として展開されていることに、あらかじめ注意を促しておきたい[2]。

これらの諸事項に留意しつつ、以下、『原理』第20章の検討をおこなうことにしよう。第2節では『原理』第3版の叙述の概要が、第3節では「書簡」および初・2版を通して『原理』第20章（第3版）の対比的吟味が、第4節ではリカードウ第20章の資本蓄積論的総括が、それぞれ述べられるであろう。

第2節　『原理』第20章の展開

1）スミス"穀物尺度論"の批判

第20章は、スミスに関する前半部分と、セイに関する後半部分とに分けて読むことができる。とはいえ、スミスの「富の尺度」と「価値の尺度」に関する前半部分の記述は、そのままセイの"富と価値の混同論"批判への導入にもなっているわけで、その点に留意するならば安易な二分化には慎重であってよい。事実、前半部分にも、例えばセイのスミス穀物尺度論への傾斜に関する注記や、明らかにセイを意識したローダーデイル批判が認められるから、第20章全体をリカードウのセイ理論への批判章とみなすことも不可能ではない。本項ではこのような見方も頭に置きつつ、ひとまず第20章の前半部分の叙述を掘り起こしていくことにする。

第20章の冒頭でリカードウは、『国富論』から、「人は人間生活の必需品・便益品・娯楽品を享受しうる程度に応じて豊かだったり貧しかったりする」（WN, 47）という一節を引用し、だからスミスは「価値は本質的に富とは異なる」ことを把握していた、と述べている。例えば同一の「価値」を生産する100万人の労働は、「機械の発明・熟練の向上・より良い分業・新市場の発見」という「社会状態」の相違に応じて異なった量の「富」を産出するわけだが、スミス

はこの「富」と「価値」の関係性の中での乖離の可能性、つまり「富」と「価値」のまさに本質的な「区別」を正当に把握していた、とリカードウは主張するのである（Ⅰ, 273）[3]。

　このかなり強引なスミスの読み込みを通して、リカードウが富と価値を、"単なる労働"でなく機械・熟練・分業・市場という"一定の社会状態に支えられた労働"によって媒介させようとしていることに注意しておきたい。「富」と「価値」は、選択される「社会状態」によっては多様な乖離形態を示しうる、とリカードウはとらえているのである[4]。ところが従来の経済学は、往々にして「富の増大」と「価値の増大」を「同一事を意味する」と考えることによって、「社会状態」についてのこの議論を封殺してきた、とリカードウは言うのである（Ⅰ, 274）。

　リカードウの念頭にあるのは、スミスの"穀物尺度論"である。穀物を価値の尺度にすることが問題なのではない[5]。不変でないにもかかわらずある特定商品を暫定的に「尺度」とすることは可能だし、そのような「仮説的」な議論をおこなうことは、「尺度」そのものの"困難"を明らかにし、錯雑とした認識を反省させる上でむしろ有効でありえよう[6]。問題は、「労働」の支配・動員が一元的に「穀物」によって規制されるというあまりに単純な想定を置くところにある[7]。これによって「社会状態」との相関を内包した"富を生産する労働"は、"価値を生産する単なる労働"へと抽象化され、それとともに、「労働はすべての物に対して支払われる最初の価格、本源的購買貨幣であった」（WN, 48）という定義に代わって、「富の価値は、それを所有し、それを何か新しい生産物と交換したい人々にとって、それが彼らに購買し支配できるようにさせる労働の量にまさに等しい」（WN, 48）という定義が現れてくることになる。リカードウは"穀物尺度論"による「労働」概念の旋回に、スミスにおける"富と価値の混同"を見るのである[8]。

　とはいえ富と価値の概念的区別は、ローダーデイルの"稀少性"の議論とも違う。一般に日常語では、「稀少 scarcity によって商品の価値は引き上げられる」（Ⅰ, 276）から、「豊富」でなく「稀少」が価値増大の原因であり、富と価値は背馳するかに見える。だからしばしば、「諸商品の量の減少によって、つま

り人間生活の必需品・便益品・享楽品の量の減少によって、富が増加させられうると主張されてきた」(Ⅰ, 276)。だが簡単にわかるように、このことはすべての商品について妥当するはずがない。販売者のプラスは購買者のマイナスであり、一国の富全体が「稀少」になるわけではないからである。各人の富が引き出される「一般的ストック general stock」(Ⅰ, 276) が不変のままに止まるならば、「富の分配」が変更されるだけである。「稀少性」とは、言うまでもなく「相対的」な概念なのである。逆に、例えば、もし「富の異なる分配だけでなく富の実際の損失もまた生じる」(Ⅰ, 277) ような「富の生産」に関わる「稀少」が生じてしまうならば、富と価値は同一方向に動くことになり、背馳の仮象そのものが消滅することになるだろう。だからセイが批判したように、ローダーデイルが言う「一般的富の原理」と「諸個人の富の原理」の矛盾などもともと存在しないのである[9]。

　矛盾は、労働生産性の変動に伴って「富」と「富の価値」の間に現れてくるだろう。例えば、改良された機械によって製造される靴下が2倍になれば、靴下の交換価値は半減するがその国の富は製造靴下の増加によって増大し、さらに、もし改良された機械が他部面でも採用され一国の労働生産性が全般的に2倍になるならば、「その国で年々生産される商品量は2倍になり、それゆえその国の富は2倍になるだろうが、しかしこの富は価値において増加してはいないだろう」(Ⅰ, 277)。このことは、同一の価値でも異なる量の富を生産する、あるいは同一量の富を生産する異なる価値を有する2つの国が存在しうることを示唆している[10]。また、例えば金銀とビロードの生産性が増進しそれらの価値が半減すれば、金銀製食器とビロードを以前の2倍獲得することができるだろうが、しかし、「ビロードと食器の交換価値が低下するので、彼らは一日の労働を購買するために、この種の富のより多くをそれに応じて手放さなければならないから」「この追加的食器やビロードの所持でもって彼らが以前よりも多くの労働を雇用できるわけではない」(Ⅰ, 278)。だから、「人は彼が購買できる労働量に応じて豊かだったり貧しかったりするにちがいない」というスミスの命題にもかかわらず、「富は彼らが購買できる労働量によっては評価されえない」と言わねばならないのである (Ⅰ, 277-8)。

リカードウは、"穀物尺度論"によってスミスの「資本」概念はきわめて限局させられる、と見ている。スミスにおいては、「富」の本源である「労働」を動員する社会的諸力が「資本」としてでなく「穀物」として限定的にとらえられるからである。スミスが「資本」の増大について、富の支出方向を不生産的労働から生産的労働に転換させる「収入」の「節約」としてのみ語っていることが想起される (WN, 337)。これに対してリカードウは、一国の「富」は、「収入のより大きな部分を生産的労働の維持に使用すること」によってだけでなく、「同一量の労働をより生産的にすること」によっても増大される、と主張する[11]。スミスが「資本の増大」を問題設定したのに対して、リカードウが「富の増大」を問うていることに注目しよう。すなわちリカードウは、「資本は、将来の生産のために使用される一国の富の一部であり、富と同じ方法で増加されうるものである」(I, 279) と言い、こうして、富を増大させる労働生産性の増進は資本を増大させ、この増大した資本が富を再び増大させるという、富と資本の言わば相互増殖的な"増大する富"の循環の中で、将来の「富の生産」に向かって「労働」を動員する「資本」および「富」の増大を語ったのである[12]。

スミスの「富」の把握では、「富」を生産する「労働」は「穀物」と直結され、「社会状態」から切り離された言わば裸の「労働」に還元されてしまっている。この限りでは、スミスもローダーデイルとともに「富の生産」の次元を欠落させていると言わなければならないのである。ではセイはどうか。第20章の後半部分は、セイにおけるこの「富の生産」の次元を剔出しようとするリカードウの試みと読むことができる。

2) セイ"効用価値論"の批判

『原理』第20章の後半部分は、第3版で大幅に書き変えられている。初・2版にあった最初の3つのパラグラフは5つのパラグラフに全面的に差し替えられ、また初・2版の最後の2つのパラグラフは、最後から3番目のパラグラフの後半2/3とともに完全に削除されている。要するに、初・2版の8つのパラグラフのうち、痕跡をとどめるのは2つのパラグラフのみなのである。本項では、主として第3版によりつつこの後半部分を概観する。初・2版との対比的

検討は次節2）でおこなわれる。

　まずリカードウは、セイは富と価値の定義において「自己矛盾 inconsistent with himself」に陥らざるをえないだろう、と言っている。それはセイが、「それゆえ所得の価値は、どのような方法によるかにかかわらず、もしそれがより大きな量の生産物を獲得できるならば増大する」（I, 280）と述べて、「価値」を交換によって獲得できる他商品の量によっても規定しているからである[13]。例えば、毛織物の価値は生産上の困難によって増大するが、セイの定義に従えば、他商品の生産上の困難が軽減され毛織物と交換に獲得できる他商品の分量が増大するばあいにも、毛織物には何ら生産上の困難が増大しなかったにもかかわらず、毛織物の価値は増大することになってしまう。セイは富と価値を「同義的な synonimous」ものと考えており、そのために富と価値に関する定義では「奇妙にも不首尾 singularly unfortunate であったように思われる」（I, 279）、とリカードウは論難するのである。

　リカードウのセイ批判は、このようにその「価値」概念の曖昧さに向けられていると言えるだろう。そのことを明確に示すために、リカードウは、セイの規定のうち賛成できるものと賛成できないものの対照表を作成する。セイからの引用はすべて『概論』（第4版）からとられ、左欄に同意できるもの4項目、右欄に同意できないもの8項目が、それぞれ1～4、および5～12の通し番号を付して列挙されている。左欄には価値は生産費によって規定されるという定義が、右欄には価値は獲得できる生産物量によって規定されるという定義が集められている[14]。

　この対照表でリカードウは、セイにおける「生産費」による価値規定と「効用」による価値規定の混在を示そうとしている。そして、例えば金の価値が鉄の価値の2000倍であることは金の効用が鉄の効用の2000倍であることを証明しないように、効用は価値を規定しない、と述べる[15]。「効用」は「富」に関わる概念であり、「富」と「価値」が区別されるならば、「効用」は「価値」を規定しないと考えるべきであろう。では「価値」は何によって規定されるか。この点でセイが、「相異なる諸商品の価値を規定するのは、『生産された物の価値と生産費とを比較することに絶えず従事している』生産者の競争である」（I,

283）と述べたことは正当である[16]。生産物の「価値」は、「価値」と「生産費」を「比較」して「競争」する「生産者」によって規定されるのであり、そこにおいて「生産費」は、生産活動の最低ラインとして「生産物の価値」を規定するのである。リカードウは、おそらくセイの「企業家」概念を想起しつつ、将来の生産に向かって活動する「生産者の競争 competetion of the producers」によって、つまり「資本」を媒介として、生産物の「価値」を主体的に規定しようとしている[17]。

対照表によるセイの"価値論"批判に続いて、リカードウはセイの"地代論"を批判する。要するにこうである。セイは「生産的用益」の中に資本・労働だけでなく土地をも含ませているが、自分は地代は「部分的独占」の結果であり、価格の結果であって原因ではないと考えるから、生産費を規定する「生産的用益」の中には「土地」を含めない、そのことは、土地生産において、「剰余生産物」が利潤のみを支払い地代を支払いえない「一部分」が常に存在していることからも明らかだろう[18]。周知の"差額地代論"を想起すれば、叙上の議論は容易に理解できるだろう。リカードウは、単なる自然力としての土地でなく所有された土地（「土地所有」）が「地代」をもたらすことをセイとともに肯定するが、所有された「土地」は部分的にのみ価値形成に参加する、と言うのである。

続いてリカードウは、結局自分のセイ批判は、価値をそれと交換される他の商品分量によって尺度することに向けられている、と述べている[19]。セイ批判は、「価値」の「交換価値」との同等視批判なのである。そして、デステュット・ド・トラシを援用し、価値の相対的規定でなく、「労働」という共通の実体による尺度、という視座を対置する[20]。要するに、セイが「効用」概念によって「価値」を「交換価値」に横滑りさせるのに対して、リカードウは「富」を本源的にもたらす「労働」の次元を再び設定することの重要性を強調するのである。そのことは第20章の冒頭で定義された、「生産の難易」によって規定される「価値」がもつ、「富」との不即不離の相関関係を想起させることでもあった。全面的に書き変えられた第3版の5つのパラグラフはここで終わる。

この後『原理』第3版では、3つのパラグラフが続いている。すでに述べた

第 2 章　富と価値の区別論　117

ように、『原理』初・2版ではここに5つのパラグラフが続いていたのだが、第3版では後ろの2つ余りのパラグラフがカットされたのである。

この末尾3つのパラグラフでリカードウは、スミスの「自然力」論を評価し、スミスを非難するセイを批判している。すなわち、セイが、「スミスは価値を生産する力を人間の労働だけに帰し」、「価値」は「自然が供給する動因の作用と資本の作用とが結びついた人間の勤労に負っている」という「原理」を知らなかったために、「富の生産における機械の影響についての真の理論を確立することを妨げられた」、と述べている一節が引用される（I, 285）[21]。このセイの批判が、スミスにおいては「労働」が「社会状態」から切り離された単なる「労働」に還元されるという主旨であるならば、リカードウもこれに同意を与えたと思われる。だが、太陽・空気・気圧のような自然的動因もまた人間と協力して生産物の「価値」を増加させることをスミスは見落としているとセイが言うのだとしたら、それはスミスの誤読であるし、何よりもセイにおける「富」と「価値」の混同を示すものであるから、リカードウはこれには賛成できない。ここには、「自然力」をめぐってのスミス、セイ、リカードウの「価値」概念の鼎立状態を確認することができるだろう。

セイは、「価値の実際の創造者」は「自然力」の発見者でなく、「自然力」を実際に勤労・資本と結合し利用する者であると言い、「冶金技術」の例によって、「自然力」が「価値」を生むことを主張している[22]。リカードウからすれば明らかな謬論である。だからセイがスミスを批判して、スミスは自然力を無視して富を「蓄積された労働」とのみ誤って考え、この誤った第一の「結論」から労働を唯一の「富の尺度」「価値の尺度」であるとする第二の誤った「結論」をひき出した、と述べたのに対して、誤った「推断」はセイのものであってスミスのものではないと、リカードウはセイを批判したのである[23]。そして、10人の労働が節約できる挽臼の発明を例にとり、挽臼によって社会もより豊かになり小麦粉の「価値」も上昇する、と述べるセイについて、「セイ氏は使用価値と交換価値の間にある差異を絶えず見落としている」（I, 286）と論評する。

第3版の最後のパラグラフは、初・2版の後ろから3つ目のパラグラフのうち、第3版での削除を免れた前半1/3の部分である。叙述内容は、スミスにお

ける富と価値の区別の評価である。すなわち、スミスは「富」と「価値」を区別しており、機械や自然の動因は「富」を増大させるが「価値」を増大させないと考えるから、自然的動因はむしろしっかりと理論の射程に入っている[24]。スミスの問題は"穀物尺度論"による"価値の尺度"の"富の尺度"への横滑りにあるのであって、"源泉論"の"尺度論"への横滑りはセイ自身のものではないのか、とリカードウは言いたいのである。『原理』(第3版)の第20章はこのスミス「評価」で終わっている。初・2版ではこの後にセイの『概論』からの引用が続き、さらにセイの『経済学問答』からの引用も含む2つのパラグラフが続いている。これらカットされた部分の検討は次節2)でおこなうことにしよう。

第3節 「書簡」および初・2版との対比的検討

1)「書簡」に見るセイとの論争点

　『原理』第20章の第3版(1821年)での書き換えの理由としては、セイの『概論』第4版(1819年)での大幅な改訂が指摘されうるだろう[25]。セイは『概論』第4版を1819年10月にリカードウに献本しているから(347)、リカードウがこれを新たな底本として第20章のセイに関する記述を書き変えた、という推測は当然成立しうる。ところが実際はそうではなくて、すでに『概論』第4版に先立つ『原理』第2版改訂作業時(1818年)に、リカードウはミルに書き変えの意思を漏らしている(296)[26]。また少し丹念にリカードウの「書簡」を読んでみると、セイとの論争は実は1814年の初会見以来のものであり、改訂の理由もこの一連の経緯を踏まえないと理解できない、ということがわかってくる。そこで本項では、ひとまず『原理』そのものから離れて、リカードウとセイの「書簡」に見られる論争の足跡を辿ってみることにしたい。

　ところで『リカードウ全集』には、リカードウとセイが交わした18通(うち1通は不出)の書簡が載録されている。このうち以下の9通は、リカードウの批判に対してセイが答えるというかたちでのかなり長文の往復書簡になっている。すなわち、①1815年8、9月(107、117)、②1820年1、3、8月(352、

356、393)、③1821年5、7月 (430、446)、④1822年3、5月 (488、496) の諸書簡である。これらは、『原理』初版以前 (①)、『原理』第2版刊行後 (②)、『原理』第3版出版直後 (③)、リカードウの二度目の大陸旅行の直前 (④) に属するもので、それぞれがリカードウ理論の展開の節目に位置していると言えるものである。いずれも濃密な内容をもっているが、本項ではこれらのうち、『原理』第3版出版以前の6通の書簡 (107、117、352、356、393、430) を、第20章書き変えの経緯にも注意しながら検討し、第3版出版後の書簡 (446、488、496) については本節3) で検討することにしたい[27]。

1815年の2通の書簡 (107、117) は、両者の実質的に最初の論争である。同年8月18日付の書簡 (107) でリカードウは、前便 (106) でセイから送付された『経済学問答』へのコメントをおこなっている。論点は、「効用」「富」「資本」である。セイはこれに応えて、同年9月10日付のかなり長文の書簡 (117) で反論する。以下、セイのこの返信を中心に論点を概観していこう。なお、このセイの返信には1815年12月2日付の「異文」も存在するので、併せてこれも検討する[28]。

まず第一に「効用」という言葉をめぐって。セイは、自分は「効用は価値の唯一の原因でなく第一の原因である」(Ⅵ, 271) と限定的に言っているのであり、だからリカードウが前便 (107) で、あたかもセイが「効用は価値の尺度である」(Ⅵ, 273) と言っているかのように批判するのは当たらない、と反論する。同時にセイは「生産費」についても、「何の用途もない物は全然需要されず、人はそれに決して価格をつけず、決して価値をもたないだろう」(Ⅵ, 271) から、「生産費」(「あなたが言うところの『生産の困難』」) は、「物の効用が人々にその物に付与させる価格」(Ⅵ, 271) の最低限を画するものではあるが、価格の「第一の原因」ではない、とも付言している。セイが「効用」という言葉を、単に富の「使用価値」の意味だけでなく"需要者"が付与する付け値 (価値) の意味でも使っており、その語義の一方的な拡張のためにリカードウとの間に摩擦が生じていることが読み取れるだろう[29]。

第二に、「富」という言葉をめぐって。リカードウは、「富」とは「ただ私たちに享楽を獲得させることができるだけで価値あるものである」が、「富ん

だ人」とは「生産が困難な諸物を獲得できる人」、つまり価値物を持つ人のことであり、だからセイが『問答』の中で「人はたとえ価値あるものをほとんど持っていなくても、消費したい物を容易にあるいはただで獲得できるならば最高度に豊かである」(Ⅵ, 248) と、あたかも「欲求の節制」によって「富んだ人」になれるかのように述べているのは間違いだ、と批判した。これに対してセイは、自分は、「欲求が節制的であればあるほど富はますます大きい」と言ったのではなくて、「人が持ちたいと欲する物が高価でなければないほど、富はますます大きい」(Ⅵ, 272) と言いたかったのだ、と反論する。リカードウが言う「富」と「富者」の区別とは「富」と「富の価値」の区別のことだが、セイの反論は「富」についてのみ語っており明らかに焦点を外している。とはいえここでセイが、「欲する物をより安価に à meilleur marché 獲得できればより富裕だ」(Ⅵ, 274) と述べて、「富」の「絶対的」変動に言及していることは、「価値」を「生産の困難」に連動させたリカードウの「富」概念とも関連しており注目される[30]。

　第三に、「資本の価値」の測定をめぐって。リカードウは、『問答』でセイが、「製造業者は彼の資本の価値が増大しているかどうかを確かめるためには、彼が所有するすべてのものの財産目録 inventory を作って、各商品をその現価格で評価しなければならない」(Ⅵ, 248) と言ったのに対して、これではイングランド銀行券の減価によっても資本価値が増大したことになってしまうと言い、「資本の増大は資本の力、すなわちより多くの勤労を使用しその国の土地と労働の生産物を増していく資本の力によってだけ確かめられうる」(Ⅵ, 249) と批判した。これに対してセイは、「昨年の財産を今年の財産と比較するためには」、貨幣のような「ある年と他の年で価値があまり変化しない一商品」によって評価する方が良いのであり、リカードウは、スミスが提唱した価値の尺度、つまり変動の大きい「労働の価値」を選択することになっているのではないか、と反論した (Ⅵ, 272)。ここには、「資本の価値」を何らかの「商品」によって測定しようとするセイに対して、「資本の増大」はより多くの「勤労」を動員する「資本の力」によってのみ「評価」されるとするリカードウの、基本的な資本観の相違が見いだされる。なお、「異文」ではセイは、紙幣減価を考慮す

べしというリカードウの指摘は正当であると完全に譲歩している (VI, 274)。

この1815年8〜9月の書簡の後、リカードウとセイの交信はリカードウの大陸旅行 (1817年6〜7月) まで2年近くにわたって途絶える。その間リカードウは、セイの『経済学概論』第2版と『経済学問答』第1巻をもとにして、セイをスミスと並ぶ主要な批判対象とした『原理』初版を1817年4月に刊行する。同年7月のパリでの会見後、再び両者の交信が始まり、帰国直後のセイからの『概論』第3版の送付 (221)、8月のトラワ宛書簡でのリカードウのセイについての「好印象」の記述 (226)、12月の馬鈴薯粉投機等の個人的交流 (241、243)、翌1818年11月のマカァロクの勧めを容れた改訂中の『原理』第2版「課税章」へのセイの金言の新挿入 (284、285) 等々、この時期のリカードウのセイとの交信には好意的なものが目立つ。だが前述したように、『原理』仏語訳に付されたセイの「注」の件を契機にこれが一変し、リカードウは1818年12月頃から『原理』でのセイ批判の書き変えを本格的に検討し始める。以後、リカードウの友人に宛てた書簡でもセイについての批判的な記述が目立つようになってくる (379、394、401、402、428)。セイとの交信も翌1819年10月まで完全に途絶えることになる。

こうした中、セイは1819年10月10日に約2年ぶりの書簡を送る (347)。それは一種の詫び状であって、『概論』第4版の献本とリカードウの批判を容れた同書第二篇での修正の通知に添えて、例の『原理』仏語版の「注」は自分の著述のためのものであり手違いからリカードウに送付できなかった旨の言い訳が述べられている。これに対するリカードウの書簡は3ヶ月後に送られており (352)、その際リカードウは、1年近く前に刊行された『原理』第2版 (1819年2月刊) を言わば返礼のかたちでセイにこの時点で献本している。このリカードウの1820年1月の書簡に対してセイは3月に返書 (356) を送付するが、これに対してリカードウは返事を書いていない。リカードウの返事がないまま、セイはさらに同年8月10日付の書簡 (393) を送付する。これはセイの著書『マルサス氏への手紙』に添えられたものであるが、郵便事情の遅れからリカードウの手元に届くのは10月14日になる (394)。実はその間、この『マルサス氏への手紙』は英訳されて『ニュー・マンスリー・マガジン』に1820年9月号

から数回掲載され（Ⅷ, 249）、リカードウもこれを9月には別途入手し（378、379）、友人たちと活発に議論していた（379、384、387、388、390、391、392、394、395、401）。そのような中、10月14日に遅れて届けられた『マルサス氏への手紙』に添えられた先述した1820年8月10日付のセイの書簡（393）が、リカードウに『原理』第20章の改訂を決意させることになる。次に、このリカードウの1820年1月11日付のセイ宛書簡（352）、セイの1820年3月2日付のリカードウ宛書簡（356）、およびセイの8月10日付のリカードウ宛書簡（393）を吟味する。

　まず前二者（352、356）について見よう。論点は"価値論"と"地代論"である。すなわちリカードウは、「価値」を規定するものは「労働の価値」ではなく「労働の相対的な量」であるという有名な命題を提示している[31]。また"地代論"については、『原理』仏語版「注」でのセイのリカードウ批判は無地代資本への言及を欠いていると反論する（Ⅷ, 149-50）。これに対してセイは、リカードウの「価値」についての規定も「無地代資本」についての指摘もよく理解できないと言った上で、前者に対しては、「労働を獲得するために支払う価格」だけが「労働の量と質を決定できる」のではないのか、また後者に対しては、自分は、フィジオクラートのように土地への租税を地代に帰着させるのでなく、租税は生産費の増加によって原生産物価格を上昇させると考える、とコメントしている（Ⅷ, 161-2）。前者はリカードウの「労働」概念との相違を示し、後者はリカードウの見解との一致面を含むと言えるが、「労働」と「価格」についての両者の理論的差異の微妙な表れを読み取ることができよう。

　次に1820年8月10日付の書簡（393）について。この短い書簡でセイは、「価値」と「効用」に関する『概論』第4版での見解を開陳し、「価値」とは「交換」において「効用」を獲得・支配する能力であり、「価値」は獲得できる「効用」の量に「比例する」から、「価値と効用の量とは一つの等式の対等な両項」であり、リカードウと自分の違いは「富」の定義を「価値」からおこなうか「効用」からおこなうかの違いだけであり、だから自分の価値学説は「別の用語で述べられたあなたのそれに他ならない」（Ⅷ, 280）と述べている[32]。セイにおいては、「価値」と「効用」は「富」を定義する"秤"の両端のような

ものとイメージされているのである。だが「富」は、その一身で「価値」と「効用」を有するわけでなく、他の「富」と連関するとき、はじめてその「富」は「価値」と「効用」の"統一体"として現れ出るものなのである。セイの言説は、リカードウから見れば究極の"富と価値の混同論"であり、とうてい承認することはできなかっただろう。

　この1820年8月10日付の書簡 (393) についてリカードウは後にマカァロクに、この書簡こそ『原理』第20章の書き変えを促した最大の理由であった、と書いている (407)[33]。この書簡を入手した10月14日に、リカードウはミルに宛てて早速、セイの見解には同意できない旨の書簡 (394) を書き送る (Ⅷ, 284)。11月には、『マルサス氏への手紙』についての「評注」を書き終えたことを、マルサスやトラワに伝えている (402, 403)[34]。1820年12月4日には上記の書簡で、この「評注」をマカァロクに送付し意見を求めている (407)。その際リカードウは、この「評注」とともに『原理』第20章部分の「改訂原稿」もマカァロクに送っていたようで (417, 418)、その2つの原稿を下敷きにして第20章の書き変えはおこなわれたようである。こうして1821年5月に『原理』第3版は出版される。第2版のときとは違って、リカードウはセイにこれを前渡し本として早々に献本している (430)。

　『原理』第3版の献本に添えられた1821年5月8日付の書簡 (430) では、リカードウの改訂ポイントが"価値論"と"地代論"であることが簡潔に述べられている。まず第一に、「『価値』という言葉に付すべき意味に関して私たちの間に存在する特殊な相違 particular difference」(Ⅷ, 379) に関して、リカードウは、セイが「価値」を「『富』と同じ意味でそして『効用』と同じ意味で使っている」(Ⅷ, 379) ことへの再考を促している。第二に、地代の価値形成を容認するセイの"生産的用益論"に関してはほとんど賛成だが、しかし地代は価格の結果だから、商品の「比較価値」を評価する際には地代は排除すべきであることが述べられている。なお、"地代論"に関しては、地代を異にする同価値の2つのパン塊の事例が示され、「地代と利潤を規制する諸法則」へのセイの理論的関与が要望されている[35]。

　これに対してセイは、1821年7月19日付のリカードウ宛書簡を送り (446)、

その後の論争には若干の新たな展開が認められる。これについては本節3）で検討を加えることにし、その前に次項では、初・2版で展開されているセイ批判について、第3版との異同にも注意しつつ吟味しておこう。

2）初・2版におけるセイ批判

　すでに述べたように、『原理』第20章のセイを批判した後半部分は第3版で大幅に書き変えられた。とはいえ、初・2版においてもリカードウは、第3版と同様、セイの「富」と「価値」の定義上の「不首尾」を批判している。まず、人は「物」そのものを創造することはできず「素材」に有用な形態（「効用」）を与えることができるだけである、というセイの『概論』の一節が援用される[36]。そして、この「効用」という言葉によってセイの「価値」規定が混乱に陥っていることを指摘する。すなわち、「効用」とは他人にとっての有用性であるから、「ある特定の物の効用は、一般的評価に従ってそれと交換される他の諸商品の量によって指し示される」（I, 280）ことになり、こうして「富」は「効用」を有するがゆえに「価値」を有し、「効用」は「一般的評価」によって、つまりそれと交換に提供される他人の諸商品の「量」によって規定されることになるから、したがってセイにおいては、「価値」という言葉がスミスの「交換価値」という言葉と同義語になってしまう。リカードウは、こうセイを批判するのである（I, 279-80）[37]。

　セイにおける「価値」と「交換価値」の同一視は、何が問題なのだろうか。『経済学問答』からとられた靴下の事例は、これを明らかにする。例えば改良された機械によって靴下製造の労働生産性が2倍になるとき、1足の靴下の交換価値は半減するが靴下1足の使用価値（効用）は不変だから、「私は以前と同等に豊かなはず」であり、かつ「より少ない価値額をもつはず」である（I, 280）。このように労働生産力の変動は、「使用価値」と「交換価値」を分離させる本質的傾向を内在させているのである。ところがセイは、「交換価値」は「効用」ある他商品の量によって測定されると考え、「使用価値」と「交換価値」を結びつけてしまう。すなわち、「富」とは価値ある物の所有であり、「価値」は効用により「効用」は価値によって規定されるから、こうしてセイにおいては、

「富」と「価値」が有する分離空間は塗り込められてしまう。セイにおける「使用価値」と「交換価値」の同一視による「富」と「交換価値」の分離の否認、これをリカードウは「富と価値の混同」と呼んだのである[38]。

　以上、初・2版の最初の3つのパラグラフについて概観してきた。本章第2節2）で述べたように、第3版ではこれが5つのパラグラフに全面的に書き変えられたのだが、セイからの引用による「対照表」の新設、"地代論"の挿入、デステュット・ド・トラシの"労働論"の挿入という、すでに指摘した大きな変更点とともに、ここでは靴下から毛織物に参照事例が変更されていることに注意しておこう。『原理』第3版では、生産性の変動が当該生産物である毛織物自体にでなく他商品に生じる、という事例がとりあげられている。すなわち、そのばあいには毛織物の生産上の困難は変化していないのだから毛織物価値は不変と考えられるのだが、しかしセイは、毛織物が従来よりも2倍多くの他部面の商品と交換されるようになるから毛織物の価値は2倍になったとも言わねばならず、だからセイは「自己矛盾」に陥っている、と批判されたのである。生産性の変動が靴下の「価値」自体を変化させてしまう初・2版の靴下の事例に較べて、「交換価値」のみが変化する毛織物の事例では、セイにおける「価値」概念の混乱がより見極めやすくなっていると言えるだろう。このような改善された事例をもって、第3版のリカードウは、セイにおける「価値」の「生産費」規定と「効用」規定の混在を2欄表示した「対照表」の叙述へと向かったわけである。

　初・2版では、以上の3つのパラグラフに続いて5つのパラグラフが記述されていた。このうち最初の3つのパラグラフは、第3版でもそのまま載録されている（ただし3つ目のパラグラフは後半2/3がカットされている）。第2節2）で述べたように、そこでは、スミスの自然力評価をめぐるセイの非難に対するリカードウのスミス擁護論が展開されている。第3版はここで終わるのだが、初・2版ではまだ2つ余りのパラグラフが続いていた。

　その最初のパラグラフ（第3版でカットされた後ろから3つ目のパラグラフの後続2/3の部分）で、リカードウは『概論』から3つの長文の引用をおこなっている。それはセイのスミス批判に関して、「セイ氏自身が第二篇第1章では、価値につ

いての類似した説明を与えている」(I, 287)、つまりセイの誤りをセイ自身の言葉によって明らかにしようとしたものである。まずリカードウは、「『効用は価値の基礎であり、諸商品は何らかの仕方で有用であるからこそ望ましいのであり、しかしそれらの価値はその効用、つまりそれらが望まれる程度に依存するのでなく、それらを獲得するのに必要な労働量に依存する。』」(I, 287) という一節を引用している。しかしながら、労働が価値を規定すると明言しているこの第1の引用文は、セイの『概論』に見いだすことはできない[39]。第2の引用文は長文であるが、「社会状態」において必要とされる物は労働・資本・土地という「生産動因の協働」から生じ「生産費」が生じる、という内容のものである[40]。また第3の引用文は、生産物をもたらすのに「必要な犠牲と経費」が「需要」の範囲を規制する、という内容をもっている[41]。これら第2、第3の引用文は、いずれも第3版の「対照表」の左欄に照応する内容であり、したがって第3版の改訂とともに重複回避ということで削除されえたのであろう。

初・2版ではこの後さらに2つのパラグラフが続く。そこでは、「『価値』という用語と『富』という用語を混同することから生じる混乱」(I, 287) をもっともよく示すものとして、セイの『経済学問答』の靴下の事例が再び取り上げられている。すなわち、靴下の生産性が2倍になり靴下の価値が半額になるばあい、セイは、靴下1足の価値は低下するが靴下2足を所有することによって価値＝富は減少しないと言っているが、しかし同時に他方では、改良が全部面に普及し「同一の下落が全商品に同時に起これば」、価値は不変だが社会は「以前の2倍だけ真に豊かになるだろう」、とも言っている。つまり、富は、最初は生産の難易によって、次には獲得される財貨の量によって評価されていて、ここには明らかに富の測定についてのダブル・スタンダードが認められる。セイにおける富と価値の無区別は、このような用語上の混乱を招く。リカードウはこう批判するのである (I, 287-8)。この靴下の事例は、1足の靴下の価値は減少するが効用＝富は不変のままである、というすでに展開された事例と、議論としてはまったく同型である。こうして第3版で毛織物のより適格な事例が導入されるとともに初・2版のこのパラグラフも削除された、と考えられる。

初・2版の最後のパラグラフの末尾を、リカードウは『概論』の2つの相対

第2章　富と価値の区別論　127

立する引用で締めくくっている。すなわちセイは、一方では「もし人が欲求する全対象を無償で獲得できるならば、彼は価値あるものなしに無限に豊かである」（Ⅰ, 288）と言いながら、他方では「生産物は価値をもたなければ富ではないのだから、富は生産物それ自体にあるのではなくて生産物の価値にあるのである」（Ⅰ, 288）とも言っている、と[42]。前者は「富」に、後者は「富の価値」に関連する。しかしこの点もすでに述べられたことであり、だから『原理』第3版の改訂に際してこの部分は削除されえたのであろう。

　以上、『原理』第20章の初・2版を第3版と対比しながら読んできた。初・2版に較べて第3版は、明らかにより整理された叙述になっている。だが初・2版の、靴下の事例の重複した記述、"労働価値説"的文章の強引な作成、引用文の羅列のみによる"富と価値の混同"の批判、といった叙述は、問題の言わば"原型"を生のかたちで残しているだけに、かえってリカードウの真意を探り当て易いとも言える。私たちは第3版との対比によって、富と価値、価値尺度、効用、交換価値、生産費、生産的用益、自然力、労働、といった問題群の所在を確認できただろう。これらのテーマに即したリカードウのセイ批判の総括的な展開は第4節でおこなうこととして、その前に次項ではもう一度「書簡」に戻り、『原理』第3版出版後のリカードウとセイの論争テーマが最終的に何であったかを確認しておくことにしよう。

3）第3版刊行後の「書簡」に見るセイとの論争

　『原理』第3版の出版（1821年5月）以降、リカードウとセイの間には主なものとして3通の書簡が確認される[43]。すなわち、セイの1821年7月19日付書簡（446）、リカードウの1822年3月5日付書簡（488）、そしてセイの1822年5月1日付書簡（496）である。これらの書簡では、"価値論"と"地代論"が議論されている。いずれも長文で、両者それぞれが自説を掘り下げて展開しており、論争の核心を見極める上で格好の素材を与えてくれる。本項では、3通のうち2番目のリカードウの書簡を軸にその前後のセイの書簡を織り込むというかたちで、多少大胆に論点の整理を試みてみよう。

　まず"価値論"について。議論は、「人が1封度の金に対して与える服地が

1 封度の鉄に対して与える 2000 倍であることは，人が金に対して付す効用が鉄に対して付す効用の 2000 倍であることを証明するか？」という，『原理』第 3 版の問い (I, 283) をめぐっておこなわれている。「効用」と「交換価値」は別物だから，当然，答えは「否」であるが，ところがセイは，「富は量に依存しないで価値に依存する」と述べて「富」と「価値」を同等視している節があるから，上の問いに「否」とは答えられまい，こうリカードウは言いたいのである (IX, 169)。

これに対してセイは，「自然的効用」あるいは「自然的富」という概念を導入することによって反論している[44]。すなわち，1 ポンドの鉄の効用 2000 は「自然的効用」1999 と「勤労・資本・土地によってつくられる効用」1 の産物で，1 ポンドの金の効用 2000 はすべて「勤労・資本・土地の果実」2000 で「自然的効用」0 と想定するならば，金の効用は鉄と等しくてもその価値は 2000 倍になる，つまり「価値が不等であっても人にまったく等しい用益を与える」ことはありうるのだから，私も「否」と答えることができるのだ，と反論した (IX, 33-4)。そして，このように「富を物の交換価値の上に基礎づける」自分の学説は，「事実 faits」に合致するだけでなく，「評価できる量」を扱うから「科学的」である，と自賛する[45]。そしてさらに，「価値の観念は比較および交換の観念と分離されえない」のだから，そもそも「効用価値」という語は「語法矛盾 incompatibles」「反意味語 comme un contre sens」なのであって，私たちは「効用価値（使用価値）」に留まっていてはいけないのであり，だから例えば水のような「交換の目的物」にならない「自然的富」は経済学の研究対象からは除外すべきなのだ，と主張したのであった (IX, 32-4)。

この「自然的富」の概念を用いたセイの説明に対して，リカードウは，「用語にはまったく同意できない」が「それを証明する推論には実質的に賛成している」という評価を与えている (IX, 169)。それは，「富」から「自然的効用」が剥ぎ取られることによってセイにおいても「労働」が端的に現れ出てこざるをえず，そのことは「労働」による価値の規定を基軸とする自説への接近を意味しうる，と期待されたからだろう[46]。リカードウは，「労働」が創造する"増大する富"の相との関連でセイの議論を評価している。そのことは，これに続

くリカードウのセイ批判が、いずれも「経済的方法」の発見による労働生産性上昇という事例を使って展開されていることからも窺い知ることができる[47]。

　この"増大する富"という視座が実はセイ自身のものでもある、と考えている節がリカードウにはある。例えば1821年7月19日付の書簡 (446) の冒頭でセイは、「人間が富を増大させる可能性」という点でのリカードウとの「意見の一致」について語っている (Ⅸ, 31)。また1822年3月5日付の書簡 (488) でリカードウは、セイが『マルサス氏への手紙』において自らの『概論』を評して、「一般的富は諸商品およびあらゆる種類の生産物の低い価格によって増大するということを説明した点で、この科学にいささかの貢献をしたように思われる」と述べていることを、好意的に引用している (Ⅸ, 170-1)。

　実際セイは、「生産物」の「交換」において「新しい富」を生産する「生産的用益」の「交換」を見、「富」を増大させる「生産」を語ろうとしている[48]。セイにおいて、「富」が"需要者（生産者）"の側から定義されるのもこのためである。人々は、お互いがお互いの「生産物」を「費用」を支払って「生産的用益」として交換し合う。この交換の領域からは、水や空気や太陽光のように、人々に大きな効用を与えるが私的所有の対象でなく、「交換の目的物」とならないために何ら「需要の対象」にならない「自然的富」は除外される。また「租税」は、逆に「費用」を生じても「効用」を与えず消費者に価格のみを支払わせるものだから、これもまた除外される。こうして、"費用なき効用"と"効用なき費用"という両極を排除して、「費用を伴って与えられた効用」という固有の経済的領域が「社会的富」として設定されてくることになる (Ⅸ, 33)。

　問題は、自然的諸力を排除した「社会的富」において"増大する富"を語りうるか、というところにある。一方にとっての生産的用益は他方にとっての生産物であり、生産的用益と生産物のこの相互的な等価性の中で、では「新しい富」はどこから創出されうるのだろうか。セイが後便 (496) でリカードウに反論したように、「社会的富」の領域においては「富は価値に比例し価値は物の量に比例する」のだから、「富」と「価値」は分離せず、定義上の撞着も生じえないのは確かなのだが[49]、ではこの撞着のない言わばプレーンな空間にお

いて、"増大する富"はどこから出てくるのだろうか。こうして「経済的方法」による生産性2倍の事例で指摘されたように、セイは各人の富は増大しないと言うとともに「総体的には」彼らは以前の2倍富んでいるとも言うように、分裂的な言表をおこなわざるをえなくなる、とリカードウは批判するのである[50]。

　セイは、自分の「背理」を意識している。しかしセイは、リカードウは「所有者」を抽象的にのみとらえており、これに対して自分は、「経済学が取り扱う富は常に相対的なもの」と考えており「富は絶対的に語られうるとは思わない」という、富という言葉の主観的解釈の方向に議論をもっていく[51]。つまりセイは、「私は社会的富の観念を所有者の観念から分離することはできない」(Ⅸ, 190) のであり、所有者や所有団体の富への具体的欲求を念頭に置き彼らの目にどう映るかを抜きにしては「富」は考察しえない、と主張する。そしてこのような自説こそ、「所有者」の欲望にも配慮したあらゆる現象を首尾一貫して説明しうるものであり、定義上の「冗長さ」や「複雑さ」を招くからと言って私を非難するのは「不公正 injuste」である、と力説するのである (Ⅸ, 190-1)[52]。

　だが、「所有者の観念」を接ぎ木したこのように"伸縮的"なセイの「富」の解釈は、逆に、セイの「社会的富」が"増大する富"を理論的に展開しえぬことを語り出してしまってもいる。単に用語の拡張解釈によってでなく、生産的用益が生産物になり、生産物が生産的用益になるという、ある種閉塞的な「社会的富」の領域そのものが解体され、「富」と「価値」の差異を胚胎させる「自然的富」が、「労働」とともに再び呼び込まれねばならぬのではないのか。セイは、これを「土地」に関してのみおこなう。ここにもう一つの論点である"地代論"におけるリカードウとの対立が生まれる。

　"地代論"に関してリカードウは、「等しくない豊度の土地からひき出される地代は異なっているにもかかわらず等しい価値をもつ2つのパンがもたらされるという事情」について、まず「私たちは多くの点で一致している」と述べている (Ⅸ, 171)。前便 (446) でセイは、土地の所有者は土地の自然力を独占するがゆえに地所の肥沃度に応じて地代を受け取る、と答えていた[53]。しかしこの答えは、地代は土地豊度によって相違すると語るだけで、リカードウの問

題に答えているとは言えない。リカードウは、異なる地代をもたらすにもかかわらず生産物の価値が同一であるのはなぜか、を問うたのだからである。

生産物の価値は「生産の難易」によって決まる、とリカードウは考えている。確かに土地所有は地代をもたらすから、セイが言うように「地代」は土地の「独占」の「結果」であるとも言える。だが、上昇した「価値」がその一部を「地代」として土地所有（「独占」）に獲得させるのであり、その意味で「地代」は「価値」の結果なのである。したがってすべてのパン塊が地代を支払うとは限らず、地代を支払わない土地の存在も想定されうる[54]。所有なしに地代はないが、所有を根底で規定するのは「価値」を規定する「生産の難易」である、とリカードウは"地代論"の大枠を指示するのである。

地代を土地の「自然力」からでなく「価値」から導出するこのようなリカードウの"地代論"は、ある程度セイの「需要と供給の学説」と重なる面ももっている。すなわちセイは、欲望は需要を生じさせ、「ある物がそれに要する生産費に値するとき人はそれを生産する」し「それに付す価値がその物の存在のために必要な生産的用益の価値に等しくないとき人はそれを生産しない」と言い（IX, 35-6）、地代をもたらす「価格」を「生産費」のみによっては規定せず、「価格は需要と組み合わされた供給の結果」（IX, 172）であるととらえている。土地生産物の価格（「価値」）が、「土地」の豊度（「生産費」）とは別に言わば外側から与えられているという点で、このセイの"需給説"はリカードウ"地代論"との同型性を指摘しうるのである。事実セイは、地代＝ゼロの無地代地の存在についても言及しえている[55]。

リカードウが反対するのは、「価値」を規制する「生産的用益」の中にセイが「土地」を算入し、賃金・利潤だけでなく地代によっても「生産費」を規定することである。リカードウは、「私は生産的用益をひとまとめにひっくるめることには反対である」（IX, 172）と言い、「私は各々がパンに価値を与えるに際しておこなう役割 part を知りたい」（IX, 172）のだと問題を設定し直し、地代を生産費に混入させず、したがって一方で勤労と資本という２つの生産的用益によって規定される生産物の「価値」と、他方で賃金・利潤・地代という３つの収入範疇に分解していく生産物の「価値」が向かい合う、言わば"段差"をもっ

た不揃いな"再生産論"を設定するのである。これに対してセイのばあいには、勤労・資本・土地という3つの生産的用益によって産出される生産物の「価値」が賃金・利潤・地代という3つの収入の「価値」に分配されていくという、対称的で整合的な"再生産論"が現れてくることになる。

　それにしても、「自然的富」として価値の領域から排除されたはずの土地の自然力が、セイにおいてはどうしていつの間にか「社会的富」に取り込まれえたのであろうか。セイは言う。もし誰もが土地に自由にアクセス可能ならば、土地の豊度は帆をふくらませる風の有用性と同様、何ら支払われないだろう、と[56]。これは裏返して言えば、土地が私的に所有され自由なアクセスが遮断されるならば、土地の自然力は「社会的富」に転化し「生産費」が支払われるようになる、ということを意味している。そしてセイは、「生産の進歩」とは、無償の自然力が有償の「生産的用益」に置き換えられていく過程である、とも述べている[57]。こうしていったん排除された「自然的富」である「土地」が、「生産の進歩」とともに「所有された土地」として「社会的富」の中に編入されていき、「生産費」に混入され、増大する「生産費」がパンの価値を押し上げることによって、土地の優等性の程度に応じて「地代」がもたらされる、という"歴史的必然"が語られるのである。このようなセイの"地代論"をリカードウは、「将来の実践の導きにならない」(Ⅷ, 380、Ⅸ, 35) と論難したのであった[58]。

第4節　小　　　括

　本章はこれまで、「価値と富、その示差的な特性」と題された『原理』第20章を、第3版の改訂箇所と「書簡」での理論的応酬の吟味を通して検討してきた。"富と価値の区別"に関する議論は、結局は"価値論"と"地代論"に収斂されていくのだが、用語上や定義上の論争を通して、「労働」概念との関わりで"資本蓄積論"の伏在が感得されたことと思う。最後にこの見地から、第20章の総括的な叙述を与えておこう。

　「価値」という言葉をめぐって、リカードウはセイの定義上の曖昧さを批判

した。セイのばあい、「効用」という概念が「富」の使用価値としてだけでなく、交換価値の尺度としても、つまり購買・支配される他財貨の量（使用価値）で表現される交換価値の尺度としても用いられるために使用価値が二重に現れてしまい、「生産の難易」の変動とともに用語上の混乱が生じてしまうのであった。リカードウは、「価値」が「富」に連関する概念であることを強調し、セイにおける「価値」の「交換価値」への横滑りを批判した。それは、「労働」による「富」の創造という次元の存在を主張することでもあった。

　これに対してセイは、「自然的富」と「社会的富」の区別によってリカードウの批判に応えようとした。経済学の対象を「社会的富」に限定することによって、自然力のみがもたらす言わば"使用価値としての使用価値"は除外され、"交換価値を有する使用価値"のみが考察の対象とされた。こうして、「富」と「価値」に関する用語上の「矛盾」はひとまず回避され、セイにおいては「富」が「使用価値」と「交換価値」を両項とする「商品」として現れてくることになる。

　「社会的富」の領域においては、"生産物の交換"とともに"生産的用益の交換"がおこなわれる。生産物の所有者は、他者の生産物の「生産的用益」を求めて自己の「生産物」を手放す。その際「生産物」は、販売者にとっては「生産費」という「交換価値」をもつ「効用」であり、購買者にとっては「生産的用益」という「使用価値」をもつ「効用」であるから、セイが言ったように、「生産物」と「生産的用益」と「生産費」は等価値なのである[59]。とはいえ、販売者にとっての「生産物の価値」＝「生産費」と購買者にとっての「生産的用益」＝「生産物の価値」の主観的な差は存在している。セイが興味深いのは、「生産物」＝「生産的用益」＝「生産費」という"経済的空間"が抱懐するこの「評価価値」の内面的なズレを、"需要者"（購買者）の側から主体的に統合＝再組織しようとしたことである。すなわち"需要者"は、現在と将来の２つの「価値」を比較考量して「生産的用益」を獲得し、「新しい富」の「生産」に向かうのである。ここにセイの「企業家」概念が登場してくることになる[60]。

　「新しい富」を可能にするものは、「機械の発明・熟練の向上・より良い分業・新市場の発見」である。これら「労働」生産性の変動と「市場」範囲の拡大

とは、「生産物」「生産的用益」「生産費」のそれぞれの価値の間に絶えず"差異"をもたらし、富と価値を乖離させることによって"社会的剰余"の獲得機会を拡大する。だが他方、"社会的剰余"のこの獲得機会は、社会的諸制度による抑制も受ける。例えば、穀物輸入の制限は、劣等地耕作の必至化によって自由貿易がもたらす「富」増大の可能性を殺ぎとってしまうだろう。だから、「価値」が同一であっても異なる量の「富」を産出する2つの国が想定されうるのである。もちろん社会的諸制度の背後には、特定方向に「社会状態」を誘導する所有関係が潜在している。

セイは、「生産の進歩」とともに自然力としての「土地」が「所有された土地」に転化し、「土地」の「生産的用益」が「地代」をもたらすようになる、と言った。こうして、「社会的富」からいったん除外された「自然的富」が、「社会的富」の中に再び組み入れられることになる。だがこの"歴史的"な事態説明には、「土地所有」が紛れ込んでいるのではないだろうか。「自然的富」の「社会的富」からの排除による自然力なき「労働」の措定と、自然力としての「土地」が「社会的富」に転化する際の暗黙裡の「土地所有」の前提。『原理』第20章のリカードウは、"穀物尺度論"によって「社会状態」なき「労働」を措定したスミスも念頭に置きつつ、この両面においてセイ批判を展開したと思われるのである。

【注】
1)「価値の尺度」である「貨幣」「穀物」「労働」を「富の尺度」と混同することについて、リカードウは第20章で次のように明解に述べている。
「ある人は、……一国民はそのあらゆる種類の諸商品をより多いあるいはより少ない貨幣と交換できるかに比例してより富裕にあるいはより貧困になる、と考える。他の人は、……一国はその国の諸商品がより多くの穀物と交換されるかより少ない穀物と交換されるかに応じてより富裕になるかより貧困になる、と表象する。さらに、一国はその国が購買できる労働の量に応じてより富裕になるかより貧困になる、と考える人もいる。」(Ⅰ, 274-5)
2) スミスの"穀物尺度論"が、「あらゆる物の貨幣価格は必然的に穀物の貨幣価格との比例関係において騰落する」(WN, 510) という"穀価波及説"と穀物の「真の価値」論 (WN, 515-6) から生成してくることについての詳述は、第3編第1章でおこなわれる。
3)「そうだとすれば、価値は本質的に富とは異なる。というのは、価値は豊富に依存するのではなく、生産の難易に依存するのだからである。製造業における100万人の労

働は常に同一の価値を生産するだろうが、常に同一の富を生産するとはかぎらないだろう。機械の発明・熟練の向上・より良い分業・より有利な交換がおこなわれる新市場の発見によって、100万人はある社会状態 state of society では他の社会状態で生産できる富、すなわち『必需品・便益品・娯楽品』の量の2倍あるいは3倍を生産するかも知れない。しかしそれだからといって、彼らは価値に何程かを付け加えるわけではないだろう。というのは、あらゆるものはそれを生産することの難易に比例して、換言すればその生産に使用される労働の量に比例して、価値において騰落するからである。」（I, 273）

4) 言うまでもなく、これは第19章の主題であった。そこでリカードウは、貿易径路の変化に伴う新たな国内資本配置への移行は、資本の未消費部分の強制的廃棄という一時的な社会的苦痛（サンク・コスト）を伴うだろうが、新たな"富増大"の可能性に向かって踏み出すべし、と主張していた（I, 271）。この資本廃棄の議論は、第20章でも再言されている（I, 274）。

5) 穀物の価値尺度としての不適格性については、スミスは十分に自覚的である。『国富論』第一篇第五章でスミスは、「労働」こそが諸商品の価値を比較できる「唯一の正確な価値尺度」であると言い、しかし同時に近似的な尺度としての「穀物」と「銀」にも触れ、「世紀から世紀にわたる長期のばあい」には穀物が、「年々のばあい」には銀が、よりすぐれた尺度でありうる、と言っている（WN, 53-4, 216-7）。

6) 「それを生産するために常に同一の骨折りと労働を要するような商品だけが不変である。私たちはそのような商品を知らない。しかし、私たちはあたかもそれを知っているかのように、それについて仮説的に議論したり話したりはできる。そして、これまで採用されてきた標準のすべての絶対的な不適応性を明確に示すことによって、その科学についての私たちの知識を改善できるかも知れない。」（I, 275）

スラッファはこの箇所に注を付けて、「不変の価値尺度についてのこれらの考察は、『原理』第1章で導入された変更に合わせて第3版では変更されるべきであった」（I, 275）と述べている。そしてその論拠として、第3版における第1章第1節の書き変え（I, 17-20）と第3版で新設された第1章第6節の叙述（I, 43-7）を指摘し、"不変の価値尺度"の「実際的困難」と言っていた初・2版段階のリカードウの認識が、第3版では固定資本の構成割合による価値修正問題によって、「そのような不変の商品を想像することさえ困難であるという感覚の増大」へと理論上の進展を遂げていったと主張する（I, xli）。このようにスラッファは、「不変の商品」の非実在性への「感覚」という点で『原理』初・2版と第3版との間に"断絶"を主張するのだが、本章のように、第20章が初・2版以来一貫してスミス穀物尺度論批判を通じての不変の価値尺度の本質的な非存在性を主張していたことに留意すれば、スラッファの主張ににわかに同意を与えることはできないだろう。

7) 「労働および諸商品の真の価格は、アダム・スミスの名目的尺度である金銀でのそれらの価格によっては確定されえないのと同様に、彼の真の尺度である財貨〔穀物〕でのそれらの価格によっても確定されえない。労働者は、彼の賃金が多量の労働生産物を購買する時にのみ、彼の労働に対して真に高い価格を支払われているのである。」（I, 275）

8) リカードウは、セイにおいてもまたスミスと同様の"穀物尺度論"の採用が認められることを、『経済学概論』（第2版）第一篇第11章の一節を引用し注記している（I, 275 ; Say, 2e éd., t. 1, p. 108）。

9) ローダーデイルは「一般的富の原理」と「諸個人の富の原理」の矛盾という概念を使って、「資本蓄積」が国富にとってマイナスであると主張した。すなわち、社会の資源を減少させ消費を減じる資本の蓄積は、一財貨の欠乏がその財貨の所有者の個人的資源を増大させる原動力であり諸個人にとっては有利だとはいえ、国富にとっては不利なものであり産業を奨励するものとはならない、と述べたのであった。これに対してセイは、「公的富」と「私的富」の矛盾についてのローダーデイルの形式論の誤謬を指摘するとともに、"生産的消費論"を展開し、資本は必ずしも消費を害するものでなく、「再生産的に reproductivement」消費されることによって購買を一回限りでなく永久に繰り返す手段を与える、と反駁したのであった (Say, 2e éd., t. 2, pp. 38-9)。セイのこのローダーデイル批判は、『概論』(第2版) 第二篇第4章「価格の真の変動、相対的変動、名目的変動」で展開されている。同章は『概論』第4版では第3章「価格の真の変動と相対的変動」、第5版では第2章「価格の相対的変動と真の変動」と位置とタイトルおよび内容を変更しているが、ローダーデイル (およびデュポン) に関する部分はほとんど書き変えられていない (Say, 2e éd., t. 2, pp. 28-41, 4e éd., t. 2, pp. 36-49, 5e éd., t. 2, pp. 179-94)。この論点のセイにおける一貫的な重要性を物語るものであろう。

10) 「そうだとすれば、あらゆる生活必需品・安楽品のまさに同一量を所持する2つの国について、両国は等しく豊かであるとは言えるだろうが、両国それぞれの富の価値は、富が生産される比較的難易に依存するだろう。」(Ⅰ, 277)

11) 「これまで述べてきたところから、一国の富は2つの方法で増加されうるということが分かるだろう。すなわち、それは収入のより大きな部分を生産的労働の維持に使用することによって増加されうるのであり、この方法は、商品大量の量だけでなく価値をも増加させるだろう。あるいはまたそれは、追加的な労働量を使用することなしに、同一量の労働をより生産的にすることによって増加されうるのであり、この方法は、諸商品の豊富を増加させるけれども価値を増加させはしないだろう。」(Ⅰ, 278)

12) 「追加的資本は、それが熟練や機械の改善から獲得されようが、より多くの収入を再生産的に用いることから獲得されようが、将来の生産において等しく有効だろう。というのは、富は常に生産された商品の量に依存するのであって、生産に使用された用具が入手された際の容易さとは何の関係もないからである。」(Ⅰ, 279)

13) セイの原文は、『概論』巻末の「梗概 Epitome」中の「収入 Revenu」項の注で以下のように述べられている。見られるように、厳密に言えばリカードウの引用文は多少変更されている。

「それゆえ収入の価値は、どのような方法 (直接的生産か交換) によるかにかかわらず、収入がより大きな量の生産物を獲得すればするほどかなりのものに considérable なる。」(Say, 4e éd., t. 2, p. 497)

14) 『概論』(第4版) からの引用は、巻末の「梗概」の諸項 (「生産的用益」「高価；良価」「物の価値」「所得」「交換」「生産；生産する」「生産物」「富」「効用」) と、第一篇第1章、第二篇第1章からとられている (Say, 4e éd., t. 2, p. 504, p. 457, p. 505, pp. 507-8, p. 497, t. 1, p. 4, t. 2, p. 466, p. 487, p. 490, pp. 502-3, p. 506, p. 4)。番号を付された12の引用は、強調符の省略 (2、3、4、5、8、9、10、11、12) や、翻訳上の若干のニュアンスの相違も確認できるが (1、2、5、7、9、6)、ほぼ正確におこなわれている。

15) この鉄と金の効用の事例は、リカードウとセイの交信においてたびたび取り上げら

れている。1815年のリカードウのセイ宛書簡（107）、1821年のセイの書簡（446）および1822年のセイ宛書簡（488）参照。
16) この引用は『概論』「梗概」中の「物の価値 Valeur des Choses」項からとられている。リカードウは、対照表の第4項目に長文にわたってこれを引用しているが、引用文には若干のリカードウによる読み換えも確認できるので、以下にセイの原文を（変更箇所にアンダーラインを付して）示しておくことにする。なお、セイはこの当該箇所を『概論』第5版では大幅に書き変えてしまう（Say, 5ᵉ éd., t. 3, pp. 328-9）。

　「それゆえ、物の価値には2つの基礎がある。すなわち、(1) その物への需要を決定する効用（第一篇第3章・第二篇第5章）、(2) その需要の範囲を制限するその生産の費用（第二篇第10章）、である。その効用がその価値を生産費の水準にまで高騰させないときには、その物はそれが用費するものに値しない。それは、生産的用益がもっと高い価値のものを創造するために使用されえたかもしれない、ということの証拠である。生産元本の所有者、すなわち勤労能力・資本・土地を自由にしうる人々は、それゆえ、生産費を生産物価値と比較することに、あるいは（同じことになるが）、互いに生産物価値を比較することに、永続的に専心している。というのは、生産費とは、生産物を与えるために消費される生産的用益の価値以外の何物でもないからである。また、生産的用益の価値とは、それが生み出す生産物の価値以外の何物でもないからである。生産物の価値、生産的用益の価値、生産費の価値は、それゆえ、事物が自然的コースに委ねられているときには常に、同類の価値 valeurs pareilles なのである。」（Say, 4ᵉ éd., t. 2, pp. 507-8）
17) セイにおいてはもちろん「企業家 entrepreneur」は中心的概念であるが、「生産者の競争 concurrence des producteurs」という概念もまた存在している。例えば『概論』「梗概」中の「生産物 Produit」項では、「生産者の競争は彼らの生産物を原価で与えることを余儀なくさせる（生産者にとっての原価は生産費であり、それは彼自身の産業の利潤を含んでいる）」（Say, 4ᵉ éd., t. 2, p. 490）と述べられている。同様の概念内容は、「生産費 Frais de Production」項にも認められる（*ibid.*, p. 474）。とはいえこの概念は、第2版に比べて第4版では後退している印象を受ける。例えば、『概論』第2版（第二篇第1章）の「生産者の競争は、通常、諸物の価格をその生産費の水準にまで低下させる」（Say, 2ᵉ éd., t. 2, p. 5）という一句は、第二篇第1〜5章の第4版における全面的書き変えに伴って「生産者の競争」という語とともに消えている（Say, 4ᵉ éd., t. 2, pp. 9-10, p. 33）。
18) 「私は常に地代を部分的独占 partial monopoly の結果と考えており、決して真に価格を規制せず、むしろ価格の結果と考えている。もし地主によってすべての地代が辞退されても土地で生産される商品は何ら安価にはならない、なぜならば、土地で生産されるこの同じ商品の中には、剰余生産物 surplus produce がただ資本の利潤を支払うのに十分なだけであるため、地代が存在せず支払われえないような一部分が常に存在しているからである。」（I, 284）
19) 「結論を言えば、諸商品の真の豊富と安価から生ずる全消費者階級への有利さを高く評価する点で、私は誰にも遅れを取るわけではないが、セイ氏が商品価値を、それが交換される他の諸商品の豊富さによって評価することには同意できない。」（I, 284）
20) トラシの議論をリカードウは、次のように肯定的に援用している。すなわちトラシは、「ある物を測定することは、私たちが比較の標準とみなした同一物の確定量と比較することである」（I, 284）と言い、「もしフラン金貨と測定されるべき物とが、両

者に共通なある他の尺度に関連づけられえないならば、1フラン［という貨幣名称］はフラン金貨が造られるのと同じ金属の量に対する以外には、いかなる物に対する価値の尺度でもない」(ibid.)、と喝破した。だから、商品Aと金との共通の尺度が見いだされねばならぬわけだが、トラシは、「私はこのことはできると思う。それらはともに労働の成果だからである。それゆえ労働は、それらの相対的価値だけでなく真の価値をも評価しうる共通の尺度である」(ibid.) と言って、「労働は私たちの唯一の本源的財宝であり」、「すべての物はそれを創造した労働を代表するにすぎない」(I, 285) と述べた。"尺度論"における「労働」の"本源性"を主張した点で、リカードウはトラシを高く評価するのである。とはいえ、「だが彼が、『価値』『富』『効用』という用語にセイが与えた定義を支持していることを付記せねばならぬのは残念である」(ibid.) と、トラシもまたセイの理論的影響下にあることを注記している。

21) 対応する『概論』「序論」の一節は以下のようである。リカードウはほぼ正確に引用していると言ってよいだろう。

「彼は価値を生産する力を人間の労働だけに帰する。より正確な分析の示すところでは、……それらの価値は労働の作用による、というよりもむしろ、自然が供給する動因の作用および資本の作用とを結合された人間の勤労によっている。……この原理を知らなかったことが、彼を、富の生産に関連する真の機械の理論を確立することから妨げた。」(Say, 2ᵉ éd., t. 1, pp. li-lii)

22) 「金属を火で溶かすことを知った初めての人は、この過程が溶けた金属に付加する価値の実際の創造者ではない。その価値は、その過程を利用した人の勤労と資本に付加された火の物理的作用の結果である。」(Say, 2ᵉ éd., t. 1, p. 31)

リカードウは、『概論』（第2版）第一篇第4章のこの箇所をほぼ正確に引用している（I, 285-6)。興味深いのは、この一節のアンダーラインを付した「価値」という言葉を、セイが第4版（第一篇第4章）では「効用」という言葉に変更していることである（Say, 4ᵉ éd, t. 1, p. 32, cf. Say, éd. 5, t. 1, p. 39)。この限りでは、セイは自然力が「価値」を生むという見解を修正したように見える。だがセイは、上の引用文のすぐ後の、「生産された価値は勤労・資本・自然的動因の作用と協力によるものである」(Say, 2ᵉ éd, t. 1, pp. 32-3) という、自然動因が「価値」を生み出すとやはり述べている一句については、第4版でも変更していない（Say, 4ᵉ éd, t. 1, pp. 33-4)。これらの経緯を見ると、セイはリカードウの批判を容れながらも、「価値」と「効用」という概念の区別についてはあまり神経を尖らせておらず、したがって両語をほとんど同義的に用いていたとも推測される。リカードウが批判する所以である。

23) 「『この誤謬からスミスは、すべての生産物の価値は人間の最近あるいは以前の労働を代表する、別言すれば、富は蓄積された労働に他ならないという誤った結論 result をひき出した。またこの誤謬から、第二の推論 consequence によって、労働は富の唯一の尺度である、あるいは生産物の価値の唯一の尺度である、という誤った結論 result をひき出した』。セイ氏が結論する推断 inferences は、彼自身のものであってスミス博士のものではない。」(I, 286 ; Say, 2ᵉ éd., t. 1, pp. 31-2, 5ᵉ éd, t. 1, p. 39)

24) 「アダム・スミスは、これらの自然的動因や機械が私たちのためになす用益をどこでも過小評価しているのではなく、彼はそれらが諸商品に付加する価値の本性を正当に見極めているのである。」(I, 287)

25) セイは『経済学概論』を各版ごとに大幅に改訂している。初版（1803年）と第2版（1814年）の間では、篇章構成が5篇112章から3篇42章へ全面的に組み替えら

れ、巻末「索引」の除去と各章の「一般的要約 Table Analytique Générale」および「梗概」の新設、「序論」の2倍近い叙述の拡大、「所有について」章の「収入」篇から「富の生産」篇への移動、「販路について」章の4倍以上の分量への拡張、第2篇第1～5章の組み替えと書き変え、第2篇末の「人口論」章の新設、等の文字どおり大改訂がおこなわれている。第3版(1817年)では、若干の著者への新たな言及がおこなわれる以外には目立った変更はないが、セイはリカードウ宛書簡(221)で第二篇第1章と「梗概」で修正をおこなったと書き送っている。本章の主題に関連する第4版(1819年)では、第2篇「富の分配について」第1～5章の大幅な組み替えと書き変えのほか、多大な増補・改訂が「序論」、第1篇第7、10、15、17、21章、第三篇第2、3、6、8章でおこなわれた。セイの最終編集版である第5版(1826年)では、各章「要約」の除去と巻末「索引」の復活、「序論」「販路章」「貨幣章」の章配置・タイトルでのいくつかの小さくない変更がおこなわれた。これら諸版のうち、リカードウは第2版、第3版、第4版を読んでいるが(70、226、352、379)、初版を読んだという記録はない。なお、『概論』における各版の改訂箇所については、増井幸雄「『経済学』解題」(『ジャン・バティスト・セイ経済学』上・下、岩波書店、1926・1929年) VII-XIII頁も参照されたい。

26) 1818年12月22日付のミル宛書簡(296)でリカードウは、『原理』仏訳書に付されたセイの「注」を、そのとき印刷中であった『原理』第2版に「付録」として載録することの当否を問い合わせている(VII, 371)。この仏訳版『原理』は、原著者であるリカードウの手元には送られて来ず、リカードウはセイが「注」を送付してこなかったのは「友好的」でも「公正」でもない、とミルに不満を漏らしている(292)。セイが、税関の事情等、不送付の理由を書き送ったのは、やっと翌1819年10月10日付の書簡においてであり(347)、リカードウはそれに先立って『原理』出版者のマリを通じてこの「注」を入手し読むのであった(292、296)。ミルは上述したリカードウからの相談に対して、1818年12月24日付の書簡(297)で、セイの無理解を批判しつつも、「何らの注目にも値しないもの」との助言をおこなった(VII, 375)。リカードウはこれを容れて4日後の12月28日のミル宛書簡(298)では、「注を翻訳して著作の終わりに加えることに関してはマリの意向に委ねました」(VII, 379)と思い直し、こうして『原理』第2版での改訂は表に出ることはなかったのである。とはいえこれ以後もリカードウのセイへの批判は、ミルやマカァロクへの書簡で吐露されている(300、302、321)。

27) リカードウとセイの交友関係はセイのイギリス訪問(1814年12月)以来リカードウの死(1823年9月)に至るまで続くが、両者の間には何度かの交信途絶期間も確認することができる。すなわち、①′1815年9月～1817年6月、②′1818年1月～1819年9月、③′1822年6月～1823年9月の諸期間である。このうち①′と③′は、2度の大陸旅行(1817年6～7月、1822年7～12月)の際の会見を斟酌して多少割り引いて評価されねばならぬだろう。しかし②′については、本論でも明らかにするように、この後も『原理』第3版刊行(1821年5月)に至るまでのリカードウの書簡がわずか1通のみ(1820年1月付)であることを勘案すると、実質的には3年以上に及ぶ1818年1月～1821年4月の途絶期間と考えることもできる。本項では、最初の途絶期間(①′)に接続していく1815年の書簡(107、117)、まさに『原理』第20章改訂時の2度目の途絶期間中(②′)の書簡(352、356、393)、そして『原理』第3版刊行通知の書簡(430)を俎上に上せ、改訂の背景が検討されるわけであ

る。

28) スラッファによればこの「異文」は、セイが9月10日付の前便 (117) を投函し忘れたと勘違いして書いたが投函されなかったもの、と推測されている (VI, 273)。記述内容は9月10日付の書簡とほぼ同じであり、全体としてトーン・ダウンが目立つが独自の概念提示もおこなわれている。

29) セイの「効用」概念は、『概論』の改訂とともに"需要者にとっての効用"という意味合いを次第に強めていったように思われる。すなわち、『概論』各版「梗概」中の「効用 Utilité」項を見ると、「経済学における効用とは物がもつ人に役立ちうる能力である」という定義は第2版以降の全版に共通しているが、第4版では人が物に付ける「価格」は「効用の尺度」であり「満足の尺度」であるから、「効用は生産物に対する需要の基礎でありしたがって価値の基礎である」という規定が加えられ、さらに第5版では、もし獲得するための「価値」が高すぎるならば需要者である「企業家」は自らこれを製造する途を選ぶだろうから、「価値は生産費以上に上がることはない」、という一文がつけ加わる (Say, 2e éd., t. 2, p. 477, 4e éd., t. 2, pp. 506-7, 5e éd., t. 3, pp. 527-8)。供給者にとっての「効用」から、「企業家」(需要者) が、購買者にとっての「価値」である「効用」と販売者にとっての「価値」である「生産費」を見較べながら「交換」し「生産」する「効用」の定義へと、次第に変換していったことが確認されよう。この需要者 (生産者) からする「効用」の定義は、「梗概」中の「生産費」項での、「生産は、人が生産された効用を受け取るために生産的用益(生産費はその評価にすぎない) を与える交換として考察されうる」(Say, 4e éd., t. 2, p. 475, 2e éd., t. 2, p. 454, 5e éd., t. 3, pp. 292-3) という「生産」の定義にも照応するものである。

30) 「異文」においてセイは、「生産費という困難がほんのわずかなものあるいは無に帰する」ことによる絶対的な「安価」に言及し、この「仮定」は行き過ぎだろうが、しかし「絶対的良価 bon marché absolu からより多くあるいはより少なく遠ざかったり近づいたりする良価 (安価) の様々な程度」(VI, 274) について述べている。この「絶対的良価」の概念は、言うまでもなくデュポン・ド・ヌムールの「高価 cherté」論を念頭に置いたものであり、その批判が展開される『概論』第二篇第3章 (第4版) の、商品価格の「真の変動」と「相対的変動」の区別論の問題圏に含まれるものである (Say, 2e éd., t. 2, pp. 35-6, 4e éd., t. 2, pp. 44-5)。後にセイは1820年の『マルサス氏への手紙』で、この価格変動の「絶対的な」(Say, 4e éd., t. 2, p. 33) 次元の存在の指摘によって「この科学にいささかの貢献をしたように思われる」、と自らを評価している (Say, 1821, *Letters to Mr. Malthus*, translated by J. Richter, London, Reprinted, New York, 1967, p. 29〔中野正訳、50頁〕; *cf.* IX, 170-1)。

31) 「私は、諸商品の価値を規制するのは労働の価値であるとは言っていません。というのは、それは私が全力で打倒しようとしている意見だからです。そうではなく、諸商品の相対的価値を規制するのは諸商品の生産に必要な労働の比較的な量である、と私は言うのです。」(VIII, 149)

32) 「というのは私の学説は、ある物の価値は、この物が交換 (支配) においてもっているいくばくかの量の効用を獲得する能力にすぎぬこと、そしてこの価値は、それが獲得できる効用の量に比例していることを容認するからです。それゆえ、価値と効用の量は同じ等式の等しい両項です。だから、あなたと私との間に違いはないのです。富の定義において、あなたはこちらの項から、私はあちらの項から開始しているわけだからです。」(VIII, 280-1)

33)「もしセイの本に添えられた彼の手紙を受けとっていなかったならば、セイについて何事かを言及しようと思ったかどうか分かりません。その手紙が私を、彼の主旨に関する意見を近作の中で表明するように仕向けさせているのです。……／私がロンドンを発つ前にマリ氏は、私の本の新版を近く出版したいと語っていました。セイ氏は、彼の第4版から以前に私が非難した論述の一部を削り、価値についての彼の意見を新しくそして修正したかたちで（と彼は考えている）展開しましたので、私は以前の私の考察を削除し、そこに別の考察を挿入するのが正しいと考えます。これらもまたお送りいたします。」（Ⅷ, 315）

34) 同時にリカードウは、マルサスの『経済学原理』（1820年4月刊）を評した『マルサス評注』（1820年7月に着手）を、この時期（11月）に完成している（374、400）。

35) 2つのパン塊の事例はその後の書簡でしばしば言及されるので、ここで一言しておこう。いま2塊のパンがあり、一方は3〜4ポンドの地代が支払われる土地からとれ、他方はそれほど多くの地代が支払われない土地からとれるばあい、セイならば、一方のパンでは土地の生産的用益が高く支払われ、他方のパンでは土地の生産的用益が少なく支払われている、と言うだろうが、「その知識 information は有用でなく、私たちの将来的実践をガイドしうる何らの結論 inference にも導きえない」（Ⅷ, 380）だろう、「私たちが知りたいのは、他のものの価値と比較したパンの価値を規制する一般的法則は何かということであり」、私たちが見いだすのは、無地代資本がすべてのパンの価値を規制するということと、「他の物との関係におけるその価値は、その生産に投じられた労働の量と、他の物の生産に投じられた労働の量との比較量に依存する」（Ⅷ, 380）ということである、こうリカードウは主張するのである。

36) 対応するセイの『概論』（第2版）第一篇「富の生産について」第1章「『生産』について理解すべきこと」の一節は以下のようである。リカードウの抜き書きには、原文との間に若干の相違がある。

「人は物 objets を創造しない。世界を構成する素材 matières の量は増えも減りもしないだろう。私たちがなしうるのは、これらの素材をある他の形態に再生産すること、つまりそれらがもっていない何かある有用性 usage を与えるようなある他の形態に、あるいは単にそれらがもつ効用 utilité を増大させるようなある他の形態に、再生産することである。」（Say, 2e éd., t. 1, p. 3；Ⅰ, 280）

37) リカードウは、『概論』（第2版）第一篇第1章中の以下の一節を多少手を加えて援用している（Ⅰ, 280）。とはいえ『概論』第4版ではセイはこの部分を全面的に書き変えてしまい（Say, 4e éd., t. 1, pp. 1-6）、それに伴ってリカードウの『原理』（第3版）からも姿を消すことになる。

「この評価、つまり社会を構成する人々が相互に自分の便宜を求めておこなう論争の結果であるこの評価は、著名なアダム・スミスが諸物の交換価値と呼び、テュルゴーが諸物の評価価値と名づけ、そして私たちがより簡潔に価値という名前で指示しうるものを形成している。」（Say, 2e éd., t. 1, p. 4）

38)「価値と富についての彼の説明では、常に分離されておらねばならない2つの事柄、アダム・スミスによって使用価値と交換価値と呼ばれる2つの事柄が、混同されてきたのである」（Ⅰ, 280）。

39) 私たちは、この「引用文」に類似した一節をわずかに『概論』（第2版）第二篇第1章の、第2の引用文が採られた直前のパラグラフに、以下のように見いだすことができるだけである。スラッファはこのリカードウの引用文について、「最初の一文は自

由な要約であり引用ではない」とだけ記している（I, 287）。とはいえリカードウのこの明らかな"過読"に対して、書簡を読むかぎりセイが異を唱えた形跡はない。

「本書の冒頭ですでに見たように、ある物の価値の第一の基礎は人間がそれに見いだす効用であった。この効用は、人間の身体的・道徳的本性、彼が住む気候・習慣、彼が属する社会の法律、と密接に結びついて生じる。」（Say, 2ᵉ éd., t. 2, p. 2）

40）念のため、長文ながら第2の引用文に対応するセイの『概論』（第2版）第二篇第1章の一節を以下に引いておく。文中、傍点部分（∘∘∘）がリカードウの引用の主旨部分、またアンダーラインは後に再引用される一節である。リカードウの翻訳はほぼ正確におこなわれていると言える。

「このように理解されたある物の効用は、それを人に望ませ願望させて、その物の需要を確立するのである。それを獲得するのに望めば十分であるのならば、それは、人の欲求に対して無限に与えられており、人が何らかの犠牲の代価でそれを購買することなしに享受するような、自然的富とみなされうる。空気・水・日光のようなものがそれである。もし彼がこのような方法で欲求と願望のすべての対象を獲得するならば、彼は無限に豊かになるだろう。彼は何物についても不足しないだろう。／不幸なことに事実はこうではない。大部分の物、私は、単に彼にとって便利で快適な物だけでなく、特に社会状態（人はそのために独自に形成されているように思われるのだが）において必要不可欠である物についても言っているのだが、これら私が言う大部分の物が彼に無償では与えられないのである。それらは一定の労働の能力、一定の資本の使用、そして多くのばあいに土地の使用によってのみ存在しうる。ここにこれら諸物の無償の享受を妨げる困難があり、真の生産費が生じてくる困難がある。なぜならばこれらの生産動因の協働は支払われねばならぬからである。」（Say, 2ᵉ éd., t. 2, p. 3）

41）第3の引用文も、同じく『概論』（第2版）第二篇第1章に見いだすことができる。以下に見るように、この引用もほぼ原文どおりと言えるが、リカードウの読み込みの痕跡も確認できる。というのは、ここでセイが言っているのは、物が価値をもつのは生産的動因の活動によって「効用」が一つに結びつけられることによってであり、したがって「効用」は需要の基礎であるとともに価値の基礎でもある、ということなのだが、ところがリカードウは、引用文中の後半部分を突出的に取り出して、「犠牲」→「経費」→「労働量」という連想から「労働量による諸商品価値の規定」という第1の引用文に近い意味内容を作り上げているからである。

「一つの物が生産物であり価値をもつのは、この効用がこのように一つの物に結び合わされた communiquée ときにのみである。その効用はそれによってつくられる需要を確立する。しかし、それを獲得するのに必要な犠牲と経費、換言すれば、それをもたらすために必要な価格は、その需要の範囲を制限する。」（Say, 2ᵉ éd., t. 2, p. 4）

42）この2つの引用文は、いずれも『概論』第二篇第1章から採られている。すなわち前者は、注40）に示した第2の引用文中の文言（アンダーライン箇所）、「もし彼がこのような方法で欲求と願望のすべての対象を獲得するならば、彼は無限に豊かになるだろう」（Say, 2ᵉ éd., t. 2, p. 3）から（一部言葉を補いながら）切り取られたものであり、また後者は、それより少し前の、「生産物は価値をもたなければ富ではないのだから、富は生産物それ自体において存するのではなくその価値において存するのである」（Say, 2ᵉ éd., t. 2, p. 2）から採られたものだろう。これらの章句は『概論』第4版では全面的に書き改められ原形を止めていない。

43）これ以外には、デンマーク皇太子の経済学教育依頼を問い合わせたセイの1822年

5月8日付の短い書簡（498）があるが、以後リカードウの死（1823年9月）に至るまで、『リカードウ全集』には両者間の書簡は載録されていない。だが、リカードウの二度目の大陸旅行（1822年7～12月）の際のパリでの会見や友人たちとの書簡（512、513）を読むと、それは交信の途絶というよりも論争の平行線状態での一応の終息、と見た方がよさそうである。

44）「自然的富 richesses naturelles」の概念は、『概論』第4版「梗概」中の「富 Richesse」項で、空気・水・日光のような「各人が自由に享受でき……無償で与えられる」自然力が生み出す「富」と定義され、「人が所有し、承認された価値をもつ諸財貨」から構成される「社会的富 richesses sociales」とは区別され、経済学は「社会的富」を対象とし「自然的富」は除外される、と述べられている（Say, 4e éd., t. 2, pp. 500-1, pp. 5-6）。このような区別は、価値を有するもののみが富であり、「富はそれを構成する価値の総額が大きければ大きい」とだけ述べていた『概論』第2版（第一篇第1章）には見られなかったものである（Say, 2e éd., t. 1, p. 2）。実際、「自然的富」という言葉そのものはともかくとして（Say, 2e éd., t. 1, p. 3）、『概論』第2版「梗概」中の同じく「富」項にも、まだ「自然的富」と「社会的富」の概念的区別を見いだすことはできない（Say, 2e éd., t. 2, pp. 472-4）。この概念はリカードウとの論争を通じて形成されていったと考えてよいだろう。

45）「この学説はさらに、評価できる量 quantités appréciables を論ずるという長所（あらゆる科学的学説の本質的な性格、研究者の前進を唯一保証できる性格）をもっています。なぜならば、私たちの財貨を大きくあるいは小さくさせるものを知るためには、結局、それらを構成するものが大きいか小さいかを知らなければならないからです。」（Ⅸ, 32）

46）「というのは、私は常に、諸商品はそれらに投下された労働の量に比例して価値があると主張してきたし、そしてあなたが、諸商品はそれらが有用であるのに比例して価値があり、また諸商品はそれらに投下された労働量または勤労に比例して有用であると言うとき、あなたは事実上、同じ意見を別の言葉で表現しているからです。」（Ⅸ, 169）

47）リカードウはセイの「推論 reasoning」には同意を与えつつも、その「用語」の不適切さから生じる「矛盾 contradiction」を、次の2つの事例によって示している。すなわち前述した金と鉄の例で、例えば、①もし何らかの「経済的方法 economical process」の発見によって、金の効用2000をもたらす労働の効用が従来の2000から1000に軽減されるならば、1封度の金の効用は不変のままにもかかわらず、セイは金の交換価値が半減するから富は半減すると言わねばならぬのではないか。同様にまた、②もし「経済的方法」による生産性の上昇が金だけでなく帽子・短靴・服地・リネンの価値も下げるばあい、「1ポンドの金をもつ人は以前と同等に富んでいるだろうか？」という問いに対して、富は価値に比例すると定義するならば、すなわち「価値を富の尺度と考える」ならばセイは「否」と答えねばならず、また富は支配できる財貨の量に比例すると定義するならば「然り」と答えねばならぬだろう、と（Ⅸ, 169-70）。不適切な定義を温存するかぎり、セイは新たな「経済的方法」が生じるたびに別の数値設定をおこなうか、あるいは"増大する富"そのものを排除してしまうか、そのどちらかを余儀なくされるだろう、とリカードウは言いたいのである。

48）「別の言葉で言えば、唯一の新しい富は、生産的用益、すなわち私たちの勤労・資本・土地の最初の果実であります。人はそれらを相互に交換し、あるいはそれぞれの

生産物を交換します。そして、他の物をもつためにさし出すある物の量がそれに人が付す価値の指標であり、私たちの研究の唯一の主題となる価値です。」(Ⅸ, 33, 171)
49)「私たちの意見の一致を妨げるものは、すべてあなたが、社会的富（または交換価値）についての経済学の考察の中に自然的富（または何ら生産的用益の果実ではなくてスミスが使用価値と呼んでいる効用）を混入しようとするからです。この２種類の富について述べている私の『問答』(第２版) 201頁と『概論』(第４版) 第２巻500頁を、どうぞご再考下さい。」(Ⅸ, 190)
50)「確かにこの説明では、富と価値という言葉は必ずしも同じ意味では用いられていません。私の見地に従えば、彼らは単独でも総体的にも２倍富んでいるが、彼らの富は価値においては増大しなかっただろう、それらは価値においては増大しない、なぜならばそれらはもっぱら労働によって与えられるかの効用を何らより多くもたないだろうからだ、ということになるでしょう。」(Ⅸ, 171)
51) 1822年３月５日付のリカードウの書簡 (488) に、セイは「富」概念の"具体性"についての以下のような「書き込み」をおこなっている。
　「リカードウ氏は、ここで背理 paralogisme を発見する。なぜならば彼は所有者の抽象をおこなうからだが、これに対して私は決してそのような抽象はおこなわない。私は、富は人が所有するものの価値に比例する、そして人が所有する価値は人が獲得できるものに比例する、と言うのである。私は、人は富を絶対的に語りうるとは思わないし、経済学が取り扱う富は常に相対的なものと理解している。」(Ⅸ, 170)
52)「私には、この学説があらゆる現象を説明し、人が所有する富は彼の手段で購買できる諸物の量に比例するという原理と首尾一貫しているように思われます。」(Ⅸ, 191)
53)「自然は地所の所有者に対して、彼がこの必要不可欠の用益の独占権をもつがゆえに、消費者に支払わせうる生産的用益を贈る。自然が彼におこなうこの贈り物は、地所が肥沃であるほどより大きく、痩せていればより小さい。」(Ⅸ, 34-5)
54)「地代はある一定豊度の土地の独占の結果であり、パン塊の価値とともに、また追加的なパン塊を生産する困難とともに、上昇しなければならない。しかし生産された最後のパン塊は、地代をほとんどまたは少しも支払わない。またその最後のパン塊の価値は、他のすべてのパン塊の価値と同様に上昇する。なぜならば、その効用のより大きな量が労働と勤労からひき出され、そのより小さな量が自然的手段からひき出されるからである。」(Ⅸ, 171-2)
55) リカードウの書簡 (488) への「書き込み」で、セイは言っている。例えば、もし人があるパンを５シリングで需要し、労働が２シリング、資本の利子が１シリングと決まっているならば、地代は２シリングになるし、他方、パンがもし３シリングで需要されるならば地代は０シリングになるだろう、と (Ⅸ, 173)。リカードウがセイの"需給説"に対して、「それは本当 true である」と同意を与える所以である (Ⅸ, 172)。
56)「もし地所の用益が無限で無尽蔵で、全世間の手の届くところにあるのならば、それは全世間に与えられた贈り物であり、私たちは支払うことなしにそれを享受するでしょう。あたかも私たちの帆をふくらませる風のように、私たちが欲する度毎に私たちはそれを役立たせるのです。」(Ⅸ, 35)
57)「反対に、生産の大きな進歩は、自然の無償の用益の勤労・資本・土地の費用のかかる用益への代置に存する、という結論をひき出せると私には思われます」(Ⅸ, 35)。
58) 1821年５月８日付の書簡 (430) でのリカードウのこの論難は、セイの「経済学

の現状 the present of the science に関する知識」の遅れを嘆いた1821年4月25日付のマカァロク宛書簡（428）と同じ口吻をもつものである。セイは1821年7月19日付書簡（446）で、これに反発している。

59) セイは『概論』（第4版）「梗概」中の「物の価値」項で、「生産物の価値、生産的用益の価値、生産費の価値は、それゆえ、事物が自然的コースに委ねられているときには常に、同類の価値 valeurs pareilles なのである」(Say, 4ᵉ éd., t. 2, p. 508) と言っている。リカードウは『原理』（第3版）の対照表の（4）でこの一節を、「商品の価値、生産的用益の価値、生産費の価値は、それゆえ、あらゆる事物が自然的コースに委ねられているときには、すべて類似的な価値 similar value なのである」(Ⅰ, 283) と、若干用語を変えて引用した。同箇所は、さらに『原理』第32章の注（第3版で改訂）では、「生産物の価値、生産的用益の価値、生産費の価値は、それゆえ、事物が自然的コースに委ねられているときには常に、すべて類似的な価値なのである」(Ⅰ, 421) と、より正確に引用され、セイにおける「純生産物」の消失が批判されている。セイは、この"生産物の価値＝生産的用益の価値＝生産費の価値"という議論を、『概論』第5版では「物の価値」項の書き変えとともに削除している。そして「梗概」中新設された「年所得 Revenu Annuel」項では、「国民所得はその国の総生産物、すなわちあらゆる生産物すべての価値全体と等しい。なぜならば、ある生産者がその純生産物を知るために総生産物から控除する費用は、誰か他の生産者の所得の一部を成すからである」と、生産物間の関係の中での定義に変更している (Say, 5ᵉ éd., t. 3, p. 518)。

60) セイの「企業家」は、『概論』「梗概」中の「産業の企業家 Entrepreneurs d'Industrie」項での解説を見ると、資本を領有する「資本家」というよりも「産業者」に近い概念と言える。すなわち、「産業の企業家は、獲得された知識・諸資本の用益・自然的動因の用益を社会の必要に適用させることで生産に協力する concourent」(Say, 2ᵉ éd., t. 2, p. 449)、と述べられているように、諸「用益」の結合によって社会的に価値ある生産物の産出に協力・競合する「産業」の主体的組織者として定義されている。この『概論』第2版での定義は、第4版では、「産業の企業家は、獲得された知識・諸資本の用益・自然的動因の用益を人間が価値を付与する生産物の製造に適用させることで生産に協力する」(Say, 4ᵉ éd., t. 2, p. 469) と、若干「価値」的なニュアンスを強めた修正をおこなって再掲されている。

第3章

リカードウによるセイの評価

第1節　はじめに

　J.-B. セイ（1767～1832年）は『経済学および課税の原理』の中できわめて高い位置づけを与えられている。例えば、周知のようにリカードウは『原理』「序文」において、セイは「大陸の著述家たちの中でスミスの原理を正当に評価した最初の人」であり、スミスと並ぶ主要な批判対象であるという旨の主題開示をおこなっている[1]。また『原理』における言及頻度でも、セイはマルサスやビュキャナンを大きく上回りスミスと肩を並べている[2]。第20章（「価値と富、その示差的な特性」）の後半部分はすべてセイの批判に当てられており、一章を特定論者に割くこのような扱いは、わずかに第24章（「土地の地代に関するアダム・スミスの学説」）と第32章（「地代についてのマルサス氏の意見」）のみに認められるものである。『原理』におけるセイの理論的比重は大きいと言わなければならない。

　とはいえ、セイが『原理』にどのような理論的影響を及ぼしたかという点になると、その輪郭は必ずしも明確であるとは言えない。スミスに対するように、『原理』全体にわたって批判的論理が叙述として定着させられているわけではない。マルサスやトレンズやあるいはマカァロクのように、『原理』の諸版を修正させるような理論上のインパクトを与えたとも言えない。ビュキャナンの地代論・賃金論・通貨論がスミスからの微妙なズレにおいて注目され批判され

ているのとも違う。ローダーデイル、テュルゴー、シスモンディのように、言及が局所的に留まっているわけでもない。要するに、スミスとマルサスのような『原理』の理論的根幹部分に食い込むほどの対象とは見えず、しかし他方ではまた、『原理』にとって単に補足的・断片的にのみ言及して済まされる対象でもないのである。

　セイがフランス人であることも念頭に置くべきかもしれない。明らかにリカードウは、セイをフランス経済学の中心人物と目しており、テュルゴーやシスモンディはセイへの言及の一部として触れられていることが多い[3]。また、例えば二度にわたる長期の大陸旅行での足跡を辿ってみれば、リカードウがフランス経済学の動向に並々ならぬ関心を寄せていたことが確認できる。スミスを理解する異国の経済学者であるセイに対してリカードウが敬意を表し、同時代のイギリスの他の著述家たちとは違う特別の扱いをセイに与えていたことは十分考えうる[4]。とはいえ、リカードウの関心はやはり「原理」としての経済学の普遍的確立であり、英仏経済学の種差を確定しフランス経済学の位置を独自に確定することに向けられていたわけではなかった。スミスと並ぶ"古典"的な位置づけをひとまず与えられたとしても、しかし結局は、セイもまたイギリス経済学の文脈にひき入れられて解釈されたはずである。こうして私たちは再び、『原理』におけるセイ評価の理論的核心が何であるかという問題に連れ戻されることになるのである。

　本章は、『原理』の中でセイに言及されている箇所をひとまず丹念に拾い出し、その断片的記述を吟味したものである。スミスと対比させつつ"資本蓄積論"の文脈において、リカードウのセイ批判を摘出した前章を踏まえて、『原理』の表面に現れたセイ批判の背後の、リカードウにとってのセイ評価の理論的核心を取り出すことによって、リカードウの理論を言わば深層で支える隠れた論理を浮き上がらせてみたい。

第2節 「書簡」および『原理』におけるリカードウとセイ

1）「書簡」に見るリカードウとセイの交流

　理論的な評価と批判は、往々にして個人的なレベルでの交流と深く関わっている。もちろん、理論の評価は著作を通してのみおこなわれるべきである。しかし同時代人としてのリカードウとセイのばあい、やはり個人的交流が理論面に及ぼす影響をまったく無視するわけにはいかないだろう。『リカードウ全集』には、1814～23年の約9年間にわたって両者が交わした17通の書簡が載録されている。またその他にも、リカードウが友人たちとの間でセイに言及したいくつかの書簡がある。『原理』を吟味する前に、本項ではリカードウとセイの知的交流の経緯を、これら「書簡」を通して一瞥しておこう[5]。

　リカードウがセイに初めて会ったのは、1814年の12月である。フランス政府によってセイは、戦後の実情視察のために1814年9～12月の4ヶ月間イギリスに派遣された。その折、リカードウはセイを伴ってベンサムのもとに同行している（68、69）。セイにとってリカードウは通貨問題の権威者であり、すでに「地金の高い価格」を読んでいたと推測される（71）[6]。他方リカードウにとってセイは『経済学概論』（1803年）の著者であり、出版されたばかりの『概論』第2版（1814年6月）をセイはおそらく訪英の際にリカードウに献本している（69）。リカードウはこれを直ちに読み、同年12月18日には早速マルサスに宛てて高く評価する旨の書簡を送っている（70）[7]。帰国後セイは、さらに1815年8月に『経済学問答』第一巻をリカードウに献本し、他方リカードウは8月にこれを読了し論評するとともに、同年春に送った『利潤論』（1815年2月）についてのセイの感想を求めている（106、107）。この頃のリカードウは、理論的な不十分さを感じながらもセイを高く評価していたと言える（70、114）。

　1815年9月に、セイはリカードウの前便（107）に対する初めての本格的な反論をおこなっている（117）。そしてこの書簡以後、両者の交信は2年近くにわたって途絶える。その理由の一部は、リカードウが1815年10月以降『原理』の執筆にとりかかり多忙であったことに求められよう。しかしより本質的には、

リカードウがセイとの間に理論的異質性を見いだしたことが大きいのではないかと推測される。リカードウは 1816 年 10 月から 12 月にかけて、『原理』の原稿を次々とミルに送付するが、それと並行してミルに対して、「論争的諸章」部分でセイを批判する必要があるかどうかを盛んに問い合わせているからである（188、193、195、196、197）。1815 年 9 月から 1817 年 7 月の 2 年間に、リカードウのセイに対する理論的違和感は理論的対決意識にまで高まっていったようである。

とはいえ 1817 年 7 月の大陸旅行の際に、リカードウはパリにセイを訪問している。そしてこれ以降、文通も再開される。さらに二度目の大陸旅行の際にも、リカードウは 1822 年 12 月にパリで数度セイと会っている。理論的な対決姿勢にもかかわらず、個人的レベルでの両者の交際は決して疎遠なものではなかったと言える。しかし二度の会見のいずれにおいても理論的に深い議論はできなかったようであり（219、221、222、512、513）、リカードウは、「セイはあまり話をしたがらないようだった」という不満をトラワに書き送ったりしている（512）。

文通が再開された 1817 年以後の書簡については前章でも触れたが、この時期の理論面におけるリカードウのセイ批判の足跡は、次のように要約できるだろう。すなわち、①リカードウは献本されたセイの『概論』第 3 版を 1817 年 8 月に通読し（226）、②1818 年 12 月にリカードウの『原理』仏訳版に付されたセイの「注」を読んで彼の無理解を確信し（292、296、298、347）、③セイの『概論』第 4 版（1819 年 10 月献本）および同『マルサス氏への手紙』（1820 年 9 月読了）を読む頃には、友人間でもセイに対する批判が噴出しており（347、352、379、392、394、401、402）、その延長上で、④『原理』第 3 版での第 20 章の書き変えがおこなわれている（407、418）。両者は、1820 年 1 〜 3 月の『原理』第 2 版献本直後（352、356）、1821 年 5 〜 7 月の『原理』第 3 版献本直後（430、446）、1822 年 3 〜 5 月（488、496）、の三度の往復書簡で直接に論争している。いずれも長文で濃密な内容をもっているが、しかし、リカードウもセイも互いに自説を主張し、議論は平行線を辿っている。

理論面での対立にもかかわらず、両者はもちろん友人としての交際を続けて

いる。上記のようにパリでリカードウはセイを訪問しているし、1822年にはリカードウがセイを「経済学クラブ」の在外名誉会員に推挙している (488、496)。両者はリカードウの死去 (1823年) に至るまで、英仏両国における「経済学の原理」普及のエールを送り合い続けたのであった (243、352、446、496、498)[8]。

以上、書簡を素材にしてリカードウとセイの交流の足跡を辿ってきたが、ではリカードウは、セイ理論に対して何を批判し、あるいは逆に何を評価したのであろうか。書簡をテーマ別に整理すれば、価値論、地代論、資本蓄積論、租税論、国債論、貨幣論といった諸論点を摘出することができるが、そのうちの圧倒的な多数は価値論と資本蓄積論に集中している[9]。『原理』ではどうか。次項で検討しよう。

2)『原理』におけるリカードウのセイへの論及

『原理』においてセイはどのように論じられているか。ひとまずセイへの言及部分を抜き出して全体を鳥瞰しながら、論点を一つ一つ確認していくことにしよう[10]。

まずリカードウのセイへの論及は、『原理』の実に多くの章でおこなわれていることが指摘できるだろう。すなわち、「経済学の原理」部分では第2章、「課税論」部分では第8章、第12章、第16章、第17章、「論争的諸章」部分ではほとんどの章がカバーされていて、論及のない章はわずかに第23章、第24章、第28章、第31章に限られている。その大部分は注であり (注単独での論及は全項目中2/3にも上る)、スミスに比べて本文中での展開は少ない[11]。とはいえ、第12章、第16章、第17章、第20章、第29章では、数パラグラフにわたってセイに関する展開叙述がおこなわれている。諸版間の異同としては、第3版で第20章の本文が大幅に書き変えられたことがひときわ目を引く[12]。

論及には肯定的なものと否定的なものとがあるが、まず肯定的な論及の箇所としては、第2章で、大地は排他的に所有できる唯一の自然力であるというセイの一節が援用されている (②)。これは、土地の有限性が地代を産むという差額地代論に関連している。また同章では、セイにおける"生産費説"と"需給説"の混在を批判する文脈においてではあるが、賃金に作用する救貧事業を批

判するセイが肯定的に紹介されている（③）。なお、賃金に関しては、第26章で、賃金も租税を支払いうるというセイを意識した注が第3版で付されている（㉕）[13]。課税論では、第8章で、財産移転税が資本の有効配分を妨害するという『概論』の一節が援用され（④）、第16章では、「あらゆる租税の中で最善のものはその額が最小のものである」というセイの金言が二度にわたって引用されている（⑦⑨）。

　肯定的と否定的なトーンが相半ばする論及もある。第17章では、国債が本質的に不生産的であると述べるセイが評価されるが（⑪）、第3版の注ではこの言葉を否定するセイ自身の一節が『概論』第4版から引かれていて、その不徹底が批判されている（⑫）。また第21章では、資本蓄積が利潤を低下させるというスミスの"資本過剰論"に対して、セイの「一国の資本は過剰にはなりえない」という所説が肯定的に対置されるが（⑰）、同時にセイが資本過剰による利子率低下についても語っていて一貫していないことがやはり指摘されている（⑱）。

　否定的な論及は多岐にわたっている。商品価格の規定に関しては、セイの生産費による規定と需給関係による規定の混在を批判した第2章・第25章・第30章（③㉓㉜）のほか、第22章ではセイが独占貿易による市場価格の高騰のみを見て自然価格の上昇を見ていないことが批判されている（㉑）。地代論では、無地代地の存在証明が論点の中心であるが、イギリス地租へのセイの無理解を批判した第12章、セイの地代論がビュキャナンのモルト（麦芽）税と同一の誤りを抱えていることを指摘した第17章、無地代地の非存在を指摘しても無地代資本の非存在は指摘していないセイのリカードウ地代論批判の論証の不十分さを批判した第32章がある（⑤⑬㉝）。

　価値論に関しては、セイにおける富と価値の混同論を綿密に吟味した第20章（⑯）、セイもスミスと同様に穀物を価値の標準尺度にしていることを指摘した同じく第20章での注（⑮）と、そのことによって穀価が全商品価格を上昇させるというスミスの"穀価波及説"にセイが同調したことへの第16章や第22章の注での批判がある（⑥⑳）。富と価値の区別に関連して商業論についても、第19章では、商業の利益は有用な物の獲得にあるのであって、セイが言うように価値の増加にあるのではないという注記（⑭）、同様に第22章でも、外国貿易に

よってあたかも価値増加が獲得できるかのように考えているセイが批判される (㉒)。

課税論では、租税による消費の増減を利潤と資本蓄積に直結してしまい、価格論として展開できていないセイを批判した第16章と第17章がある (⑧⑩)。また第29章では、製造工程の初期段階で課される租税は不利だとするセイの議論における複利計算上の誤謬が指摘される (㉛)。利子については、第21章で国債による利子騰貴が利潤に作用することを糾弾するセイに対して、利子率は利潤率に依存するのであって逆ではないという批判もおこなわれている (⑲)。また第27章では、初版にあった、通貨は過剰になりうると主張するセイの否定的引用、通貨価値下落の原因をビュキャナンと同様通貨の磨損に求めているセイへの批判、そして鋳造手数料に鋳造利潤をも含めよというセイの提案への批判、というセイの通貨論に関する3つの注が第2版で削除されている (㉘㉙㉚)。

第26章では、セイの「純所得」概念が批判されている。すなわち、セイの投資順位論はスミスと同様に「純所得」でなく「総所得」を基準に組み上げられていること、「国力を左右するのは純所得だ」と言ったリカードウの言葉を「リカードウは多数の人間の幸福を無視する」と曲解していること、有利な投資先は個人にとってと国家にとってでは違うと実例を示さずにセイが言っていること、が批判されている (㉔㉖㉗)。また第32章では、セイは「生産物の価値、生産的用益の価値、生産費の価値はすべて同じ価値である」と言っているから、セイにおいては「純生産物」は論理的に存在しえないことが批判されている (㉞)。

以上、『原理』におけるリカードウのセイへの論及を肯定的なものと否定的なものに分けて通観してきた。論点としては、富と価値 (⑯⑭②)、穀物尺度論 (⑮)、賃金論 (③㉕)、無地代地 (⑤⑬㉝)、穀価波及説 (⑥⑳)、独占価格論 (㉑)、需給論 (③㉓㉜)、商業・外国貿易論 (⑭㉑㉒)、利子論 (⑱⑲㉛)、通貨・銀行論 (㉘㉙㉚)、国債論 (⑪⑫⑲)、租税転嫁論 (⑧⑩⑬)、租税論 (㉛①⑦⑨⑤)、純所得論 (㉖㉔㉞)、資本移動論 (④⑧⑩⑰㉑)、資本過剰論 (⑰⑱)、投資順位論 (㉔㉖㉗)、が確認できる。これらは、例えば価値論が尺度論を含み地代論にも連接していくというように、近いものと遠いものを組み合わせることによって、価値論、地

代論、価格論、貨幣論、課税論、蓄積論のような項目に整理できるだろう。そして、これら諸項目は全体として"価値論"と"蓄積論"を2つの支柱としていることが、叙上の吟味を通じて言えるだろう[14]。

こうして私たちは、「書簡」とともに『原理』においても、リカードウのセイ批判が"価値論"と"資本蓄積論"という2つの中核的論点に収斂されることを確認するのである。ではこの2つの論点は、リカードウの内面ではどのように関連づけられるのであろうか。

第3節　社会的剰余論と私的利益論

1)　"販路説"と増大する富

価値論と資本蓄積論について、しばしば語られているのは、リカードウはセイの"富と価値の混同論"を批判し"資本過剰否定論"を評価したということである。すなわちリカードウは、一方で、価値の増加と富の増大を同一視するセイを批判し[15]、他方で、スミスに対抗して需要は生産によって規定され供給はそれ自らの需要を産みだすと主張したセイの「販路説」を評価する[16]、と言われる。主として前者は『原理』第20章で、後者は第21章で、論じられている。だが、『原理』におけるリカードウのセイ評価をその核心部分において取り出そうとする本章にとっては、このような賛否の両論並記だけでは不十分であろう。2つの論点に内在し、収斂していく共通の理論的枠組を照射することが必要である。以下、この点についての試論を展開する。

まず"富と価値の混同論"に関して、第20章でリカードウは次のようにセイを批判している。すなわち、セイは、富とは価値を有する商品の集合であると考え、諸物の価値は諸商品がもつ効用を基礎にして生じると言う。ここで「効用」とは、物がもつ人間の欲求を満足させる能力と定義されているが、では効用は何によって測られるかと問うと、セイは今度は、それはその商品の交換価値、つまりその商品と交換に与えられる他の諸商品の分量によって評価される、と答えるのである。つまり、富を規定する価値は効用によって規定され、効用は価値によって規定されるという一種の循環論にセイは陥っている、とリカー

ドウは非難するのである[17]。

　これとは違ってリカードウは、「富」を必需品・便益品・娯楽品の豊富なこと、「価値」を生産に使用される労働量に比例して増減するもの、とそれぞれ定義し、富と価値の概念的区別を強調する。この"区別論"は、一方ではスミスの穀物尺度論批判に結びつき[18]、他方ではセイの価値規定上の矛盾の指摘に向けられていく[19]。だが本章が注目したいのは、リカードウがこの"富と価値の区別論"を通して"社会的剰余論"を語っていることである。

　例えばリカードウは、100万人の労働は常に同一の価値を生産するが、機械の発明・熟練の向上・分業の改善・新市場の発見は「ある社会状態」を「他の社会状態」に推移させ、2～3倍の量の富を生産させる、と記述している[20]。リカードウの富と価値の乖離プロセスには、「社会状態」の遷移が潜在しているのである。あるいはまたリカードウは、一定量の衣服および食料品は100人の労働で生産されようが200人の労働で生産されようが常に同数の人を維持し雇用する、つまりある財貨の生産に投下された労働とその財貨が支配する労働とはまったく無関係である、と述べている[21]。これは、もし200人の労働で生産される穀物が例えば300人の労働を雇用できるとすればそこには100人分の労働の超過が生じ、400人の労働を雇用できるならば200人分の労働の超過が生じるわけで、ここにも富と価値の区別の内に潜在する「社会状態」の遷移あるいは"社会的剰余"を読み取ることができるのである。考えてみれば、富と価値を区別するということは、富と価値の連関を問うことにほかならない。リカードウの"区別論"は、労働生産力の増進によって拡張していく富と価値の差異空間の中に胚胎している"社会的剰余"を概念化するための理論装置、ととらえることができるだろう。

　このような"社会的剰余論"の上に、リカードウの資本蓄積論は構築されている。第20章でリカードウは、一国の富は、①収入の資本への転化、②労働の生産力の増大という2つの方法によって増大させられうる、と言う[22]。しかし同時にそれに続けて、資本は将来の生産のために使用される富の一部であり、富と同じ方法で増加させることができる、とも言っている[23]。リカードウにおいては、資本は富増大の原因であるとともに富増大の結果でもあり、富と資本

のこのような相互規定性の中で、一国の資本は富の増大と同様、①収入の資本への転化、②労働生産力の増大という2つの方法によって増加させられる、と考えられているのである。資本は労働生産力の増進とともに増加するとされ、こうしてリカードウの資本蓄積論は、"増大する富"を前提し"社会的剰余論"の上に構築された"資本蓄積論"となるのである。

　スミスのばあいには、確かに「発展的社会状態」という概念はあるのだが、しかし資本蓄積論の叙述において、このような"増大する富"という前提が常に堅持されているとは必ずしも言えない。例えば『国富論』第二篇第三章では、資本は「勤労」でなく「節約」によって増加させることができると規定され、資本の直接的な増加原因としては収入の資本への転化のみが挙げられている[24]。簡単にわかることだが、もし"収入の資本への転化"が"増大する富"に支えられないならば、"資本蓄積論"は容易に"資本過剰論"に結びついてしまうだろう。収入の資本への転化によって生じた追加資本は、資本財への需要増と奢侈財への需要減によって既存の需給構造との間に齟齬を生じ、"資本の過剰"を発生させるだろうからである[25]。"増大する富"は、需給の齟齬に対する言わば緩衝スペースを与えてくれるわけである。だからスミスが『国富論』第一篇第九章で、資本蓄積による資本の増加が諸資本間の競争を激化させ利潤を低下させるという単線的な"資本過剰論"を述べるとき[26]、そこには、スミス資本蓄積論における"増大する富"概念の欠如が指摘されうることになるのである。

　ところで"資本過剰論"の問題は、資本過剰の論証プロセスにあるというよりも、資本過剰という帰結そのものにあるだろう。もしスミスのように資本蓄積によって資本の過剰が生じると言うのであれば、過剰を防止するための何らかの社会的調整が個々の資本に対して要請されるかもしれない。"資本過剰論"は、より上位の観点からする「適切な資本投下」についての規制と指導をよび起こす可能性をはらんでいるのである。これは、リカードウにとっては容認できないことだろう。次項で述べるように、リカードウは何よりもまず、資本の自由な競争を国富増大の原理と考えるからである。"資本過剰論"の克服は、リカードウにとって、乗り越えられるべき理論課題だったのである。

　"増大する富"を前提する「資本蓄積論」が、"資本過剰論"否定のための理

論枠を与えてくれるだろう。また"増大する富"を可能にする"社会的剰余"は、「富と価値の区別」の内に潜在しているだろう。リカードウのセイ評価の中心的論点である"富と価値の区別論"と"資本過剰否定論"は、このようにして連関すると考えられる。そしてそのような資本蓄積論の延長線上で、資本蓄積は供給の増加に見合う需要の増加を伴うというセイの主張が、リカードウによって積極的に支持されていくのである[27]。

2）トラワのセイ批判への批判

『原理』第20章でリカードウは、「生産者の競争」（I, 283）という概念を提示している。諸商品の価値は、「価値」と「生産費」の差に目を光らせる「生産者」の競争を通して規定される、とリカードウはセイを援用しつつ述べる[28]。このばあいの「生産者」はセイの「企業家」との類縁性を予想させるが、それに関して、1820年9〜10月にリカードウとトラワとの間で交わされた4通の書簡（384、387、390、391）は、リカードウのセイ評価の在処についての格好の判断材料を与えてくれる。以下、検討を加えてみよう。

トラワは9月15日のリカードウの書簡（380）に対する、9月20日のリカードウ宛の返信で、自らのセイ批判を次のように書き送っている（384）。要点のみを箇条書きして示すが、文中、「剰余生産物」「追加的労働」「必需品と便益品への一国の資本の適正な配分」という用語に、あらかじめ注意を促しておきたい。①富の基礎は力であり、人は労働によって自分が必要とする以上の「剰余生産物」を生産する。剰余生産物は利潤と収入のファンドであるとともに、「資本の成長」を進行させるものでもある。②ある程度文明の進んだ国では、資本と労働は、農業と製造業という2つの部分に分割される。したがって、必需品の剰余生産物と便益品の剰余生産物が存在し相互に交換されることになる。③だが、追加的労働者を雇用するためには必需品の剰余生産物が必要だから、必需品の剰余生産物は便益品の剰余生産物に優先するに違いない。④だから、必需品と他の諸商品との間に区別を認めないリカードウの前便の議論には承服できない[29]。⑤あらゆる国には労働と資本の配分における「自然的分割」が存在するわけで、国家の繁栄はこの自然的分割への適合度合いに依存すると言え

る。⑥だから、セイがマルサスに対して、「生産物に対して市場を開くのは生産である」から「諸商品の過剰はありえない」と述べた言葉は、「一国の資本の適正な配分」があれば、という条件によって限定されるべきだろう。

これに対してリカードウは、9月26日にトラワへ次のように書いている(387)。「国家の大目的」「生産者の原理」「一般的利潤率の獲得」「自然価格と市場価格」「労働者の需要」「私的利益」という用語に注目して読まれたい。①もし国家が一元的に支配されていて、その国家の大目的が人口増加だというのであれば、穀物生産を優先すべしというトラワの意見は正しいだろう[30]。②だが、生産者の目的は一般的な利潤率の獲得であり、したがって需要超過によって「市場価格」が「自然価格」以下に下落するような生産はおこなわれないはずである[31]。この点では穀物も鉄も同じで、必需品だけを特別視する理由はない。③また、労働者の需要は必需品のみでなく便益品や奢侈品にも向かうから、「労働に対する需要は必需品の供給と同一物である」というトラワの見解にも同意しかねる。④トラワがセイを批判して、「需要は資本の適正な配分によって制限されねばならない」と述べているのは正しいのだが、セイはおそらくこれに対して、「私的利益がそのような適正な配分に導くだろう」と一蹴するだろう。⑤そもそも「不完全な資本の配分」とは、資本移動によっていずれ調整される一通過点なのだから、それに対して苦情を言う筋合いはなく、むしろ「救済手段」とみなすべきものなのだ。

リカードウとトラワの見解の対立点は明確だろう。トラワが、追加的労働者のための農業生産先行の必要という理解から、国家的な観点に立って「一国資本の適正な配分」を説くのに対して、リカードウは、資本投下は上から指導されるものでなく、一般的利潤をめざす個々の生産者の活動の結果として実現されるものだと主張する。この点でセイの、「需要が制限されるのはただ生産によってだけだ」「私的利益がそのような適正な配分に導くだろう」という主張に、リカードウは全面的に賛成している。リカードウはセイとともに、「生産費」を睨みながら将来の利潤をめざして投資決定する「生産者」を原理として一国の生産を考えていたと言える。とはいえこの交信において、トラワが提出している「剰余生産物」という概念は重要である。この概念を「利潤」に

も関連させながら、両者はさらに書簡を交わしていく。

9月26日のリカードウの書簡に対してトラワは、9月29日に直ちに次のように反論する (390)。①生産費が商品供給の指標になるというリカードウの見解には賛成である。ところで、市場に商品をもちこむ販売者は同時に購買者でもあるのだから、そこでここでは「問題から価格を除外し」、「人間が生産するものの全体」である「総生産物」について考えてみることにしよう[32]。②「総生産物」から「生産費」を差し引いた後に残る「剰余生産物」は、しばらくの間は生産された商品の交換価値を減少させるだろう。しかし剰余生産物は利潤の必要条件なのだから、利潤が存在する以上、「交換価値の一般的水準は保たれる」はずである。③だから私は、「需要なしに生産された穀物はその自然価格以下で販売される」というリカードウの議論に反対して、「供給は需要に先行するはずである」と言うのである。④「剰余生産物」はいずれ速やかに消費されていくのだが、しかし、もし一国の資本への年々の追加に伴って生産的労働が比例的に増加しないのであれば、この資本追加は利潤率を低下させる効果をもってしまうだろう。⑤だから、必需品を優先させる「一国の資本と労働の比例的な配分」が配慮されなければならないのだ。人口増加という点では、必需品の供給は便益品の供給よりもはるかに有効だからである。⑥リカードウは利潤が原理であり、利潤は生産費によって規制されると言うけれども、生産費が需要によって下支えされ、需要をもたらしうる剰余の供給構造によって規制されていることを看過してはならないだろう。⑦セイはこの「自然の軌道」を不問に付し、それにもかかわらず利潤の不均等は長続きはしないなどと言っているが、そもそも経済学という学問は、無秩序の根因を探り当て、これを回避する方途を示すことを使命とするものではないのか。

これに対してリカードウは、10月3日の書簡で次のように答え、セイを擁護している (391)。①トラワの議論の問題は、富の増大がすべての生産物について同一の比率で生じる、つまり生産物の増大に需要の増大が常に対応するかのように想定している点にある[33]。②そして、必需品に対する需要は便益品や奢侈品と違って自ずと限界があるから、穀物生産を優先すべしという「動機」は存在せず、逆にこのような優先的な「義務」は「普遍的な供給過剰」を生じ

させてしまう可能性がある。③セイについて自分が述べた詳細は忘れたが、確かに利潤の不均等は雇用の変化を誘発することによって、諸個人に多大の苦難をもたらすだろう。経済学がこれを回避させることを本旨としていることは確かだが、しかし国家的レベルで生じる激変そのものを動かすことはできない。④だから自由貿易の導入が課題になっている現代のような激変期において、「悪い制度」に代えて「善い制度」を採用することがたとえ個人的損失を伴うとしても、経済学は、むしろこれを一時的なものとして甘受せよ、と説くのが本筋ではないのか。

トラワは、「価格」を除外することによって「総生産物」という観点を押し出し、「剰余」の素材的構成を議論の中心に据えたかったのだろう。利潤を内包した「剰余生産物」の存在という点では、リカードウもトラワに異存はない。また諸制度が剰余に攪乱的な作用を及ぼすという認識でも、両者は一致している。ただ、現代という時代そのものが剰余を攪乱する激変期であることを、リカードウは強調するのである。

リカードウはトラワを、剰余をあたかも全部面での均斉的な需要(「同一の比率」)に下支えされているかのように想定している、と批判する。もしトラワのように想定するならば、均斉的に生じた言わば"本来の剰余"を規準にして、諸制度による攪乱部分は容易に分別され切除も簡単だろう。だが剰余は本質的に不均斉・不定型であって、人為的諸制度による潤色を腑分けできる何らかの外的規準を考えることなど不可能である。だから資本蓄積は、一般的利潤率をめざす「生産者の競争」を通して調整されていくよりほかなく、「資本の適正な配分」が「私的利益」を指導するのでなく「私的利益」が「資本の適正な配分」を導くと考えるべきだ、おそらくこうリカードウは言いたいのである。トラワとの往復書簡は、「私的利益」を原理とするセイの評価を通じて、リカードウ「資本蓄積論」の本質を明瞭に語り出すものと言えるだろう。

第4節 小　　　括

以上、『原理』と『書簡』を通してリカードウのセイへの論及を吟味してき

た。リカードウのセイへの評価は、結局はセイの「企業家」概念に収斂していくと考えられる[34]。リカードウは、「市場価格」と「自然価格」を睨みながら「利潤」を予想して投資する「生産者」を一国の富生産の原理としたが、それはセイが、「企業家」の「私的利益」の追求が「資本の適正な配分」に導くと述べたことに共鳴するからである。ところで、いまこの地平から逆に、その原理の擁護のためにはスミスの"資本過剰論"が否定されねばならず、"資本過剰論"の否定のためには"増大する富"を前提する「資本蓄積論」の独特な枠組みが必要であり、"増大する富"のためには"富と価値の区別論"によって"社会的剰余"を内蔵する独自の「価値論」が不可欠になる、と推論していけば、リカードウのセイ評価の二大論点である「価値論」と「資本蓄積論」の内面的な連関が探り出されてくるだろう。本章は、そのささやかな試みであった。

とはいえ、リカードウの「生産者」とセイの「企業家」をまったく同一の範疇と見ることはできないだろう。セイの「企業家」は、労働・資本・土地の3つの生産的用益を結合する生産の企画者のような性格を与えられている。これと較べると、リカードウの「生産者」は「資本」の所有者としての性格づけがより強いと言える。リカードウの「生産者」は、予想される「利潤」に向かって資本を投下し、実現された「利潤」を私的に領有する資本家である。セイのばあいに表面化しがちであった"社会的剰余"の社会的コントロールという課題は後景に退き、代わってリカードウのばあいには、"社会的剰余"の資本家的な蓄積・分配過程が叙述の前面に出てくる。おそらくそのことは、リカードウの資本蓄積論が富の増大と資本の増大の同等視の上に成立していることに関係しているだろう。そこでは、"社会的剰余"をもたらす労働の生産力は"社会的剰余"を実現した資本の生産力として現れ、土地は生産的用益から除外され、地代は価格の原因でなく結果とされるからである[35]。英仏古典経済学における"社会的剰余"へのこのようなアプローチの差異が示唆するものは何であろうか。今後検討してみるべきテーマであろう。

【注】

1)「著者は、世間で承認されている見解を反駁するに際して、アダム・スミスの著作の中の著者として異論を抱く理由がある章句にはやや詳細に論及する必要があると思った。……／同じことがセイ氏のすぐれた仕事についても言える。氏は大陸の著述家たちの中で、スミスの原理を正当に評価し適用した最初の人、あるいは最初の人々のうちの一人である。……しかしながら著者がこの紳士の著作に抱いている尊敬の念は、著者自身の考えと異なるように見える『経済学概論』の中の諸章句について、……自由にコメントすることを妨げなかった。」(I, 6-7)

2) さしあたり『リカードウ全集』第Ⅰ巻の「索引」を参看されたい。もちろん、単に言及頻度が高いということは、必ずしも理論的重要性を証明するものではない。とはいえ、『原理』におけるセイへの言及がマルサスを上回り、しかも広範な諸章にわたっておこなわれていることは、やはり注目しておいてよいことだろう。なお、スラッファは、この「索引」がJ.ミルによって作成されたものであり、『原理』誤読の一要因になったと述べている (I, xxi-xxii)。

3) Cf. I, 238, 280, 380-1。ただし、第32章のシスモンディの"地代＝名目価値論"は、セイがらみの論述にはなっていない (I, 399-400)。シスモンディに対するリカードウの評価は、晩年には高まっていったように思われる。すなわち、リカードウはシスモンディに1819年に初めて上院で会い、出版されたばかりの『経済学の新原理』を通読するのだが、この時点ではシスモンディをあまり高くは評価していない (308, 321)。しかしその後、マルサス理論を媒介にして、1822年のジュネーブでの会談の頃には、シスモンディへの評価は高まっていくのである (338、512)。

4) セイは『国富論』を、イギリス遊学 (1785～7年) から帰国した1787年に読みはじめている。ちなみにナポレオンもまた1791年に『国富論』のノートをとっている (橋本比登志「ジャン・バティスト・セー『回顧録』考証」『京都産業大学論集・社会科学系列』18号、2001年、59-60頁)。

5) 章末の【表a】は、『リカードウ全集』第Ⅵ～Ⅸ巻に収録された「書簡」中、セイに言及されたものを抜き出し、載録されている『全集』の巻数・発信日付・リカードウの受発信の別・短い要旨、を付け加えたものである。

6) リカードウの「地金の高い価格 The High Price of Bullion (1810)」は、フランスではすでに1810年にナポレオンの指示によって日刊紙に仏訳掲載されている(X, 374)。セイは帰国後に、自分の「フランス通貨に関する計画案」についてコメントを求め、リカードウはこれに対して1814年12月24日の書簡で賛意を表明している(71)。なお、この「通貨計画案」は、スラッファによれば、フランス政府に提出する報告書の一部と推測されている (VI, 166)。

7) リカードウがセイの『概論』の初版 (1803年) を読んでいたかどうかは明らかでないが、第2版 (1814年) を読んだことは確かである (70)。この頃リカードウは、ミルの「供給が需要を超過することは決してありえないという見解」をめぐって、マルサスとの間で一連の論争をおこなっていた (59、60、62、64)。この「ミルの理論」(64) が、実はすでにセイによって語られていたことを、おそらくリカードウはこの書簡 (70) の時点で認識したのではないか。これ以降「ミルの理論」は、しばしばセイの名前と共に用いられることになるのである (387、374、384、414)。この点についてはホランダーも、「リカードウは販路法則そのものについてはセイに優先権を与えた」と言っている (Hollander, S., *The Economics of David Ricardo*, University of

Toronto Press, 1979, pp. 501-2, p. 95、菱山・山下監訳『リカードの経済学』〔日本経済評論社、1998年〕688頁、128頁）。なお、『概論』の英訳が出版されるのは1821年である（407）。
8）セイの略歴については、スラッファによる簡単な記述（Ⅵ, xxv-xxvii）のほか、『経済学問答』（現代書館、1967年）における橋本比登志の「訳者解説」および「ジャン・バティスト・セー『回顧録』考証」（前掲）が参考になる。後者は、セイ自身による20歳くらいまでの自伝であるが、訳者による「年譜」も含まれている。また、リカードウの簡潔な伝記としては、千賀重義「デイビット・リカードウ──普遍的富裕への選択──」（『経済思想4』日本経済評論社、2005年）が秀れている。
9）章末の【表a】をベースにして「書簡」を論点別に整理すれば、以下のようになるだろう（数字は書簡番号）。

   価値・効用論：107、114、116、117、297、352、356、379、392、393、401、
   　　　　　　　402、406、407、430、446、488、496
   地代論　　　：300、302、321、352、356、392、406、430
   資本蓄積論　：70、72、107、199、298、374、379、384、387、388、390、391、
   　　　　　　　392、402、406、430
   租税論　　　：356、392、402
   国債利子論　：190、194、402
   貨幣論　　　：71

10）章末の【表b】は、ミルによる『原理』の索引（Ⅰ, 438-9）とスラッファの『全集』索引（Ⅺ, 91-2）に拠りつつ、それ以外の若干を補って作成したものである。通し番号の後には、論及が所在する章と頁、またローマ数字のⅠとⅪはミルとスラッファの索引指示に従ったことが示され（ローマ数字のないばあいは両索引の指示が欠落しているときである）、さらに論及がおこなわれているのが本文中であるか注においてであるか、あるいはその両方においてであるかが区別され（長文のばあいはパラグラフ数および注の数も付記）、そして3つの版の間の異同と、最後に、それぞれについての短い要約が付されている。諸項目が、わずか数行のものも数パラグラフにわたる長文のものもすべて同等に扱われている点、また、要約が、派生的なものはカットされ主要な論点のみ示されていることは、この表を利用するばあいに注意しておかなければならない。なお、本文中の丸数字は、【表b】の通し番号である。
11）ちなみに『原理』中でスミスへの明示的な論及が確認できるのは、「経済学の原理」部分では第1章、第2章、第4章、第7章、「課税論」部分では第8章、第12章、第14章、第16章、第17章であり、「論争的諸章」中で論及がない章は第19章、第23章、第29章、第30章、第31章である。「経済学の原理」部分と「課税論」部分ではさすがにスミスが優るとはいえ、「論争的諸章」部分での欠落章はセイの方がむしろ少なく、章数だけに着目すれば、セイへの論及はスミスと比べて遜色ないとさえ言えるだろう。なお、「論争的諸章」中、セイへの論及欠落章である第23章は他の経済論者への言及もまったくない章であり、また第24章と第28章はスミス地代論と穀物尺度論への批判章、第31章は第3版での新たな挿入章であり、この面からも「論争的諸章」中のあるべきほとんどの諸章でセイが触れられていることがわかる。
12）その他の諸版間の異同としては、第2版では、第27章の通貨価値に関する3つの注の削除（㉘㉙㉚）と、第32章でのセイの無地代資本不在論批判の注の挿入（㉝）がある。また第3版では、新たにいくつかの注が挿入されている。すなわち、第17章で

のセイの国債論批判（⑫）、第26章・第32章でのセイの「純所得」概念の批判（㉖㉞）、第19章・第26章でのセイの「商業論」と「賃金論」の肯定的紹介（⑭㉕）、に関するものである。

13）賃金は租税を支払わないと述べていた第26章の文章に、リカードウは第3版で、実際に支払われる賃金は絶対的必要経費以上でもありうるという注を付した。スラッファはこれを、セイが「仏版『原理』への注」でおこなった批判を意識してのものと推測している（Ⅰ, 348）。この論点については、第1編第3章注15) も参照されたい。

14）章末の【表b】を基礎にして『原理』におけるセイへの言及を論点整理すれば、以下のような再構成が可能だろう。

価値論　富と価値（⑯⑭②）穀物尺度論（⑮）　賃金論（③㉕）
　　　　無地代地（⑤⑬㉝）穀価波及説（⑥⑳）独占価格論（㉑）　　　　地代論
　　　　需給論（③㉓㉜）商業・外国貿易論（⑭㉑㉒）　　　　　　　　　価格論
　　　　利子論（⑱⑲㉛）通貨・銀行論（㉘㉙㉚）国債論（⑪⑫⑲）　　　貨幣論
　　　　租税転嫁論（⑧⑩⑬）租税論（㉛④⑦⑨⑤）純所得論（㉖㉔㉞）　課税論
蓄積論　資本移動論（④⑧⑩⑰㉑）資本過剰論（⑰⑱）投資順位論（㉔㉖㉗）

15）「セイ氏は、氏の著作『経済学概論』の最近の第4版で訂正を施したけれども、私には、彼の富と価値の定義においては奇妙にも成功しなかったように見える。彼はこの2つのタームを同義と考えており、人はその所有物の価値を増加させ豊富な諸商品を支配できるのに比例して豊かになると考えている。」（Ⅰ, 279-80）

16）「スミスには、資本が増加されると同時に資本によって遂行されるべき仕事も同一比率で増加される、ということが分かっていないように見える。しかしながら、セイ氏が満足いくように示したように、需要は生産によってのみ制限されるだけだから、一国において使用されえない資本額は存在しないのである。」（Ⅰ, 289-90）

17）「もし私たちがセイ氏に対して富とは何であるのかと質問すると、それは価値をもつ物体の所有であると彼は答える。それからもし私たちが彼に対して価値という言葉は何を意味するのかと質問すると、諸物はそれがもつ効用に比例して価値がある、と彼は答える。さらに私たちが彼に対していかなる方法によって物体の効用を判断すべきかという点についての説明を求めると、その物体の価値によってだと彼は答える。こうしてみると、価値の尺度は効用であり、効用の尺度は価値である、ということになる。」（Ⅰ〔1st ed.〕, 280）

18）富と価値の区別が消失するとき、価値の尺度論は富の尺度論と同一視されるだろう。ここで「富の尺度」をリカードウは、例えば穀物が尺度財であるならば、「一国は、その国の諸商品がより多くの穀物と交換されるかより少ない穀物と交換されるかに応じて、より富裕になるかより貧困になる」（Ⅰ, 274-5）、と定義している。獲得されうる穀物の豊富さによって一国の富裕は決まる、と表象されるのである。こうして富と価値の混同の下で、価値の尺度財としての穀物の生産が特別の意味を帯びることになる。第20章の"富と価値の区別論"が、このスミスの穀物尺度論批判から始まっていることについては、前章を参照されたい。

19）セイにおける価値規定上の混乱、すなわち、一方で価値を生産費によって規定しながら、他方では富の分量によっても規定しているという非難は、第20章の随所で具体的な数字例をもって指摘されている（Ⅰ, 280-1, 283, 288）。同種の指摘は、1822年3月5日のセイへの最後の往信（488）に至るまで確認することができる。

20）「価値は本質的に富とは異なる。価値は豊富に依存するのでなく生産の難易に依存

するからである。製造業における100万人の労働は常に同一の価値を生産するだろうが、常に同一の富を生産するとはかぎらないだろう。機械の発明・熟練の向上・より良い分業・より有利な交換がおこなわれる新市場の発見によって、100万人はある社会状態では他の社会状態で生産できる富、すなわち『必需品・便益品・娯楽品』の量の2倍あるいは3倍を生産するかも知れない。しかしそれだからと言って、彼らは価値に何ほどかを付け加えるわけではないだろう。」（Ⅰ, 273）

21)「富は常に生産される諸商品の量に依存するのであって、生産に使用される諸用具が獲得された際の容易さとは何の関係もない。一定量の衣服および食料品は、100人の労働によって生産されようと200人の労働によって生産されようと、同数の人を維持し雇用するだろうし、したがって同一量の仕事をおこなわせるだろう。しかし、それらの生産に200人が雇用されていたならば、それらは2倍の価値をもつだろう。」（Ⅰ, 279）

22)「一国の富は2つの方法で増加されうるということが分かるだろう。すなわち、収入のより大きな部分を生産的労働の維持に使用することによって増加されうるだろう。この方法は、商品全体の量を増加させるだけでなく価値をも増加させるだろう。あるいは追加的労働量の使用なしに同一量の労働をより生産的にすることによって増加されうるだろう。この方法は、諸商品の豊富を増加させるけれども価値を増加させはしないだろう。」（Ⅰ, 278）

23)「資本は、将来の生産のために使用される一国の富の一部であり、富と同じ方法で増加させられうるものである。追加的資本は、それが熟練や機械の改善から獲得されようが、より多くの収入を再生産的に用いることから獲得されようが、将来の生産において等しく有効だろう。というのは、富は常に生産された諸商品の量に依存するのであって、生産に使用される用具が獲得された際の容易さとは何の関係もないからである。」（Ⅰ, 279）

24)「資本は節約によって増加され、浪費と誤用によって減少させられる。……／勤労でなくて節約が、資本増加の直接的原因である。なるほど勤労は、節約が蓄積する対象物を提供する。しかし勤労が獲得するものがどれほどのものであろうとも、もし節約が貯蓄し貯蔵しなければ、資本は決してより大きくはならないだろう。」（WN, 337, *cf.* WN, 343, 10）

25) もちろんスミスは、需給両面の弾力的な性質がミス・マッチをある程度緩和する可能性についても記述している。すなわち、需要面については、胃の腑の欲求には限度があるが心理的・精神的欲求は無限であり、したがって追加供給が必需品供給に偏っておこなわれないかぎり需要の絶対的不足は必ずしも生じない、ことを指摘し（WN, 181）、また供給面については、一国の資本蓄積構造は他国のそれと接合しており、財貨の過不足は外国貿易によって弾力的に調整されうる、ことを指摘している（WN, 457）。リカードウはこの2つの議論を『国富論』の第一篇と第四篇から取ってきて、第21章で1つに結びつけて援用している（Ⅰ, 293, 295）。詳しくは次章で展開する。

26)「賃金を引き上げる資本の増加は利潤を低下させる傾向がある。多くの富裕な商人の資本が同一事業に向けられるときは、彼ら相互の競争がその事業の利潤を自然に低下させる傾向がある。そして同じような資本の増加が同一の社会で営まれるすべての様々な事業で生ずるときは、同じ競争が全ての事業に同一の影響をもたらすに違いない。」（WN, 105；Ⅰ, 289）

27) 1817年1月24日のマルサス宛書簡（199）で、リカードウは次のように言ってい

る。

「セイ氏と私は、収入を資本に転化させることによって供給の増加と需要の増加との双方を手に入れる、と言うでしょう」（Ⅶ, 121）。"資本過剰否定論"に関するリカードウのセイ評価の時期的にもっとも早い記述は、マルサスの"全般的過剰生産論"を批判した 1814 年 12 月 18 日付のやはりマルサス宛書簡（70）に見ることができる。ただし同書簡でのリカードウは、まだセイの議論について、「選択さえ適切であれば」という限定を付けている（Ⅵ, 164-5）。

28)「相異なる諸商品の価値を規定するのは、『生産された物の価値と生産費とを比較することに絶えず従事している』生産者の競争である」（Ⅰ, 283）。同文中、二重カッコを付したセイからの引用は、読み取り方としては多少強引の感を否めないところがある。すなわち、引用箇所の前後は、「ある商品に対する需要を決定するものは効用である。だがその需要の範囲を制限するものは、その生産費である。その効用がその価値を生産費の水準にまで高めないならば、その物はそれが要費するものに値しない。……生産的元本の所有者、すなわち労働・資本・土地の処分権の保有者は、生産された物の価値と生産費とを比較することに絶えず専心しているのである」（Say, 4e éd., t. 2, pp. 507-8）となっており、つまりセイが言っているのは、「価値」を規定するのは「効用」であり、その商品を需要するだけの値打ちがあるかどうかは「価値」が「生産費」を上回るかどうかに依存する、ということなのだが、リカードウはこれを、効用が需要を決定するとはいえ価値を規定するのは効用ではなく、生産物の価値と生産費を見較べる生産者間の競争である、と意味を変換させて引用しているからである（Ⅰ, 282-3）。とはいえこの引用の仕方には、リカードウの「価値」が、「効用」によって客観的に規定されるというよりも、「比較」を通じて「生産者」が確定していく主体的概念であることがよく表れている。

29) 前便（380）においてリカードウはトラワに、生産者が資本を投下するのは「採算のとれる価格で売れる」ことを合理的に予測してのことであり、「どんな商品もそれに対する需要なしには生産されることはなく」、したがって予測の対象としては「穀物」と「服地・靴・靴下・茶・砂糖・鉄」との間にはまったく差別はない、と書いていた（Ⅷ, 235-6）。

30)「もし生産がまったく一個人の支配下に置かれていて、その目的が人口を増加させることであるのならば、現存社会が消費できるよりも多くの穀物をその国で栽培することほどその目的を達成する上で有効な手段はない、ということは疑いもなく真実です」（Ⅷ, 255）。同時期の、「もしすぐれた天才がその国の資本の編成を管理していたならば」と述べているマルサス宛書簡（392）も参照のこと（Ⅷ, 277）。

31)「もし供給が一瞬間でも需要に先立つならば、市場価格は自然価格以下に下落しなければならず、そうなればその商品の製造業者であろうが穀物の栽培業者であろうが、通常で一般的な利潤率を得られず、それゆえそのような商品を生産する気にもなれないでしょう。／すべての生産者がしっかり見ているのは市場価格であり、市場価格と自然価格の関係です」（Ⅷ, 296）。「生産者」が比較対照するのは、『原理』では「価値」と「生産費」の差と言われていたが（Ⅰ, 283）、この書簡では「市場価格」と「自然価格」の差と言われていることにも注目しておこう。

32)「問題から価格を除外しましょう。一つの商品を交換の一般的媒介物として固定する事情は物事の外見を変えたがその真の本性を変えなかった、ということはお認めになるでしょう。」（Ⅷ, 264）

33)「あらゆる物に対する需要が同一の比率で増大すると想定することほど大きな誤りはありません。」(Ⅷ, 275)
34) セイの「企業家」概念については、中久保邦夫「J.-B. Sayの『生産』と『企業家』」(『六甲台論集』第26巻第2号、1979年)の「生産」概念と関連づけた厳密な整理が有益である。栗田啓子の「J.-B. セイの企業者概念——革新者の出現——」(『商学討究』〔小樽商科大学〕第36巻第3号、1986年)では、セイにおける「企業者」概念のすぐれて「機能主義的な存在」に着目した把握がサン・シモンとの関連も想起させつつおこなわれている。また、政治的要素を意識的に分離した点にセイの「企業者」概念の経済分析上の重要性をみた同「J.-B. セイにおける市場の論理と社会の把握」(早坂忠編『古典派経済学研究(Ⅰ)』雄松堂、1984年)、イギリス古典派との資本蓄積論上の相違とセイの「生産」概念の特異さの連関を強調した喜多見洋「J.-B. Say経済学における資本の蓄積」(『経済学研究年報』〔早稲田大学大学院〕第23号、1983年)もまた、この分野の先駆的な著作である羽鳥卓也『古典派資本蓄積論の研究』(未来社、1963年)および溝川喜一『古典派経済学と販路説』(ミネルヴァ書房、1966年)とともに参照されるべきである。
35)「セイは、生産的用益の中に土地・資本・労働によって与えられる諸用益を含めている。私のそれには、資本と労働としか含まれておらず、土地はまったく除外されている。この相違は、地代について私たちが採る見解の相違から生じている。私は、地代が部分的独占の結果であり、真に価格を規定するものではなく、むしろ価格の結果である、と考えている。」(Ⅰ〔3rd ed.〕, 283-4)

【表 a】 セイへの言及「書簡」一覧(『リカードウ全集』〔Ⅵ〜Ⅸ〕・数字は書簡番号)

1814年
Ⅵ　11/24ミル発　　　：セイのイギリス訪問伝え、会うことを勧める (68)
　　12/07プレイス発　　：「年配の率直な」セイの風貌伝える (69)
　　12/18マルサス宛　　：セイの著書には不十分な点があるが、蓄積の取り扱いは巧みだ (70)
　　12/24セイ宛　　　　：セイの「フランス通貨に関する計画案」に賛成のコメント (71)
　　12/19マルサス発　　：セイは生活必需品と他の商品を区別していない (72)
1815年
　　4/21マルサス宛　　：セイは会話での議論は苦手のようだ (93)
　　8/02セイ発　　　　：『経済学問答』第一巻送付予告・フランスの経済学の遅れ嘆く (106)
　　8/18セイ宛　　　　：『問答』受領読了・価値論と資本価値評価論には不同意表明 (107)
　　　　　　　　　　　　春に送った『利潤論』への意見求める
　　8/26セイ宛　　　　：弟(ラルフ)のセイ訪問希望伝える (108)
　　8/26マルサス発　　：『エディンバラ・レヴュー』でのセイの本への論評を奨める(不実行) (110)
　　8/30ミル宛　　　　：『問答』は、定義は修正されていないが「大変良いと思う」(114)
　　9/10マルサス宛　　：『問答』は「異論のある定義を緩和したが削除していない」(116)
　　9/10セイ発　　　　：『概論』第3版を準備中・前便 (107) への本格的反論 (117)
　　11/09ミル発　　　　：セイから手紙=『概論』第3版の貨幣章修正中の旨伝える (138)

1816年
Ⅶ　11/17 ミル宛　　　：「課税論」部分原稿送付／スミスとセイを読む予定だと伝える（188）
　　11/19 マカァロク発　：「減債基金＝罠」論ではリカードウよりセイに賛成と述べる（190）
　　12/02 ミル宛　　　：「論争的」部分でセイとビュキャナンに言及する可否を問う（193）
　　12/04 マカァロク宛　：国債の配当基準を小麦に求めるのはセイと同様の誤り（194）
　　12/16 ミル発　　　：セイの誤りは（丁寧な態度で）指摘すべし（195）
　　12/20 ミル宛　　　：「論争的」部分送付／これからセイの本を通読して追加すべき？（196）
1817年
　　1/03 マルサス宛　　：最近スミス、セイ、ビュキャナンに目を通し論評している（197）
　　1/24 マルサス宛　　：私は収入の資本への転化に関してはセイと同意見だ（199）
　　7/21 セイ発　　　　：『概論』第3版献本／マルサスへの「覚え書き」託される（221）
　　7/25 マルサス宛　　：セイに託された本のこと・パリでセイと2度夕食したこと（222）
　　8/23 トラワ宛　　　：『概論』第3版でセイが自分を賛美していること伝える（226）
　　9/04 マルサス宛　　：セイに託された本が税関から届いたこと伝える（228）
　　10/21 マルサス宛　 ：託されたセイ宛の『人口論』を読んだことを伝える（233）
　　12/10 トラワ宛　　 ：『ブリティッシュ・レヴュー』（以下『B』）に言及（239）
　　12/16 マルサス宛　 ：『B』に載ったセイと自分の批評を読んだか尋ねる（240）
　　12/08 セイ発　　　 ：投機（馬鈴薯粉）の勧誘（241）
　　12/18 セイ宛　　　 ：投機断る／ミルの新著の推薦／『B』のセイへの好意的書評（243）
　　12/27 ミル発　　　 ：『B』の書評は未見だがプレイスが怒っていたと伝える（245）
1818年
　　11/23 ミル宛　　　：『原理』第2版の変更／マカァロクの意見を容れてセイの金言を挿入（284）
　　11/24 マカァロク宛　：上記修正箇所についての意見を求める（285）
　　12/12 ミル宛　　　：仏版『原理』（コンスタンシオ訳、セイ注、1819刊、マリ経由）への懸念（292）
　　　　　　　　　　　　「セイは私に対してまったく友好的ではなかろうと思われます」
　　12/22 ミル宛　　　：セイの注への立腹／英訳し『原理』第2版の付録にしたい程だ（296）
　　　　　　　　　　　　「セイ氏は私が確立しようと望んだ学説を明確には理解していない」
　　12/24 ミル発　　　：セイの無理解への軽蔑／付録の必要なし（297）
　　12/28 ミル宛　　　：セイの「総収入と純収入論」批判／付録に載せるかはマリに一任（298）
　　　　　　　　　　　／「地代論」でのマルサスとセイの誤謬／テュルゴーとモンテスキューを
　　　　　　　　　　　　読んでいる
1819年
Ⅷ　1/03 マカァロク宛　：セイは自分の学説に賛成ではない／地代論の問題性（300）
　　1/03 マリ宛　　　　：セイの注を貸してくれたことに対するミルの感謝を伝える（301）
　　1/13 ミル宛　　　　：『原理』第2版校正中／セイの無地代論（Ch. 17）への皮肉（302）
　　1/14 ミル発　　　　：経済学の先頭に立っているのはリカードウでセイは一貫していない（303）
　　4/07 マカァロク宛　：上院でシスモンディに会いセイとも反対意見のようで読んでみたい（308）
　　9/06 ミル宛　　　　：シスモンディを読んでいるが、セイと同様地代論がわかっていない（321）
　　10/10 セイ発　　　 ：『概論』第4版謹呈通知／「注」を送付しなかった言い訳（347）
1820年
　　1/11 セイ発　　　　：『原理』第2版送付通知／価値論と地代論での相違指摘（352）
　　3/02 セイ発　　　　：リカードウの「労働の価値」論と地代論には異論がある（356）
　　7/27 ミル宛　　　　：「マルサス評注」作成／マルサスのセイとミルの蓄積論批判は論拠薄弱（374）

第 3 章　リカードウによるセイの評価　169

8/28 マルサス発	:	パリ滞在中にセイと会見／『マルサスへの手紙』(以下『手紙』)を書いたらしい (378)
9/04 マルサス宛	:	『手紙』卒読した／セイの商業停滞論と価値論には不同意 (379)
9/20 トラワ発	:	『手紙』でセイが過剰生産を否定していることは正しい (384)／セイの非物質的サーヴィス論は空想的／耐久財と摩滅財も区別すべき
9/26 トラワ宛	:	セイは正しくも穀物の供給は需要の後にくると把握している (387) また資本の適正な配分は個人的利害によって導かれると考えている
9/25 マルサス発	:	セイを批判して過剰商品の供給縮小というリカードウの主張に賛成(388)
9/29 トラワ発	:	個人的利害はしばしば自然的軌道を外れるから調整が必要だ (390)
10/03 トラワ宛	:	セイについて何を言ったか忘れたが悪い制度を変えるのは賛成 (391)
10/09 マルサス宛	:	『手紙』はあまり良くない／価値・価格概念の不十分／セルヴィス論は地代論次第／イギリスの課税について何も知らない(392)
8/10 セイ発 (10/14 入手)	:	『手紙』の送付通知／一冊をマルサスに届ける依頼 (393)
10/14 ミル宛	:	『手紙』入手伝える／第3版でセイに言及する必要を語る (394)
10/26 マルサス発	:	送付された『手紙』の中に私信の存否を尋ねる (395)
11/13 ミル発	:	セイから手紙で自分の政治論文を褒められたこと伝える (398)
11/23 マカァロク宛	:	セイが『手紙』を送ってきたこと伝える／価値論批判 (401)
11/24 マルサス宛	:	セイの「評注」を書いた（未発見）／価値・課税・国債論批判 (402)
11/26 トラワ宛	:	セイの『手紙』にも評注を加えたことを伝える (403)
11/28 マカァロク発	:	セイの第4版は販路の章のみ独創的、価値論・地代論で誤謬 (406)
12/04 マカァロク宛	:	『手紙』に添えられたセイの私信と『概論』第4版の修正→第20章書き変え (407)

1821 年

1/01 ミル宛	:	マルサスが来訪しリカードウ、ミル、セイとの意見の違いを強調して帰った (414)
1/22 マカァロク発	:	『手紙』と第20章を読んだが繰り返しがあるように思った (417)
1/25 マカァロク宛	:	セイに関する二つの考察は確かに重複している (418)
4/25 マカァロク宛	:	セイは経済学の現状知識で遅れている／『スコッツマン』書評は正当 (428)
5/08 セイ宛	:	『原理』第3版送付通知／価値論に要注意／生産的用益論に賛成／但し地代論はスミスとともに問題／『手紙』のマルサス擁護部分には反対／経済学クラブの創設伝える (430)

IX	7/19 セイ発	:	『原理』第3版入手／価値・効用論の反論 (446)
	8/28 ミル宛	:	セイの反論 (446) は不出来で全問題を放棄するもの (449)

1822 年

2/08 マカァロク宛	:	経済学クラブでセイの手紙を議論したこと伝える (483)
3/05 セイ宛	:	富と価値論への反論／生産的用益への一括には反対／経済学クラブの名誉会員に推挙 (488)
4/17 マカァロク宛	:	リカードウのスコットランド訪問を勧める（セイも来たスミスの地）(495)
5/01 セイ発	:	価値論反論／生産力増大に、生産的用益・その源泉の価値も比例 (496)
5/08 セイ発	:	デンマーク皇太子の経済学教育について秘書の紹介 (498)
10/10 ミル宛	:	ミラノで昔セイに教えられたポーランド人に出会ったこと伝える (508)
12/14 トラワ宛	:	7/12〜12/8 の大陸旅行／パリで数回セイに会ったが議論回避？ (512)
12/16 マルサス宛	:	パリでデステュット・ド・トラシに会った／L.セイもガルニエも理解していない (513)

【表ｂ】：『原理』におけるセイへの言及箇所一覧（*cf.* I, 438-9、XI, 91-2）

① 序文／pp. 5-7／XI／本文
　セイは『原理』においてスミスと並ぶ最重要な批判対象である
② 第2章／p. 69／XI／注
　セイの肯定的引用：大地は水や空気と違って占有によって代価が支払われる
③ 第2章／pp. 73-7／XI／注
　セイの土地生産物価格の"需給説"的説明批判と救貧事業批判への評価
④ 第8章／p. 155／XI／本文
　財産移転税を批判するセイの肯定的引用
⑤ 第12章／pp. 186-90／I・XI／本文（9パラグラフ）・注
　イギリスの地租を農業繁栄の原因とするセイにおける"地代論"の欠落批判
⑥ 第16章／p. 227／XI／注
　穀価上昇→全商品価格上昇という「一般的見解」へのセイの同化批判
⑦ 第16章／p. 235／XI／本文
　「最善の租税はその額が最小のものである」というセイの言葉の肯定的引用
⑧ 第16章／pp. 236-8／I・XI／本文（3パラグラフ）・注（2つ）
　セイの、租税による所得減少を需要減少（→生産減少）に直結させる論理の批判
⑨ 第16章／p. 242／I・XI／本文（章末）
　所得税・財産税賦課の動きを、セイの金言（⑦）の再引用に依って批判
⑩ 第17章／p. 244／I・XI／注
　租税は消費者だけでなく生産者によっても負担される、というセイの租税論批判
⑪ 第17章／p. 246／指摘欠落／注
　ムロンに対して、国債の不生産性を指摘したセイの肯定的引用
　（国債の「真の経費」は国債本体の額であるという一文への注）
⑫ 第17章／p. 249／I・XI／注（第3版）
　国債が資本を生産的にするかのように言うセイの批判
⑬ 第17章／pp. 254-6／XI／本文（章末5パラグラフ）
　セイの地代論もビュキャナンの麦芽税と同一の枠組みにあることを批判
⑭ 第19章／p. 264／XI／注（第3版）
　商業の利益は、セイが言うような価値増加にあるのでなくより有用な物の獲得にある
⑮ 第20章／p. 275／XI／注
　セイもまたスミスと同様、穀物を価値の標準尺度としてしまっている
⑯ 第20章／pp. 279-88／I・XI／本文（7パラグラフ）・注（2つ）
　セイの富と価値の混同についての詳細な批判（第3版で大幅書き変え）
⑰ 第21章／p. 290／XI／本文
　スミスの資本競争→利潤低下論を、セイの資本過剰否定論に依りつつ批判
⑱ 第21章／p. 291／指摘欠落／注
　だがセイは他方で、資本過剰による利子率下落を言ってしまってもいる
⑲ 第21章／pp. 299-300／I・XI／注
　セイは公債による高利子の弊害を説くが、利子率は利潤率に依存し逆ではない
⑳ 第22章／pp. 307-8／XI／注
　セイもスミスやホーナと同様に、穀価が全国産品価格を規定すると誤って考えている

㉑　第 22 章／p. 316／XI／注
　セイは、独占価格が国内競争によって一時的でしかないことを見ていない
㉒　第 22 章／pp. 318-9／I・XI／本文・注
　外国貿易と国内商業を区別するセイの商業論の矛盾を指摘する章末パラグラフ
㉓　第 25 章／p. 344／XI／本文
　セイは生産費を価格の基礎としながら、所々で需給関係による価格規定をおこなっている
㉔　第 26 章／p. 347／I・XI／注
　セイの「資本のもっとも生産的な使用方法」論はスミスの資本投下順位論と同意見である
㉕　第 26 章／p. 348／XI／注（第 3 版）
　賃金は生産の絶対的必要経費以上のものを含むから一部租税を（セイも言うように）支払いうる
㉖　第 26 章／p. 349／I・XI／注（第 3 版）
　セイは純所得が国力を左右するという私の議論を、多数の人間の幸福を無視すると曲解している
㉗　第 26 章／p. 349／I・XI／注
　セイは利潤動機だけでない社会にとって有利な資本移動について語るが、実例を挙げるべきだ
㉘　第 27 章／p. 352／XI／初版注（第 2 版で消去）
　セイは、金銀には一定の必要量があるから"通貨の過剰"が存在しうると語っている
㉙　第 27 章／p. 356／XI／初版注（第 2 版で消去）
　セイもビュキャナンと同様、通貨価値下落を紙券増発でなく通貨の品質悪化に見ている
㉚　第 27 章／p. 372／I・XI／初版注（第 2 版で消去）
　セイの鋳造利潤を含む鋳造手数料の提案は通貨価値を不必要に変動させるだけだ
㉛　第 29 章／pp. 379-81／XI／本文（3 パラグラフ）
　製造工程の初期に課される租税の価格への複利算入が消費者を不利にすると言うセイへの反対論
㉜　第 30 章／p. 383／XI／本文（2 パラグラフ）・注
　セイの"需給説"と"生産費説"の混在批判
㉝　第 32 章／p. 413／I・XI／注（第 2・3 版）
　仏版『原理』のセイの「注」は無地代資本の非存在を証明していない
㉞　第 32 章／p. 421／I・XI／注（第 3 版）
　セイの生産物価値・生産的用益価値・生産費の価値は同一だから「純生産物」概念が不在

第4章

資本蓄積論
―第 21 章の研究―

第 1 節　は じ め に

　リカードウは、『経済学および課税の原理』の第 21 章で"資本蓄積論"を展開している。「蓄積の利潤と利子への効果 *Effects of Accumulation on Profits and Interest*」と題された同章は、第 19 章の"資本移動論"および第 20 章の"価値と富の区別論"に続いて、『原理』「論争的諸章」の冒頭部分を構成している。

　第 21 章のテーマは、ひとことで言えば、利潤と利子に及ぼす資本蓄積の作用に関するスミスおよびセイの所説への批判、ということになるだろう。すなわち、資本蓄積による資本の増大は諸資本間の競争を激化させ利潤率の低落をひき起こすと述べたスミスに対して、リカードウは、利潤を永続的に低落させるのは"資本蓄積一般"ではなくて"穀価を上昇させる特殊な資本蓄積"である、と主張したのである。また利子については、スミスやセイが利子率を低下傾向の枠内でとらえていたのに対して、リカードウは、利子率は利潤率によって規定され、しかもまたある程度自由な変動幅を有してもいることを強調したのであった。

　本章はこのような第 21 章を対象とするが、検討に先だってあらかじめ次のことに注意を促しておきたい。それは、『原理』中の「論争的諸章」部分を読むに際しては、先行する「経済学の原理」部分および「課税論諸章」部分をどう承け継ぐかが固有の問題になってくる、ということである。一般に「論争」は

先行する「理論」を規準にして整序されるが、「理論」とは実は「論争」を通して彫琢されてきたものにほかならず、したがって「論争」は「理論」に昇華されることのなかったおびただしい論理の水脈をも洗い出すことによって、「理論」そのものの存在理由を闡明するという側面もまた有している。それゆえ「論争的諸章」の解読にあたっては、単に「理論」を前提にするだけでなく、前提された「理論」そのものを「論争」を通して問い直すという、言わば往復的な"読み"が可能になり要求されもするわけである。

このようなことをわざわざ言うのは、第21章が"資本蓄積論"という『原理』全体に関わるテーマを扱っており、他章と緊密に関連する章だからである。一例を挙げよう。第21章はいきなり冒頭から、以下のような先行諸章の参照を求める一文でもって書き始められている。

> これまで与えられてきた資本の利潤についての説明から、以下のことは明らかだろう。もし賃金上昇の永続的原因がなければ、どのような資本の蓄積も永続的には利潤を低落させはしないだろう。(I, 289)

この冒頭句が第6章「利潤について」を指示していることは、ほとんど明白であろう。上の引用文(「もし賃金上昇の永続的原因がなければ、どのような資本の蓄積も永続的には利潤を低落させはしないだろう」)は、第6章で展開されたいわゆる"賃金・利潤相反論"、すなわち「原生産物価格の騰貴がもし賃金の騰貴を伴うならば、農業利潤は製造業利潤と同様に低落させられる」(I, 115)と符合するし、また逆に第6章の冒頭文「利潤率の永続的変動と、その結果としての利子率の永続的変更の原因が何であるかを考察することが、私たちには残されている」(I, 110)は、そのまま第21章の表題(「蓄積の利潤と利子への効果」)にピッタリ重なるからである。明らかに第21章は、第6章の"賃金・利潤相反論"を承け継ぎ、これを展開させようとしている。

だが、それはどのような意味においてだろうか。ここで少々先走りの感はあるが、第21章全体を鳥瞰してみることにしよう。第21章でリカードウは、資本蓄積による資本増大が利潤を低落させるというスミスの"資本過剰論"に対

して、利潤が低落するのは必需品生産の困難が増大し賃金が上昇するからであり、必需品生産の困難は耕作の劣等地への進展によって生じ、劣等地への耕作の進展は穀物輸入の制限によって穀物の国内自給が必然化されるためであり、だから逆に、もし穀物輸入が自由であれば、穀価上昇による賃金上昇も利潤の低落も生じないことになり、とするとスミスが"資本過剰論"に傾斜したのは、スミスの"資本蓄積論"が穀物輸入制限という特異な制度的前提に立っていたからにほかならない、という議論を展開している。つまり第21章は、第6章で定式化された"賃金・利潤相反論"の中に"地代論"や"外国貿易論"を組み込みつつ、"制度転換論"や"制度選択論"を内包した"資本蓄積論"として展開されているのである。

　いま、この高みに立って第6章を振り返ってみると、私たちは、この論点が第6章の"賃金・利潤相反論"に実はすでに包含されていたことに気づかされる。第6章の最後のパラグラフでリカードウは、それまでの議論を総括して、「利潤は地代を生じない土地または資本を用いて労働者のための必需品を供給するのに必要な労働量に依存する」、という「結論」を導き出している[1]。利潤は必需品を供給する困難に左右されるという議論はすでに馴染みのものだが、ここで注目されるのは、「必需品を供給する」という言葉に「地代を生じない土地または資本を用いて」という限定句が添えられていることである。

　この限定句は、"賃金・利潤相反論"が単に賃金と利潤に関わるだけでなく、地代にも関連する命題であることを暗示している。確かに、必需品供給の困難の増大によって賃金が上昇し利潤が低落するとき、そのとき同時に地代もまた増加している。必需品供給の困難の増大は、最劣等地が従来よりも劣等な土地にシフトするために生じるのであり、このとき諸優等地の差額地代も増加するからである。利潤は資本蓄積が最劣等地をどのレベルの土地に設定しどれほどの地代をもたらすかによって左右されるのである。ということは、反対にもし最劣等地がより優等な土地にシフトするならば、必需品供給の困難は減少し賃金は低下し利潤は上昇し地代は減少する、という逆の連関が浮上してくることにもなるわけである。

　だからリカードウは、上の「結論」にすぐ続けて次のように述べたのである。

すなわち、たとえ土地が広大でも、豊度が低く穀物輸入が制限されているならば資本蓄積は緩慢になり、逆に、たとえ土地が狭くても、豊度が高く穀物輸入が自由であるならば資本蓄積が進展するだろう、と[2]。資本蓄積のテンポは、土地の豊度と食物輸入の自由によって、そして一国の土地豊度が所与であるとすれば、食物輸入が認められるか認められないかに左右される、とリカードウは述べるのである。こうして外国貿易の自由か制限かという制度上の選択が、資本蓄積にとって決定的に重要な促進要因として浮かび上がってくることになる。リカードウの"賃金・利潤相反論"は、このように"地代論"を介して"外国貿易論"を内包し"制度転換論"へと連接していく論脈をすでに第6章において語り出していたのである。第21章は、まさにこのような第6章の"賃金・利潤相反論"を継承するのである。

同様の"読み"が、他の諸章についてもおこなわれる必要があるだろう。第7章が、その"外国貿易論"はもちろんのこととして、同章後半の"為替相場論"が、第21章後半の"利子論"との関連で注目される。また第19章と第20章が、第21章へと連なる通底する論理の発掘という点で、あらためてそれに内在することが要請されるだろう。以下、これら先行諸章との関連をも視野に置きながら第21章を考察していこう。

第2節　資本蓄積論の展開

1）スミス資本過剰論の批判

第21章の冒頭句が第6章を指示しており、その継承に際しては"賃金・利潤相反論"を最大限膨らませて読み取る必要があることについては、すでに述べた。そのことの理論的含蓄については次節で検討することにして、ここではひとまず同章の概観を得ることに努めよう。まず冒頭文を引用しておこう。

これまで与えられてきた資本の利潤についての説明から、以下のことは明らかだろう。もし賃金上昇の永続的原因がなければ、どのような資本の蓄積も永続的には利潤を低落させはしないだろう。もし労働の維持のための

ファンドが2倍、3倍、あるいは4倍になるにしても、このファンドによって雇用されるべき必要な人手の数を獲得するに際しての困難は長くは続かないだろうが、しかしその国の食物を不断に付加することの増大する困難のために、同一価値のファンドは多分同一量の労働を維持しないだろう。もし労働者の必需品が同一の容易さで不断に増大されうるのならば、たとえどれほどの資本額が蓄積されようとも、利潤率あるいは賃金率には何らの永続的な変更もありえないだろう。（Ⅰ, 289）

　この少々わかりにくい一節の論旨は、以下のようにまとめることができるだろう。①利潤の永続的低落は賃金の永続的上昇のみを原因とする。②労働維持ファンドの単なる増加による賃金上昇は利潤低落の永続的原因とはならない。③賃金を永続的に上昇させる必需品（穀物）の追加的生産における困難の逓増こそが利潤率を永続的に低落させる原因である。要するにリカードウは、穀物の収穫逓減による賃金上昇が利潤の低落を生じさせるという、いわゆる"賃金・利潤相反論"の確認から第21章を始めているのである。

　この議論は、ただちにスミスの"資本過剰論"批判に結びつけられている。リカードウは、スミスが利潤の低落原因を資本蓄積に直結させてしまい、食物生産の困難の増大に言及しないことを非難する[3]。確かにスミスにも賃金上昇への言及はあるが、しかしそれは、上述した②に照応するものでしかない。リカードウは『国富論』第一篇第九章の一文を引用しながら、「競争がすべての事業に同一の影響をもたらす」と述べるスミスの「斉一的 uniformly」な"資本蓄積論"を批判するのである[4]。そもそも、もし資本の増大が利潤を低落させると言うのであれば、資本蓄積は資本の抑制要因だということになり、それは、資本蓄積による富の増大というスミス『国富論』の基本的主張に反することにはならないのだろうか。スミスの"資本増大→利潤低落論"はとうてい採りえない議論なのである[5]。

　ではどうして、資本蓄積による資本増大は資本過剰をひき起こさないと言い切れるのであろうか。リカードウはここで、供給される商品はそれに見合う需要を見いだすというセイの命題を想起しつつ、次のように語っている。

スミスは、資本が増大されると同時に資本によって遂行されるべき仕事も同一比率で増大される、ということが分かっていないように見える。しかしながらセイ氏が満足いくように示したように、需要は生産によって制限されているだけだから、一国において使用されえない資本額は存在しないのである。（I, 289-90）

資本の増大は資本を過剰にはしない。商品供給はそれに応じる商品需要を必ず伴うからである。なぜならば、「誰も消費するためか販売するためかでなければ生産しない」はずであり、「生産することによって、彼は必然的に彼自身の消費者かあるいは他の人の財貨の購買者または消費者になる」からである。もちろん、個々の投資家の判断ミスによる一時的な供給過剰は生じうる。しかし、「彼がもっとも有利に生産できる商品について、多少とも長い期間にわたって間違った情報を与えられているとは考えられない」から、「彼が需要のない商品をひき続き生産することはありえない」。したがって、「一国で生産的に使用されえないほどの額の資本が蓄積されることはありえない」のである（I, 290）[6]。

同様のことは、次のように別の面からも言うことができるだろう。増大した資本は、個人的に支出されるか生産的に支出されるかのどちらかである。そして、生産的に支出される追加資本は、貸し付けられるか投資家自らによって支出されるだろう。だが、貸し付けられるか自ら生産するかにかかわらず、投資家の追加資本は「新しい労働者を仕事に就かせる食物・衣服・原材料」に対する「有効需要 effectual demand」になるし、また個人的消費に向けられる追加資本も「建物、家具、あるいはそのような享楽品」に対する「有効需要」になるのであり、つまり支出形態の相違は生産物に対する需要の縮減にはつながらないのである（I, 290-1）[7]。このようにリカードウは、販売と購買に関してだけでなく生産と消費に関しても、資本の増大は資本の過剰にはならない、と主張したのである[8]。

生産は生産によって、あるいは用益 services によって常に買われるのであり、貨幣は交換を作動させる媒介物 medium にすぎないのである。(I, 291-2)

「供給過剰 glut」は個々の商品についてはともかく全商品については起こりえず、したがって資本は過剰になりえないという上に見た主張は、人間の欲求は無限界であるという議論によって支えられている。確かに胃の腑には限度があるから必需品に対する需要には限界があると言わねばならないだろう。食べきれない穀物は過剰になる。だが、ワイン・家具・庭園・住宅への需要は享受能力とともにほとんど無限に拡大していくものである。心の欲求を満たす奢侈品への需要には限度がなく、「必要なものは資力 means だけ」ということになる。そして、「生産の増大以外には資力を与えるものは何もない」のであり、だから「もし私が自由になる食物と必需品をもっているならば、私にとってもっとも有用なあるいは望ましいいくらかの物を所持させる労働者に、長い間不足することはありえない」ということになるだろう (I, 292)。

問題は、資本が必需品生産に偏り、需要を超える穀物が供給されるばあいである。このばあい、資本の増大は「供給過剰」を発生させるだろう。例えば節約によって奢侈品の消費が差し控えられ、穀物の供給超過によって「労働維持のためのファンドが人口よりも急速に増加する」ならば、「賃金は高く、利潤は低く」なり、追加された必需品に対する需要もなく、「より多くの資本の使用に対する利潤もない」ことになるから、「普遍的供給過剰」が生じるだろう[9]。だが穀物生産の困難にもとづかないこのような賃金上昇は、「ある制限された期間」だけの一時的なものであり、「供給過剰」は急速に解消されていくだろう。また、そもそも、「例えばイギリスのような国で、その国の資本と労働のすべてを必需品の生産にだけ捧げる気風が存在すると想定するのは困難」だろうから、このような「食物の低価格の下での資本の蓄積が利潤の低落を伴うばあい」は「一般的原理を損なうことにはならない」、と考えるべきだろう。こうしてリカードウは、利潤率の永続的低落は穀物価格上昇の下でのみ生じる、という「一般的原理」を再確認するのである (I, 292-3)。

これらの増大する生産とそれがひき起こすそれに続く需要が利潤を低落させるかさせないかは、賃金の騰貴にのみ依存する。そして賃金の騰貴は、ある制限された期間を除けば、労働者の食物や必需品を生産する容易さに依存する。私は、ある制限された期間を除けばと言ったが、それは、労働者の供給が常に究極的には彼らを支持する手段に比例しているという論点ほどよく確立されている論点はないからである。(I, 292)

そしてリカードウは、さらに外国貿易を導入してくる。外国貿易を想定するならば、穀物のばあいでさえも「供給過剰」は発現しなくなるだろう。過剰な穀物は輸出されうるし、穀物生産が穀物輸入との比較選択の上でおこなわれれば、そもそも一国内ですべての穀物供給を賄う必要もなくなり、穀物生産につきまとう不確実性が穀物の需給バランスを直撃することもなくなるからである。スミスには、実はこの論点が欠落している。確かに奢侈品需要の無限界性と必需品需要の限界性については、例えば『国富論』第一篇第十一章でも指摘されている[10]。だがスミスは、外国貿易を「剰余」の相互交換としてもっぱら補助的にのみとらえ、国内資本配置を「必然に関わるもの」として固定化してしまうために、外国貿易が有するこの弾力的調整の可能性を閉ざしてしまっている[11]。リカードウは、『国富論』第二篇第五章のイギリスのタバコ輸入についての議論 (WN, 372-3) を引用し、しかしそれが、第四篇第二章 (WN, 457) および第一篇第十一章 (WN, 180-2) で示された社会的分業の普遍的進展による富裕の達成というスミスの「一般的学説」に反するものであることを、長文引用によって示している (I, 294-6)。

要するに、スミスが述べたような資本増大による利潤の低落は一般的には生じない、と考えるべきなのである。それは、例えば穀物輸入が制限されて穀物の国内自給が必至となり、収穫逓減による穀物生産の増大が穀価を上昇させ賃金を騰貴させることによって利潤が低落するというように、資本蓄積が特定方向に枠づけられるばあいに生じるのである。第21章の前半部分を、リカードウは次の一節で総括的に結んでいる。

それゆえ、これらを承認することから、以下のことが言える。需要には制限がない。資本が何らかの利潤を生むかぎり、資本の使用には制限がない。資本がどれほど豊富になろうとも、賃金の騰貴以外には利潤の下落にとっての妥当な理由はない。そしてさらに、賃金の騰貴のための唯一妥当で永続的な原因は、増大する労働者の数にとっての食物および必需品を提供することの困難の増大である、ということが付け加えられよう。(I, 296)

2）スミス利子論の批判

利潤の低落原因についての以上の考察に続いて、リカードウはさらに資本蓄積の利子への作用について言及している。第21章の表題が「蓄積の利潤と利子への効果」であったことを想起しよう。

まずリカードウは、『国富論』第一篇第九章「資本の利潤について」で、「資本の利潤率を決定するのは極端に困難である」と言いつつも、スミスが利子を通して利潤を推定していることに検討を加えている。すなわちスミスは、利潤は変動が激しく一特定部面の平均率を明示することさえ困難で、ましてや産業全般や過去に遡って正確に確定することなどほとんど不可能に近いが、しかし、「貨幣の使用に対して多くが形成されうる時には貨幣の使用に対して多くが与えられる」ということは誰が見ても経験的に確かであり、そこで、「利子の推移の歴史は利潤の推移の歴史を私たちに与える」と推論している[12]。これについてリカードウは、「もしかなりの長期間にわたって市場利子率が正確に知られうるならば、明らかに私たちは、利潤率の進展を評価するかなり正確な規準をもつはずである」と述べ、条件をつけた上でひとまずの支持をスミスに与えている。

問題は、市場利子率をどのようにして知るか、である。市場利子率そのものもまた取り留めなく変動しているからである。スミスはこれを、法定利子率を手がかりにして推定しようとした。すなわち、16世紀以来の過去の法定利子率の記録を下にして、スミスはそれが低下傾向にあったことを確認し、したがって市場利子率も低下傾向にあると推論し、だから利潤も低下してきた、と結論

づけたのである[13]。

　市場利子率についてのこのようなスミスの推論にリカードウは同意しない。リカードウは言う。国家は法定利子率を制定し、「重く破滅的な刑罰」によって「公正で自由な市場利子率」が「法によって固定された率」以上にならないように妨害してきたが、「多分すべての国々でこれらの法律はくぐり抜けられている」、というのが真相だろう。市場利子率は法定利子率の一元的規制に服することなどなく、むしろそれからの逸脱・乖離こそ常態であった、とみなすべきではないか[14]。ところが、「記録は私たちにこの点について何の情報も与えてくれない」のであり、私たちが知ることができるのは法定利子率だけなのである。とするとスミスが、もっぱら法定利子率だけを資料として、法定利子率が低下してきたから市場利子率も低下傾向にあると主張することには、無理があると言わなければならないのではないか[15]。スミスは、「法定利子率は市場利子率に追随したのであって先行したのではない」と考えてはいるようだが、拡散した市場利子率という現実を見ないことによって、反対に、法定利子率による市場利子率の規制と利子率を通しての利潤率の推定を説いてしまっているのではないか。市場利子率の拡散化傾向そのものに立ち留まることこそが重要なのである。

　　利子率は、究極的かつ永続的に利潤率によって支配されるとはいえ、しかしながら他の諸原因からの一時的変動をこうむる。貨幣の量と価値のあらゆる動揺とともに、諸商品の価格は当然変わる。諸商品の価格はまた、すでに示してきたように、たとえ生産の難易により大きな変更がなくても、需要に対する供給の比率の変更によって変わる。（Ⅰ, 297）

　利子率は究極的には利潤率によって規定されることは認めるにしても、生産の難易の変化とは異なる原因によっても独自に変動する、と考えるべきなのである。例えば、製造業者が、価格が下落する時に製品販売を差し控え、支払いを「信用で借り入れようと努める」ために「一時的な期間 temporary duration」利子率が上昇することが生じうるだろう。また、銀鉱山の発見や銀行券の濫発

による貨幣量増大も、利子率に何らかの影響を「生み出す」だろう。確かに、このような貨幣の需給関係による変動があったとしても、いずれ「貨幣と利子はその真の価値に戻る」に違いない。だがその時利子率に拡散が生じたこともまた確かなのである。「一時的変動 temporary variations」にすぎぬとはいえ、そこに「ある間隔 an interval」が存在することに、リカードウは特に注意を向けるのである。

> もし、新鉱山の発見・銀行の濫用・あるいは何か他の原因によって貨幣量が大きく増大すれば、その究極の効果は、増大する貨幣量に比例して諸商品の価格を引き上げることである。しかしそこには多分、利子率にいくらかの影響が生み出されるようなある間隔が常にあるだろう。（I, 298）

「長期公債 funded property」の価格もまた、利子率を判定する「不動の規準 steady criterion」とはなりえないだろう。戦時には政府起債の頻発や政治的な思惑によって「その公正な水準に落ち着く暇がない」し、また平時には安全性への過大な評価が「債券価格をつり上げる」ので、何が正規の価格であるかの特定が困難だからである。そもそも「有価証券 securities」の価格は「安全性」への信頼度によって動くものである。だから同じく政府証券であっても、例えば「安全で売れ行きのよい」大蔵省証券は、銀行家からの需要を確保できるから他の公債に比べて市場価格が高く利回りが低いということが生じてくる[16]。確かにこのかぎりでは、公債価格は利子率の「規準」になっている。だが、例えば増発によって証券価格が「減価される depreciated」ならば利回りが上昇するように、やはり「不動の規準」と言うわけにはいかないだろう。さらに、例えば公債借換えを考えてみれば、借換えに際して政府は額面価格しか支払わないのだから、借換えリスクの小さな低利子率の債券価格は高くなる、という因果が生じてくる[17]。このばあいには、むしろ利子率の方が「安全性」の「規準」となって公債価格を尺度している、と言うべきだろう。市場利子率の測定は、公債価格によっても簡単にはおこなわれえないのである[18]。

最後にリカードウは、年4回、国債利子支払いのために巨額の貨幣が流通市

場から回収され、このことによる一時的な貨幣需要の発生によって利子率が上昇する事象についても記述している。この貨幣需要は「諸価格にはほとんど影響しない」とはいえ「大きな利子率の支払いによって一般的に乗り越えられている」とリカードウは言うが、その際の叙述の力点が、「乗り越えられている」という点にではなく、一時的にせよ「大きな利子率の支払い」がおこなわれるという点にあることは、注意しておきたい。リカードウはここでも、単なる貨幣量の増大による貨幣市場の攪乱と利子率の変動に注意を向けているのである。

　第21章末尾に注を付けて、リカードウはセイの"公債論"の一節を引用し批判している。セイは、公債が生産的資本を縮小させるだけでなく、一国の利子を騰貴させ、生産物価格の騰貴と需要の縮減によって、資本家以外の社会諸階級に害を与える、と言っている。すでにリカードウは、『原理』の先行する諸章で、公債や租税を資本蓄積に直結してそれらが生産的資本を縮小させる、というセイの見解には異を唱えていた[19]。第21章のリカードウはこの点については触れず、ただセイが、「あまり信用のない借り手が7％ないし8％を与えようとする時に、誰が年5％で農業者や製造業者や商人に貨幣を貸そうとするだろうか？」と述べたのに対して、貸手がリスクの大きな借手から高い利子を取ろうとするのは当然だから、「慎重で理性的なすべての人はそうするだろう」、と切り返している（I, 299-300)[20]。そして、つり上げられた利子による利潤の圧迫は消費者に転嫁されるとするセイの議論に対しても、以下のように「利子率は利潤率の結果であって原因ではない」と短く述べて、注を結んでいる。この批判が、市場利子率によって利潤率の傾向を推定したスミスにも向けられていることは言うまでもない。

　　セイ氏は、利子率が利潤率に依存することを認めている。だがそれだからといって、利潤率が利子率に依存するということにはならない。一方は原因、他方は結果であり、どのような事情もそれらの位置を変えることは不可能である。（I, 300）

第 3 節　小　　　括

　以上、第21章を概観してきたが、最後に同章の中で読み取ることができるいくつかの理論的な問題を検討しておきたい。

　第一に、リカードウの"資本蓄積論"は"投資構造論"あるいは"資本配置論"として展開されており、"外国貿易論"と結びつくことによって"制度転換論"を内包しているという、すでに述べた第21章の主旨を再確認しておこう。リカードウは第21章のスミス"資本過剰論"批判において、スミスが資本蓄積は資本の競争を激化させ利潤を低落させると述べたのに対して、「賃金上昇の永続的原因」がなければ利潤の永続的低落はありえず、「労働者の必需品」（穀物）の生産の困難の増大こそが利潤低落の永続的原因である、と述べた。つまりスミスのように資本の増大一般ではなくて、資本蓄積による農業部面への資本投下の特殊な増進こそが利潤低落の真の原因である、と主張したのである。一国の投資構造の農業部面への偏倚を問題視する点で、明らかにリカードウは"資本過剰論"を"資本配置論"として展開している。

　そのことの意味は、第21章を第19章および第20章と重ね合わせて読むことによってより鮮明になってくるだろう。第19章でリカードウは、戦時の投資構造と平時の投資構造を対比し、そうして、戦時では穀物の輸入制限によって劣等地耕作を余儀なくされていたが、平時の自由貿易下でこのような投資構造は組み替えられてより大きな富をもたらすようになる、と述べる。また第20章では、「社会状態 state of society」という概念を提出し、機械の発明・熟練の向上・分業の改善・新市場の発見という「社会状態」の相違によって、たとえ「労働」の量が同じであっても異なる量の「富」が産出されうることを指摘する。そして、供給サイド（機械・熟練・分業）と需要サイド（市場）の両面におけるこの変動関係の中で、一国はより大きな国富をもたらすべく投資構造の不断の再編成を要求されるが、しかしそのばあい、例えばもし穀物輸入制限等によって資本の自由な移動が制限されるならば、資本の最適配置は妨げられ富の増大も抑制される、と論じられる。より大きな「富」をもたらす投資構

造への再編成と、それを妨げる社会的諸制度（「社会状態」）との緊張関係の中で、リカードウは"資本蓄積論"を展開しているのである（この点については、本編第1章および第2章を参照されたい）。

　第21章ではこれを受けて、スミスの"資本過剰論"が批判される。批判の眼目は、スミス"資本蓄積論"における"外国貿易論"の欠落である。リカードウは、セイの"販路説"を奢侈品需要の無限界性と外国貿易の調整作用で補強して、資本過剰が回避されうることについて論じている。スミスのばあいには、奢侈品需要の無限界性は指摘されるが外国貿易は言及されることがない。スミスは、外国貿易を余剰生産物の相互交換と考えており、そのため必需品の国内自給が必至となり、供給過剰が輸出入によって弾力的に調整されえなくなるから"資本過剰論"が主張されてしまうのだ、とリカードウは見ている。外国貿易の制限は、もちろん「地代」の増加と結びついている。例えば穀物輸入が制限されれば、資本蓄積の進展は耕作を劣等地に拡張し、穀価を上昇させ地代を増加させるだろう。スミスにおける外国貿易の限定的把握は、地代増が先取り的に組み込まれた特殊な"資本蓄積論"をもたらすのである。もし穀物輸入が自由であれば、投資構造の転換によって供給過剰も回避され、スミスのような"資本過剰論"を帰結することもないだろう。"外国貿易論"と"地代論"は、表裏一体となって"制度転換論"を遠望させるのである。『原理』第21章では「地代」という言葉が一度も使われていないが、第19章および第20章を踏まえて、大略以上のような論脈を探り当てることができるのではないか。

　第二に、リカードウの"資本蓄積論"は"制度転換論"を内在させているのだが、転換を媒介する投資行動を通して、スミスとリカードウの「資本」概念の相違が立ち現れてくる、ということについてである。

　ひとたび成立した投資構造は存続しがちである。例えば、穀物の輸入制限下での資本蓄積は農業資本の比重を高め、偏倚した資本配置は富を逓減させ地代を増加させるが、この軌道を変更する必然性は、既存の資本蓄積構造それ自体にはない。蓄積された資本はひき続き農業部面に追加投資され、収穫逓減による劣等地耕作のさらなる進展は地代を増大させていくに違いない。では、どうしたら穀物輸入の制限を撤廃し、より大きな富生産を可能にする投資構造へと

転換させていくことができるのだろうか。

　この問題を考える上で、資本移動を妨げる固定資本の存在に着目した第19章の議論が手がかりを与えてくれる。リカードウはそこで、土地資本の埋没費用への配慮から農業資本が撤退できず、戦時から平時への投資構造の転換がなかなか進まない状況について論じていた。平時の到来とともに穀物価格がすでに低下し、劣等地では地代はおろか生産費への割り込みさえ生じているにもかかわらず、農業資本が移動しないのである。しかしリカードウは、実はこの状況において、低下した穀物価格によって地代・賃金・利潤への「生産物の分割」割合が変化し、利潤の増加と地代の減少による「生産の分割」の変更が「労働維持のためのファンド」を増加させ、将来の「富」増大が潜勢的に形成されるという利益がある、と述べている[21]。そして、それと並行してリカードウは、資本撤退がおこなわれるかどうかは、廃棄される土地資本価値と新たな投資部面での利益予測との「計算の問題」だと言っている[22]。このようにリカードウは、投資構造の転換は、「穀物価格」の関数であり、2つの「社会状態」の「穀物価格」を比較対照する資本家の主体的な「計算」によって媒介される、と考えているのである。

　形式論的に言えば、投資構造の転換には固有の"困難"がつきまとっている。投資構造の転換は資本の移動によって実現するが、資本が移動するためには価格体系が変化していなければならず、価格体系の変化のためには投資構造の転換が前提されなければならないからである。この堂々めぐりは、上述した新旧2つの価格を「計算」する資本家の投資行動によって、次のようにして乗り越えられる。すなわち、戦時から平時への転換期におけるおびただしい利潤獲得機会の出現は活発な投資行動を誘発し、簇生（そうせい）する新規の投資活動は自ずと高生産性部面に向かうだろうから、投資構造に占める農業部面の相対的比重が低下していき、こうして生じる投資構造の事実上の組み替えによって新たな価格体系が成立し、その下で農業部面から他部面への実際の資本移動が促迫され、こうして平時の投資構造が生成してくる、というようにである。2つの価格体系を内面化した資本家の新規投資が、このようにして投資構造の転換を現実化させるのである。では、新規投資はどこから来るのだろうか。この問題は、リカー

ドウの「資本」把握に関連している。

スミスとリカードウの「資本」の定義には微妙な相違が確認できる。スミスは、「資本」は「勤労」でなく「節約」によって増加され、「勤労」によって獲得された「富」が「節約」によって「貯蓄」「貯蔵」されなければ「資本」は決して増加されえない、と述べた (WN, 337)。この定義をリカードウは第20章で、「資本は将来の生産のために使用される一国の富の一部であり、富と同じ方法で増加されうるものである」(I, 279)、と言い換えている。「資本」はもちろん「富」の結果だが、「富」もまた「資本」の結果であり、だから「富」は「労働」だけでなく「資本」という要因によっても増大させられる、と言うのである (I, 278)。同様に第5章でもリカードウは、「資本」が「労働」との弾力的な相関関係の中で「富」を再生産することについて語っている[23]。リカードウにおいて「資本」は、単に過去に生産された"物"としてだけでなく、「将来の生産」に向けて「労働」を動員する"社会的支配力"としての意味も付与されているのである。このような「富」との相互増殖的な関連性において把握された柔軟な「資本」概念の下でこそ、先に見た新規投資の湧出も想定されるのであろう[24]。

翻ってスミスの「資本」把握を見れば、リカードウに較べてその固定性は否定しがたい。おそらくそれは、スミス"資本蓄積論"における"外国貿易論"の封じ込めという先に述べた論点と結びついている。スミスのばあい、「富」を増大させるべく「節約」された「資本」は、自ずと穀物生産へと向かわざるをえない。穀物の国内自給へと方向づけられた制度的枠組みの中では、より多くの労働を支配・動員するためにはより多くの穀物が必要だからである。こうしてスミスにおいては、制度的前提が不問に付される限り、「穀物」の増大が「富」の増大と同等視され正当化されることになる[25]。新規投資の湧出も含んだ柔軟なリカードウの「資本」概念は、スミスが封印した制度選択の可能性を「資本」に取り戻し内面化したことの表れなのである。

第三に、リカードウ"利子論"をスミスおよびセイと較べたばあいに指摘できる特徴点と、利子率"分散化"の記述の意味について考えてみたい。

第2節2）で見たように、リカードウは、利子率の予測を許さない多様性が

その変動幅を絶えず拡張することに強い関心を向けていた。そこには、もちろん当時の拡大する貨幣市場という実情があっただろう[26]。一般的には、貨幣市場の活発化は利子率の上昇・分散に結びつくと考えられるから、戦時から平時の投資の激増とそれに伴う貨幣流通の増大が、リカードウに上昇的で分散的な利子率を記述させたことは大いに想像されうる。とはいえ、利子率が上昇傾向にあることについて、リカードウは明確には言及していない[27]。

　もちろん、その時代の市場利子率が上昇傾向にあるか下降傾向にあるかを判定することは、本質的に困難な事柄と言うべきである。とはいえ、例えば『国富論』第一篇第九章でスミスが語ったように、利潤と利子の間には一定の比率関係があり、利潤に対する利子の割合は利潤率が低ければ低く高ければ高くなる、という関連はやはり存在するのではないか[28]。そうだとすれば、戦時から平時への転換期における利潤獲得機会の増大という当時の時代的背景から、利潤率の上昇による市場利子率の上昇を推測しても構わないのではないだろうか。少なくともリカードウが、スミスが考えたように、過去200年間にわたる法定利子率が低下傾向にあったから市場利子率も低下傾向にあり利潤率も低下傾向にある、とは考えず、「法定利子率は市場利子率に追随する」（Ⅰ, 297）あるいは「利子率は利潤率に依存する」（Ⅰ, 300）ことを強調して、スミスの【法定利子率→市場利子率→利潤率】という推論順序の転倒性を批判したとき、そこにリカードウにおける利子率の上昇傾向での把握を読み取ることは可能ではないだろうか[29]。

　では、リカードウが利子率を上昇傾向で把握していたとして、そのことと利子率分散化の記述とはどう関連するのだろうか。注目したいのは、リカードウが利子率の分散化を、市場利子率の上昇から直接にではなく、その法定利子率との絡みの中から導出していることである。そのことは、法定利子率は市場利子率を後追いし常にそれをより下方に押し下げようとするものだ、という事柄に関連している。すなわち、こうである。市場利子率が低下傾向にあるばあい、法定利子率と市場利子率は同一方向（下方）に作動するから、市場利子率と法定利子率は収斂傾向を示すことになるだろう。これと反対に、市場利子率が上昇傾向にあるばあい、法定利子率と市場利子率の作動方向は反対になるから、

高まる軋轢と齟齬の中で市場利子率の攪乱と分散化の発生が予想される[30]。利子率の分散化を、リカードウは法的諸規制とのこのような関連性の中で考えていたと思われる。そして反対に、スミスが市場利子率を貫く平均的で中心的な何か自然利子率のようなものを想定しえたのは、その市場利子率低下の想定と無関係ではない、とも考えられるだろう[31]。

法的諸規制によって攪乱されるのは利子率だけではない。リカードウは『原理』第7章では「為替相場 exchange」をとり上げ、貨幣流通が妨げられることによる為替の変動には「制限がない」と述べている[32]。また第27章では銀行券の過剰発行について、紙券発行による通貨の「減価」は発行規制によってのみ解決できる、と主張している。法定利子率、貨幣流出規制、紙券の過剰発行のような法的・制度的な介入による貨幣市場の攪乱に、リカードウは独自の注目を寄せていた。しかもそこで生じる貨幣価値の変動が、一時的なものではあるが貨幣的現象として固有の変動空間を形成していることを強調しているのである。

実はこの点に、リカードウとセイの"利子論"における分かれ目を読み取ることができる。セイのばあいには、単なる貨幣量の増減は一切利子に影響を及ぼさないとされている。利子率は、「貯蓄」によって節約された「自由処分可能な資本」が資本需要を上回れば低下し下回れば上昇するというように、資本に対する需給関係で決まると言われている[33]。これに対してリカードウは、「もし資本が一国でどの程度までも使用されうるのであれば、どうして、資本がその使用範囲に比べて豊富である、などと言われうるのであろうか」（I, 290）と、資本需給による利子率決定というセイの理論に真っ向から対決している。リカードウから見れば、「自由処分可能な資本」を「節約」の結果としての「資本」に限局するセイの見解は、スミスの「資本」把握への回帰を意味しているし、また貨幣量の増減が利子率に及ぼす影響を全否定してしまうセイの"利子論"は、利子率変動を固有の領域として設定できないために、スミスの"利子率→利潤率論"に容易に転化してしまう、と危惧されたのではないか。第21章は、このようなスミス"資本過剰論"とセイ"利子論"の批判を通じて、リカードウ"資本蓄積論"の特異性を際立たせているのである。

第4章　資本蓄積論　191

【注】

1) 「こうして私たちは、以前に確立しようと試みたのと同じ結論に到達する。すなわち、すべての国とすべての時代において、利潤は地代を生じない土地または資本を用いて労働者のための必需品を供給するのに必要な労働量に依存する、という結論にである。」（Ⅰ, 126）

2) 「それゆえ蓄積の効果は国を異にすれば異なり、主に土地の豊度に依存するだろう。ある国がどんなに広大でも、土地の質がやせていて食物の輸入が禁止されているならば、もっとも緩慢な資本の蓄積が利潤率の大きな縮減と地代の急速な騰貴を伴うだろう。そしてこれと反対に、小さいが肥沃な国は、特にもし食物の輸入を自由に許可していれば、利潤率の大きな減退も土地の地代の大きな増大もなしに、資本の巨大なストックを蓄積するだろう。」（Ⅰ, 126）

3) 「しかしながらアダム・スミスは、追加資本が雇用する労働者の追加数のための食物提供の増大する困難にはほとんど言及することなしに、利潤の下落を斉一的に資本蓄積とそれから帰結する競争に帰している。」（Ⅰ, 289）

4) 「賃金を引き上げる資本の増大は利潤を低落させる傾向がある。多くの富裕な商人の資本が同一事業に向けられるときは、彼ら相互の競争がその事業の利潤を自然に低落させる傾向がある。そして同様の資本の増大が同一の社会で営まれるすべての様々な事業で生ずるときは、同じ競争が全ての事業に同一の影響をもたらすに違いない。」（WN, 105；Ⅰ, 289）

5) 資本の増大が利潤の低落をもたらすという"資本増大→利潤低落論"は、逆に、資本の減少は利潤を騰貴させるという"資本減少→利潤上昇論"に容易に反転してしまうだろう。例えばスミスが『国富論』第四篇第七章で、植民地貿易の独占が他部面から資本をひき寄せてしまうことによって供給が縮減し利潤率が全般的に上昇する、という議論を展開しているのはその表れと見ることができる（WN, 595-600）。この議論に対してリカードウは『原理』第7章で、「私は、もし商品に対する需要が減退しなければ、より少ない資本が必然的に穀物の成長や衣服・帽子・靴等の製造に向けられる、ということを否定する」と反駁している（Ⅰ, 129）。

6) リカードウはこのパラグラフの末尾と次のパラグラフの最初の一文に、スミスとセイの"利子論"に関する注を連続して付けている。すなわち、スミスがオランダの低利子率の理由を資本の過剰に求めるのに対しては、「オランダの利潤と利子の低い率」は「労働者の必需品に重い租税を賦課することによって労働の賃金をさらに引き上げた」という「事実」で「十分に説明されるだろう」、と批判している（Ⅰ, 290）。またセイに対しては、『概論』第二篇第8章「資本の諸収入について」でセイが、「自由処分可能な資本が使用範囲との比率で豊富であればあるほど、貸付資本の利子がますます下落するのが分かるだろう」（Say, 2ᵉ éd., t. 2, p. 108）と述べたのに対して、「どうして、資本がその使用範囲に比べて豊富である、などと言われうるのであろうか」（Ⅰ, 290）と、"商品過剰論"を否定したはずのセイが、利子率の下落に際して"資本過剰論"をもち出すことに遺憾の意を表明している。この論点は、第21章後半の"利子論"部分にも関連してくる。

7) 「もし年額10万ポンドをもっている人に1万ポンドが与えられるならば、彼はそれを金庫にしまい込むのではなくて、彼の支出を1万ポンドだけ増加させるか、彼自身でそれを生産的に使用するか、他の人に同じ目的でそれを貸すだろう。需要が向かう対象は様々であるとはいえ、どのばあいにも需要は増大するだろう。」（Ⅰ, 291）

8）リカードウはこのパラグラフの末尾に注を付けて、貿易とは国内需要を超過した余剰生産物の相互交換であるというスミスの"外国貿易論"を批判している。すなわちスミスは『国富論』第二篇第五章で、「特定の産業部門の生産物がその国の需要が必要とするものを超過する時には、剰余 surplus は海外に送られて、国内需要のある何物かと交換されねばならない」(WN, 372) と言っているが、これでは、「私たちは穀物・毛織物・金物の過剰分を生産する何らかの必要性の下に置かれていて、それらを生産する資本は他の方法では使用されえなかった」ことになりかねない。私たちがより多くの外国商品の獲得を目指して輸出向け商品を生産するばあい、国内需要を超えるからと言ってその商品が「過剰」であるわけではないだろう。つまり、「資本がどの方法で使用されるかは常に選択の問題」なのであり、「それゆえ、多少とも長い期間にわたってある商品の過剰が存在することはありえない」のである (I, 291)。スミスの余剰生産物の相互交換という"外国貿易論"は、諸国間分業の普遍的利益を説いた『国富論』第一篇第十章の"外国貿易論"と矛盾してはいないか。概ねこのような内容の批判をおこなっている。実はこれと同主旨の議論が、すぐ後の本文でも再説されている。

9）「もしすべての人が奢侈品の使用を見合わせ蓄積にだけ専念するならば、直ちには消費されえないある分量の必需品が生産されうるだろう。このような特定商品に関しては、疑いもなく普遍的供給過剰 universal glut が存在するだろう。」(I, 293)

10）「食物の欲望は、どの人においても、人間の胃の狭い容量によって制限されている。しかし、建物・衣裳・馬車・家具という便益品や装飾品の欲望は、何らの制限も一定の限界もないように見える。」(WN, 181；I, 293)

11）「しかしながらアダム・スミスは、中継貿易を選択に関わるものとしてでなく必然に関わるものとして話している。あたかも中継貿易に従事する資本はそれに使用されなければ不活発になるかのように、またあたかも国内事業に従事する資本はある制限量に閉じ込められなければ溢れ出ることがありうるかのように、彼は話している。」(I, 294)

12）「貨幣の使用によって多くが形成されるところではどこでも、普通、貨幣の使用に対して多くが与えられ、貨幣の使用によってわずかしか形成されえないところではどこでも、貨幣の使用に対してわずかしか与えられない、ということが原則とされうるだろう。それゆえ私たちは、どんな国でも、普通の市場利子率が変動するのに従って、資本の通常の利潤もそれとともに変動するにちがいない、と確言しうるだろう。それゆえ、利子の進展は私たちを導いて利潤の進展についてのある観念を形成させうるのである。」(WN, 105-6；I, 216)

13）「ヘンリー8世の時代以来、国の富と収入は絶えず増進し、……商業と製造業の種々の部門の大部分で資本の利潤は減少してきた。」(WN, 106)

14）「今回の戦時中、大蔵省証券と海軍省証券は、しばしばその購入者の貨幣に7、8％ないしそれ以上の利子率を与えるほど高い割引率であった。起債は政府によって6％を超える利子でおこなわれたが、諸個人は、間接的手段によって、しばしば貨幣の利子として10％以上を支払うことを余儀なくされた。同じ時期、法定利子率は一般に5％であったというのにである。」(I, 297)

15）「それゆえ法定利子率が市場利子率とそれほど顕著に異なっているのを見いだす以上、固定化された法定利子率の情報に依存することはあまりできないのである。」(I, 297)

16)「政府がさまざまな有価証券に対して非常にさまざまな利子率を支払っていることもまた、注目すべきである。100ポンドの5分利つき公債が95ポンドで売られているのに、100ポンドの大蔵省証券は時には100ポンド5シリングで売られるだろう。」(Ⅰ, 298)

17)「年に3％を支払う公債は5％を支払う公債よりも、常に比率的により大きな価格で売れるだろう。というのは、どちらの負債元金も額面価格以外では償還されえないからである。」(Ⅰ, 299)

18) 1818年4月30日の「利子制限法に関する特別委員会」でリカードウは、「あなたが市場利子率を判断する規準は何か、またそもそも規準というものはあるのか？」という問いに対して、「私は公証券 public securities の諸価格と短期で貨幣を調達することの容易さ以外の規準を知りません」と述べ、「政府証券 Government securities」や「大蔵省証券 exchequer bills」の価格は必ずしも「良い規準」とは考えられない(後者は前者よりは良い規準ではあるが)、と証言している (Ⅴ, 344-5)。

19) リカードウは『原理』第16章で、魚類の市場税の軽減が魚類の消費を増やし蓄積に刺激を与えることによって国家の税源を増大させると言ったテュルゴーを支持するセイを批判して、租税が資本蓄積に直結するものではないことを主張していた (Ⅰ, 238)。また第17章でも、「信用」の増進は公債に投資されていた資本を産業に向けるから有利であると主張するセイに対して、「株式保有者の資本は決して生産的にされえない」ことを強調していた (Ⅰ, 249)。

20)「貸手が異常に大きなリスクを冒すところで利子率が7％ないし8％であることは、そのようなリスクのない所でも利子率が同じ高さであるべきだという理由になるのだろうか？」(Ⅰ, 300)

21)「しかし、相対的に低い穀物価格から常に生じる別の利益がある。すなわち実際的な生産の分割は、利潤の名の下に生産階級により多くを、地代の名の下に不生産階級により少なくを割り当てるのだから、恐らく労働維持のためのファンドを増加させる、という利益である」(Ⅰ, 270)。この一文の解釈については、本編第1章注7)を見よ。

22)「資本は、土地から必然的に分離できない施肥・柵・排水溝等のような、取り戻すことのできない経費の形をとっている。……これらの物を、穀物の低価格にもかかわらずひき続き土地に使用すべきか、それともそれらを売ってその価値を他の使用に移転すべきかは、常に計算の問題 a matter of calculation になるのである。」(Ⅰ, 269)

23) 第5章でリカードウは、資本の「量」と「価値」は必ずしも並行して変動しないことに言及している。すなわち、「資本は生産に使用される一国の富の一部」であり、「労働に効果を与えるのに必要な食物・衣服・道具・原料・機械等から構成されている」が、例えば機械の導入によって労働生産性が上昇して食物・衣服がより安価に追加生産されるようになれば、よりわずかの資本で労働を支配できるようになるからだ、と言うのである (Ⅰ, 95)。リカードウは「資本」を、購買・支配できる「労働」との相関性においてとらえている。

24) 新規投資の出所に関して、ここでセイの「資本」概念についても一瞥しておこう。セイは『概論』第二篇第8章第1節「利子付き貸付」で、利子率に影響するのは「流通の中にある dans la circulation」資本であり、「風車・作業場・可動小型機械を建造した資本」のような「固定された資本 capital engagé」は、「他のいかなる用途にも用いられず、流通している諸資本の総量から差し引かれ、すでにふり向けられている生産からの利潤以外には何の利潤も要求できない」から、「自由処分可能な資本

capitaux disponibles」とは区別される、と言う。しかし同時に、「用途が見いだされすでに使用されている資本」でも「容易に現金化されて他の用途に適用される資本」は「自由処分可能な資本」とみなしうるとも付言して、「固定された資本」が固定状態から言わば暫定的に脱却して「自由処分可能な資本」に流動化される可能性についても指摘している（Say, 2e éd., t. 2, pp. 109-10, 4e éd., t. 2, pp. 139-41）。スミスに較べて「流通の中にある」ことが前面に押し出されるセイの言わば可塑的な"資本分類論"には、明らかに新規投資創生の可能性が見いだされうる。なお、『原理』第4章でリカードウが、「流動資本 circulating capital」「浮動資本 floating capital」という用語を使って、このセイの議論とほぼ同様の"資本移動論"を展開していることにも注目しておこう（I, 88-90）。

25）『原理』第20章の中心テーマの一つが、「価値の尺度」である「穀物」が「富の尺度」と同等視されることへの批判であったことを想起しよう。この論点については、本編第2章を参照されたい。

26）例えば、貯蓄銀行の預金額は戦後右肩上がりで増加していたし、コンソルやバンキング・レイトも戦中から続く5％にも達する高利率を維持していた（Mitchell, 1962, p. 453, p. 455-6）。対仏戦争中および戦争後の為替相場の動向については、Hormer, S., *A History of Interest Rates*, 1963, p. 182, p. 191, p. 193, p. 195, p. 199, p. 207, pp. 208-9の諸表、および峰本晫子『イギリス金融史論——通貨論争の潮流——』（世界書院、1978年）88頁も見よ。

27）これと違ってマルサスは、当時の利子率を低下傾向にあると考えていたようである。例えば1820年9月25日付けのリカードウ宛書簡（388）では、「貨幣利子の下落と資本の使用を見つけ出すことの困難はひろく知られていますが、この事実をあなたの友人は誰一人として多少とも満足のいく仕方で説明してはいません」と書いている（Ⅷ, 260）。

28）「普通の市場利子率が通常の純利潤率に対してもつべき比率は、利潤が上昇または低落するにつれて必然的に変動する。グレート・ブリテンでは利子の2倍が、商人たちが呼ぶ『良い・適度で・適正な利潤』と認められているが、この用語は共通の普通の利潤を意味するものに他ならない、と私は理解している。通常の純利潤率が8～10％である国では、事業が借入金で営まれるばあいには、純利潤の半分が利子に回るというのが妥当だろう」（WN, 114）。

　ここでスミスが述べている、イギリスでの利潤に対する利子の比率の数値（2：1ないし1：1）については、例えばR. オーウェンが1799年にニュー・ラナーク紡績会社を6万ポンド、20年賦払いで買い（年3000ポンド）、10年後には、同社の評価額は8万4000ポンド、5％の利子を差し引いた10年間の利潤は6万ポンド（年6000ポンド）で、オーウェンはこれを11万4000ポンドで再買い取りしたというような事例によって、一定具体的に思い浮かべることができるだろう（楊井克己『『新社会観』解説』〔岩波文庫、1954年〕156-8頁）。なお、上掲したスミスの引用文の「用語」については、羽鳥卓也「A. スミス課税論の若干の局面」（『経済系』第213集、2002年）128-9頁を参照せよ。

29）この点では、先に触れた「高利法撤廃法案」賛成の議会証言も、リカードウにおける利子率の上昇傾向での把握の一傍証とみなしうるかもしれない（V, 109-10, 323, 335-47）。利子制限法撤廃の必要性は、利子率が上昇傾向にあるときにより強まるだろうからである。なお、利子率は借手と貸手の間の競争に委ねられるべきだという

「高利法撤廃」の主張は、すでにベンサムが『高利の擁護』(1787年)で説いていたものである（永井義雄『ベンサム』〔研究社、2003年〕、107-12頁）。ケインズは、高利の法的規制を容認したスミスと対比して、ベンサムの内にはスミス時代とは異なる「投資誘因」が横溢した「18世紀に向かって語られる19世紀イギリスの声」が聞こえる、と述べている（Keynes, J. M., *The General Theory of Employment, Interest and Money* 1936, London, 1961, p. 353)。

30) 簡単に図示しておこう。一定の幅をもって低下から上昇に向かって推移する市場利子率（図中細実線内）の中に何か平均利子率のようなものを想定し（図中太破線）、それを後追いして設定される法定利子率（図中階段状の太線）が描き出される。見られるように、市場利子率の低下局面（図中左側半分）では法定利子率との同方向性が、上昇局面（図中右側半分）では逆方向性が読み取れるだろう。

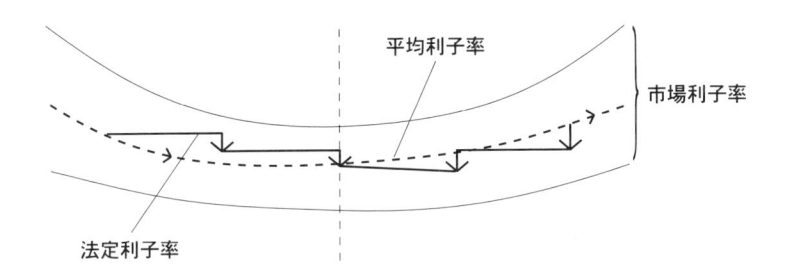

31) この点でハイエクが、リカードウ『地金の高い価格』の、「利子はこの期間中その自然的水準以下になるであろう」（Ⅲ, 91）という一節に注目したこと、また『原理』第27章について、「長い間ほとんど注目されずにきたが、後の諸理論で提出される大部分のものをすでに含んでいた」と評価していることは興味深い（Hayek, F. A., *Monetary Theory and the Trade Cycle*, London, 1933, p. 110)。「経済的発展の過程で自動的に生じる自然利子率と貨幣利子率の乖離」(*ibid.*, p. 146)を主張し、「今日の経済システムにおいては、利子は純粋経済理論で現われるような形態では存在していない。私たちが実際に見るのは、一つの均斉な率ではなくて、多くの異なった率である」(*ibid.*, p. 200)と説くハイエクにとって、スミスとリカードウの"利子論"における種差は看過すべからざるものだっただろう。

32) 「貨幣の通流が強制的に停止され、貨幣がその正当な水準に設定されることが妨げられるときにはいつでも、為替相場の起こりうる変動には制限がない。その効果は、持ち主の意志では正貨と兌換できない紙幣が流通に強制されるばあいに生じる効果に似ている。」（Ⅰ, 147）

33) セイの"利子論"は、『概論』（第2版）第二部第8章第1節「利子付き貸付」で展開されている。そこでセイは、まず「利子」とは貸付資本の「効用」「使用」に対して支払う「賃料」「価格」のことだから「貸付資本の利子」と呼ぶべきだと言った上で、「貸付資本の利子」は「資本の需要」と「資本の供給」によって決まり、例えば、もし「使用範囲に比べて自由処分可能な資本が豊富であればあるほど貸付資本の利子は低下するという一般的で永続的な法則が確認される」としている（Say, 2ᵉ éd., t. 2, p. 108)。そして、「銀貨・貨幣またはこれに代わるすべてのものの豊富または稀少は

利子率にまったく影響しない」ことが強調される (*ibid.,* pp. 112-3)。なお、ここで「資本の需要」の変動としてセイが思い浮かべるのは、七年戦争終結後のイギリスでの諸領土拡大による商業・投機の誘発や、ナポレオン時代末期の圧政によるフランスでの産業的困難である。また「資本の供給」については、「先行しておこなわれた貯蓄」がもたらす「自由処分可能な資本 capitaux disponibles」と定義されている (*ibid.,* pp. 106-8)。

第3編

外国貿易の理論

第1章

輸出奨励金論
―第22章の研究―

第1節　はじめに

　『原理』は、"資本蓄積論"（第19〜21章）に続いて第22章で穀物に対する輸出奨励金の問題を扱っている。「輸出奨励金と輸入禁止 Bounties on Exportation, and Prohibitations of Importation」と題されたこの章は、第23章「生産奨励金について」、第25章「植民地貿易について」とともに、「論争的諸章」部分中の"外国貿易論"を構成している。ミルは1816年12月16日にリカードウに次のような書簡を送っている。

　　課税の問題に関するあなたの研究を、この著作の前の部分と同様に注意深く、ただいま読み終えました。そしてこれにも同様に大いに満足したと申し上げましょう。租税の真の働きが明らかにされたのは今がはじめてです。というのは、アダム・スミスの主題のうちでも、彼が皮相に取り扱い、また世界の人々の知識にあまり多くを加えるところのなかったものの一つだったからです。……／アダム・スミスの見解があなたの諸原理と異なっている部分については、彼の誤りを取り上げる必要があると思います。［輸出］奨励金と［輸入］禁止の教義は、非常に多くの誤りが流布されているもので、十分に論ずるべきです。――植民地についても同様です。実際私は、この点であなたに出し惜しみをしてもらいたくありません。そうでは

なく、主として、あなたの諸原理の適用によって誤りを証明し暴露する点に力を注いでもらいたいと思います。(Ⅶ, 106-8)

　ミルのこの手紙は、『原理』「課税論」部分の原稿執筆直後にリカードウがミルに送った前便に対する返事である[1]。スミス租税論を賛美するリカードウに対して、ミルは、リカードウの租税論がスミスの「皮相」を根本的に克服した画期的なものであること、スミスによって流布されている政策面での非常に多くの誤りを理論的に匡す義務をリカードウが負っていること、特に「輸出奨励金と輸入禁止の教義」および「植民地」についてはリカードウが確立した「諸原理の適用」によって誤りを証明し暴露してほしいことを、要請し叱咤激励している。第22章は、おそらく直接には、ミルのこの書簡に応えて執筆されたものであろう。本章は、スミス批判が全叙述にわたって貫かれているリカードウの第22章を、両者の"奨励金論"の比較対照の上で検討したものである。

　さて、穀物輸出奨励金は、ウィリアム＝メアリ治下の1689年に創設された制度である。スミスが言うように、必需品である穀物は、「毎日・毎週・毎月の消費がその季節の供給にできるだけ正確に均衡していることが人々の利益である」(WN, 524-5) だけに、穀物取引は輸出奨励金と輸入関税を規制の両輪として厳しく取引制限されてきた。1760年代まではイギリスは穀物の輸出貿易国であった。しかしこの頃から穀価は上昇傾向に転じ始め、七年戦争を境に穀物輸出は激減し、70年代にはイギリスは穀物の輸入国に転化していった。そしてナポレオン戦争中に穀物輸入はさらに増大し、砂糖・茶・コーヒー・生綿とともに輸入の主要品目になっていく。戦後には、騰貴していた穀価は急落し、穀物輸入額は豊年か凶年かによって大幅に変動しつつも輸入増大の基調は変わらず、1820年代後半には国内産小麦に対する輸入小麦の比率は1割近くを占めるまでになっていった[2]。

　スミスが穀物輸出奨励金の有害性を指摘して「自由な輸出と自由な輸入のリベラルなシステム」(WN, 538) を提起し、リカードウが地代論によって穀物輸入規制の全面的撤廃を主張した背景には、このような穀物貿易拡大の歴史的趨

勢があったのである。

　拡大する穀物貿易はイギリス貿易全体の発展とともに生じてきた。ここで本編全体に関連することでもあるので、経済史研究が提供する推定数値を使いながら、18〜9世紀のイギリスの貿易事情について、スミス時代とリカードウ時代の相違にも注意しつつ、概観を得ておくことにしよう。

　イギリスの外国貿易は、18世紀を通じて急激に拡大していった。貿易額は、2つの急成長期（1745〜60年および1779〜1802年）を挟んで、800〜900万ポンド前後から5000万ポンド前後へと5〜6倍に膨張する。同期間の輸出業の伸び5.4倍は、商工業の3.9倍、農業の1.4倍を大きく上回っており、このため1688年と1801年を比較すると、国民所得中に占める貿易業の割合は11.7％から17.5％へと大きく比重を高めた（農業は40.2％から32.5％に縮小し、鉱工業は21.6％から23.4％とほぼ横ばいであった）。要するに貿易業は、18世紀の最大の成長産業だったのであり、巨額の軍事費支出による国家歳出の肥大化（6.1倍増）は、主としてこのような外国貿易の伸びによって支えられたものだったのである[3]。スミスは、このような拡大期にあるイギリス貿易を背景としていた。

　これと比較すると、リカードウ時代のイギリス貿易は少々様相を異にしている。18世紀末にかけて続いていた外国貿易の急成長は、一時的な平和をもたらしたアミアン条約の破棄（1803年）以降停滞局面に入る。この期間の輸出入額の平均は3341万ポンドおよび2568万ポンドであり、これは1800〜2年のどの年よりも低い。つまりナポレオン戦争期を通じて、イギリス貿易は、全体として停滞期だったのである[4]。

　対仏戦争の終結とともに、戦時中に途絶していたイギリスの貿易は急激に回復する。1814〜22年の輸出入額の平均5027万ポンドおよび3029万ポンドがこれを端的に示している。戦時期平均と比べて、輸出で1.5倍、輸入で1.2倍に飛躍している。とはいえこの期間のイギリス貿易は、決して18世紀のような一本調子での拡大を示してはいない。1816年や1819年のような急激な落ち込み年が確認される。1819〜22年の輸出入額の平均は、1814〜5年よりもむしろ低迷している。つまりナポレオン戦争後もイギリス貿易は、平和の回復による一時的な急拡大を起点としつつも、その後は拡大と縮小が短い周期で交替

するジグザグの経路を辿っているのである。要するに、スミス時代の右肩上がりの貿易拡大期とは異なり、リカードウ時代のイギリス貿易は、貿易路の激変を伴いつつ、段差のある2つの調整期によって構成される、全体としては停滞的な時期と言ってよいのである[5]。

この時期の輸入品としては、砂糖、コーヒー、生綿、茶の四品目が輸入額全体の半分以上を占め、続いて穀物、絹、ワイン、生皮、亜麻、大麻、木材、また新たに染料、獣脂が増加しつつあった。輸出品としては、綿製品、毛織物、麻糸、銅・真鍮品、鉄・鋼鉄が国産品として、また再輸出品としては、コーヒー、砂糖、染料、茶、生綿、タバコが確認される[6]。1830年代以降、イギリス貿易は綿製品輸出を軸に急速に拡大していくが、すでにこの時期（1802年）、綿製品は羊毛製品を抜いて輸出品第一位になっていた[7]。

言うまでもなく穀物の輸出奨励金は、穀物輸出を促進する目的で設定された貿易介入政策である。一般に特定部面のみを優遇する重商主義的規制は「公平性」の観点から非難されうるし、また、奨励金は一国の貿易の方向を歪曲し富を減退させるという点からも批判される。この点では、スミスとリカードウに基本的な立場の相違はない。両者の相違は、奨励金が価格に転嫁され国内資源の配分に作用する局面において現れてくる。穀物輸出奨励金によって穀物価格が上昇すると考える点では同じであるが、上昇した穀価が及ぼす作用の評価が異なるのである。また基本的なターム、例えばスミスの「真の価値」「真の価格」「名目価格」とリカードウの「自然価格」「生産費」「市場価格」との間には用語上の微妙なズレが見いだされる。おそらくこうしたことは、両者の問題設定と理論構造の相違を反映しているのだろう。本章は、労働の必需品および製造品の原料としてもっとも基礎的な財貨である、穀物の輸出奨励金に関するスミスとリカードウの叙述を辿りながら、両者の理論的な差異について考察したものである。以下、まずスミス、次いでリカードウの"奨励金論"をそれぞれ概観し、その上で若干の比較評価をおこなうことにしたい。

第2節　スミスの奨励金論

　スミスの奨励金論は、『国富論』第四篇第五章「奨励金について of Bounties」で展開されている。スミスは重商主義的な諸政策を批判した第四篇を、輸入制限（第二・三章）と輸出促進（第四〜七章）に分けて検討しているが、戻税（第四章）、奨励金（第五章）、通商条約（第六章）、植民地（第七章）、と章立てされた後者の中ほどに位置する奨励金論で、大略次のような議論を展開している。すなわち、こうである。

　奨励金は輸出競争力を増大させ、より多くの商品の輸出によって貿易収支を有利にする重商主義政策である、とは一般的によく言われるところである。また、奨励金は売上げが費用を下回る弱体な貿易部門に与えられるべきだ、ともしばしば言われる。例えばチャールズ・スミスは『穀物貿易と穀物法についての三論説』(1766年) で、奨励金による輸出増によって貿易黒字（利益）が奨励金額（費用）を上回っていることをもって、穀物輸出奨励金の経済的な有効性を主張している。だがこれらの主張は、奨励金が国内の弱体資本を温存することによるマイナスを見ていない点で誤っている。特定部面のみを優遇する奨励金は、一国の貿易が自然に向かっていく方向を歪めるものと、基本的には押さえるべきものである[8]。

　他方、穀物の奨励金は国内穀価を安価にする、という誤解もしばしば見受けられる。確かにヨーロッパの穀物の平均価格は、奨励金が設定された17世紀末頃から一貫して低落し続けている[9]。だが、例えばフランスは奨励金がなかったにもかかわらず穀物は低価格であった。低穀価の原因は奨励金ではなく、18世紀を通じてヨーロッパの市場に発生した「銀の真の価値」の上昇の結果と見るべきである。奨励金の本質的傾向は穀価の上昇であり、穀価を低下させる効果など奨励金にはありえない。奨励金によって、豊作年には異常な輸出が促進されて穀価が引き上げられ、豊作年の大量輸出による備蓄の払底によって不作年の穀価もまた急騰させられるからである[10]。

　だが多くの人は、穀物の輸出奨励金は次の2つの理由で農耕を奨励し国内穀

価を大幅に低下させる、と考えている。すなわち、①農業者に外国市場が開かれ需要が増大する、②農業者に高穀価が保障され農耕が刺激される、という2点に拠ってである。

このような奨励金美化論に対しては、次のように答えたい。奨励金による外国市場の拡大とは、本来ならば国内市場にとどまって価格を低下させるはずの穀物の輸出であり、つまるところ国内市場の縮小においておこなわれる拡大にほかならない、と[11]。そして穀価の騰貴は、あるいは実質賃金の低下によって人口を抑制し、あるいは貨幣賃金の上昇によって産業を抑制するから、長期的には国内市場を縮小させてしまう傾向をもつだろう。要するに穀物輸出奨励金は、奨励金支出と国内穀価騰貴という「二様の租税を人々に賦課する」(WN, 508) ものだということが銘記されなければならない、とりわけ後者の重圧の大きさは注目されねばならない、と言う[12]。

とはいえ、穀価騰貴は農業者にとっては有利だから農業生産は振興されるのではないか、という反論も予想されうる。しかしこれに対しては、奨励金が騰貴させる穀物価格は穀物の「真の価格 real price」ではなくて「名目価格 nominal price」であり、奨励金がもたらす結果は、「穀物の真の価値」の上昇ではなく「銀の真の価値」の低下である、と解答する[13]。

ではなぜ、奨励金は穀物の「真の価格」を高めない、と言えるのであろうか。それは、「穀物の貨幣価格は労働の貨幣価格を規制する」(WN, 509)、つまり賃金は穀価に比例して上昇してしまうからである[14]。また、穀物価格は原生産物価格を規制するから、牧草・乾草・食肉・馬・馬の飼育したがって陸上運送の貨幣価格もまた、穀価に比例して上昇することになる。こうして製造業の賃金と原料および完成品の貨幣価格が穀価によって規制され、「すべての物の貨幣価格は、穀物の貨幣価格に比例して、必然的に上昇したり下落したりせざるをえない」(WN, 510) ことになる。だから奨励金による高穀価は、穀物の「真の価格」の上昇にはなりえないのである。上昇した穀価は全商品価格の上昇に波及していき価格としての相対的な"高み"を確保できず、「農業者が穀物の同等量をもってより多数の労働者を維持する」(WN, 509) ことができなくなるからである。確かに高穀価は、農業者や地主により高い報酬を獲得させるという

ことはある。だが彼らの利益も、高い国産品を買わねばならぬために相殺されてしまうから、名目的なものにすぎぬと言わなければならないのである。

奨励金がもたらす結果は「穀物の真の価値」の上昇ではなく「銀の真の価値」の低下である、と言ったのはこのためである[15]。鉱山の産出力が増大して銀価値が低下すれば全商品の貨幣価格が上昇するが、それによって人々の実質的富が増大するわけではなく、わずかに銀食器が安くなるくらいのことであろう。銀以外の「すべての他の物はまさに以前と同じ真の価値のままに留まる」(WN, 510) からである。だが、「ある特定の国の特殊事情あるいは政治制度の結果のために、その国のみに生じる銀価値の下落」(ibid.) は、その国の産業を阻止し国民を貧しくする傾向があるだろう。

スペインとポルトガルの金銀輸出の制限を想起しよう。両国におけるこの制限は、「土地と労働の年々の生産物の量に対する金銀の比率」(WN, 512) を他国に比べて高め、貴金属の過剰によってすべての商品の価格が他国民に比べて高められるため、農業および製造業が阻害された。奨励金による穀価上昇は、銀価値の全般的下落よりもこの「その国のみに生じる銀価値の下落」に似ている。もし制限が撤廃されるならば、流出する金銀は奢侈品だけでなく「再生産する勤勉な人々の雇用と維持」(WN, 513) のための原料・道具・食料品などをもち帰り、こうして「社会の遊休資本の一部が活動資本に転化される」(ibid.) ことになるのだから、これを裏返して言えば、「その国に特有の全商品の貨幣価格の上昇は、国内で営まれるあらゆる産業を多かれ少なかれ阻害し、他国民がほとんどあらゆる種類の財貨を自国の職人よりも少ない銀量で供給できるようにする傾向がある」(WN, 510) ということになるだろう[16]。

穀物の輸出奨励金は、金銀の輸出制限という「馬鹿げた政策」(WN, 514) とまったく同じように作用する。奨励金は、穀物価格を国内市場ではいくぶん高く国外市場ではいくぶん低くし、銀価値を国内市場ではかなり下落させ国外市場では若干高める傾向がある。だから奨励金は、外国人にわが国の穀物をより安く提供するとともに、時にはわが国民よりも安く食べられるようにする。また奨励金は、わが国の製造品を外国の製造品に比べていくぶん高くすることによって、職人の勤労を不利にする。

確かに奨励金によって、農業者や大地主のポケットには以前よりも多くの貨幣が入るだろう。しかしそれで買える財貨はより少量になっているわけだから、奨励金によって彼らが得る利益もまた「名目的で想像上のもの」と言わねばならぬ (WN, 514)[17]。奨励金で利益を得るのは、穀物商人だけであろう。それにもかかわらずわが国の農村のジェントルマンは、製造業者に倣って穀物の輸入禁止と輸出奨励金を課そうとしている。それは、彼らが、穀物と製造品との間にある「本質的な差異」に無理解なことを示すものである (WN, 515)。

製造品のばあい、奨励金による製造品価格の上昇は製造業の利潤を高め、これによって、「その国のより多量の勤労をこの製造業に向かわせる」ことになり、したがって奨励金は製造品の「真の価格」を騰貴させることになる (*ibid*)[18]。ところが穀物のばあいには、奨励金は穀物の「名目価格」を引き上げても「真の価格」を高めることはできない。なぜならば、穀物は他のすべての商品の「真の価値」が最終的に尺度されねばならない「規制的商品 regulating commodity」であり、穀価上昇とともに他の商品価格もまた上昇してしまうからである。スミスはこれを、他の財貨と違って穀物に「真の価値 real value」が刻印されているからだと説明している[19]。

結論として、奨励金については次の諸点が指摘されうるだろう。まず奨励金は、一国の産業を利益の少ない不利な方向に向かわせるものである。さらに、もし農業者や地方の郷士が製造業者や商人をまねて穀物輸出奨励金の創設を企図しても、それによって穀物の真の価格は上昇せず、穀物生産も振興されず土地改良も増進しないから、一国の産業全般が阻害されるだけだ、ということになるだろう。彼らの要求は、事態についての無理解にもとづくものと言わなければならない。スミスはこのように穀物輸出奨励金の弊害性を指摘したのである。

第3節　リカードウ輸出奨励金論の展開

1）スミスの"穀価波及説"への批判

次に、リカードウの『原理』第22章「輸出奨励金と輸入禁止」を概観しよう。この章は、論点の先取りと重複が目につき、叙述に沿って論理を組み立てるこ

とは実際上かなり困難である。錯雑とした叙述は内包された問題の多様性を暗示するものだが、本節では、前節で見たスミス奨励金論を踏まえて、これへの批判という視角から整序してみよう。

まずリカードウは第22章の冒頭で、「穀物輸出に対する奨励金は、外国の消費者に対して穀物価格を引き下げる傾向があるが、国内市場ではその価格に何らの永続的影響も及ぼさない」（I, 301）と言っている。すなわちこうである。奨励金は外国に安価な穀物を輸出させるから、外国の国内穀物に対する需要が増大し、それによって国内穀価が上昇していく。だが、国内穀価の上昇は一時的であって永続的ではない。なぜならば、高穀価による高利潤は、国内資本を穀物生産に向かわせ、穀物供給の増大によって騰貴した穀価は再び「自然的で必要な価格」（I, 302）にまでひき戻されるだろうからである[20]。このようにリカードウは、スミスとは違って、奨励金は穀物生産を振興・促進するととらえるのである。

> 正当にも名声を博しているアダム・スミスの著作中、おそらく「奨励金」の章以上に、彼の結論が反対を招きやすいところはない。第一に、彼は穀物を、輸出奨励金の結果その生産を増加させえない商品として論じている。彼はいつも、奨励金が作用するのは現に生産されている分量に対してのみであって、それ以上の生産に対する刺激にはならない、と想定している。（I, 304）

この点で、『エディンバラ・レヴュー』の一論者（F. ホーナ）が、奨励金が農業利潤の上昇を介して農耕を刺激すると述べていることは正しい[21]。だが彼が、「輸出奨励金は、直接的にではなく、外国市場における拡大された需要とその結果としての国内市場における真の価格の騰貴を媒介にして、国内市場における穀物の貨幣価格を究極的には引き上げるだろう」、と述べているところには賛成できない（I, 303）。奨励金が上昇させるのは穀物の「真の価格」ではなく「市場価格」であり、また穀物の貨幣価格は究極的には引き上げられるのではなくて引き下げられるのだからである。この論者がスミスと同様に、奨励金に

よって上昇した穀価を「真の価格」とするのは、上昇した穀価は賃金を引き上げ、それを通じて他の諸商品の貨幣価格も穀価の高さにまで引き上げられ「固定したもの」になる、と考えているからである。価格の上昇が、【穀価→賃金→全商品価格】へと波及していくと言う意味で、この議論を"穀価波及説"と呼んでおこう[22]。つまりこの論者もまた、【穀価上昇→賃金上昇→全商品価格上昇】という"穀価波及説"を自明視しており、スミスとともに、誤った論拠に立っていると批判されねばならぬのである[23]。

奨励金がひき起こす価格プロセスは、資本移動による投資構造の変動と関連させて把握すべきである。すなわち、奨励金によって穀物価格が上昇するならば、高価格がもたらす農業の高利潤にひき寄せられて穀物生産が振興される。「利潤の不均等は、常に資本を一つの雇用から他の雇用に移動させる誘因」（Ⅰ, 307）だからである。そして、穀物供給の増大によって穀物需給は均衡し、穀価が低下し、農業と製造業の利潤は再び同一率になる。このプロセスにおいて、「穀物はより多く、製造品はより少なく生産されるだろう」（Ⅰ, 307）。資本蓄積構造の変動が生じているのである。そして奨励金が上昇させるのは、「真の価格」でなく「市場価格」であり、上昇した「市場価格」は穀物生産の促進を通じて「自然価格」（「真の価格」）にひき戻されていく。リカードウは、奨励金による穀価上昇のプロセスをこのようにとらえるのである。

奨励金による穀物生産の促進を否定するスミスには、資本移動による投資構造の組み替えという視角が抜け落ちていると言わなければならない。だからこそスミスは、賃金上昇を商品価格上昇に一方的に結びつけてしまうのである。資本移動による穀物生産の弾力的調整を考慮に入れないかぎり、穀価上昇は賃金上昇を介して全商品価格の上昇へと一元的に波及していくとするほかないからである[24]。こうして穀価に比例して他の商品価格も上昇するから、穀物の他の商品に対する「相対価値」は変化せず、「穀物が獲得されるのが、豊かな土地か貧しい土地か、大きな労働か小さな労働か、機械の援助があるかないか、ということにかかわらず、穀物は常に等しい量の他のすべての商品と交換される、と主張しなければならぬことになる」（Ⅰ, 309）。穀物は他の商品の不変の価値尺度になってしまうのである。だが、穀物も一財貨であるにすぎぬ。スミスは、

財貨の相対価値は財貨を市場にもたらすのに必要な労働量の相関によって決まるとした自らの基本命題に立ち帰るべきではないのか。リカードウは『国富論』から、金銀と諸商品の価値比率はそれぞれの生産に投下された労働量の比率に依存して決まるという、以下の一節を引用する。

> 金銀の価値と他の何らかの種類の財貨の価値との間の比率は、どんなばあいにも、一定量の金銀を市場にもたらすために必要な労働の量と、一定量の他の何らかの種類の財貨をそこにもたらすのに必要な労働の量との間の比率に依存しているのである。」（Ⅰ, 309）[25]

　スミスはまた、奨励金の効果をある特定国でのみ生じる貨幣価値の局所的下落と同一視し、奨励金による貨幣価値下落は商品価格を上昇させ輸出を阻害することによってその国を不利にする、と言っている。だがそのような奨励金批判は当たらないだろう。確かに奨励金は、輸出を容易にし貨幣の流入を促進するから貨幣価値を下落させる傾向があるとは言える[26]。だが、このような奨励金の弊害は一時的と考えるべきだろう。輸出の阻害は、貨幣流入の減少による貨幣価値上昇を経て商品価格低下へと導かれていくからである。市場が自由であり貨幣の流出入が自由であれば、貨幣価値の局所的な下落は商品価格の上昇と同様に永続的とはなりえないと考えるべきなのである[27]。

　リカードウは、このようにスミスを批判するのである。それは主として、「穀物の貨幣価格が他のすべての国産品の貨幣価格を規制する」（Ⅰ, 307）という"穀価波及説"に向けられたものである。このドグマこそ、スミスにおいては、奨励金による穀価上昇を「名目的」と判定させ、奨励金は農業生産を何ら振興しないと判断させたものであり、また『エディンバラ・レヴュー』の一論者においては逆に、奨励金による穀価上昇を「真の価格」とみなさせ、奨励金による農業生産振興を主張させたものであった。相反する両者の主張は、しかしながら奨励金によって上昇した穀価の価値規定を、穀物生産からでなく"穀価波及説"からおこなっているという点で共通している。そのことは、奨励金が誰を利するかについての判断も誤らせるだろう。次いでリカードウはこの点に触

れていく。

2）奨励金の反社会性

　穀物の輸出奨励金は、結局、誰を利するものであろうか。スミスに従えば、製造品に対する奨励金は製造品価格を名目的にも実質的にも引き上げるが、穀物に対する奨励金は穀物価格を名目的に引き上げるが実質的には引き上げない、ということになる。すでに見たように、穀物輸出奨励金は穀物生産を振興せず、わが国の農業者や地主の実質的富を増大させることはないからである。さらにスミスは、「［製造業者の］同業組合法や外国商品に対する高率輸入関税によってひき起こされる価格の高騰が、どこでも最終的には、地主・農業者・農村労働者によって支払われる」（I, 317）と言っており、奨励金制度が農業部面にとって一方的に不利であることを強調している。このようなスミスの一連の見解が、外国産穀物に高率の輸入関税を賦課すべしという一種の報復的な政策主張の権威づけに利用されるのである。リカードウが、スミス批判としての「奨励金」章を書いた所以である[28]。

　農産品に対する奨励金は農業者を利さないが、製造品に対する奨励金は製造業者を有利にする、というこの類いの見解に対して、リカードウはまったく逆の主張を展開する。そもそも、農産品への奨励金によって高騰した穀価は、消費者としては製造業者自身も支払わなければならないのだから、この意味でも奨励金制度が、農業者に一方的に不利で製造業者に一方的に有利に作用するというスミスの見解は一面的と言わねばならぬのだが、さらにリカードウは、奨励金による価格上昇が「自然価格」の上昇を伴うかどうかという観点から、次のように言う。

> 重商主義の全目的は、外国の競争を禁止することによって、国内市場で商品価格を引き上げることであった。しかし重商主義は、社会の他の階層以上に農業階級にとって有害だというわけではなかった。……セイ氏は、製造業者の国内での利益が一時的以上のものだと想定している。……だが、同胞市民の誰でもが自由に取引きに参入するばあいには、どうして彼らは、

その財貨の市場価格を永続的に自然価格以上にし続けておくことができるであろうか。彼らは、外国の競争に対しては保障されているが、国内の競争に対しては保障されているわけではないのである。(Ⅰ, 316-7)

　奨励金という重商主義的制度が製造業者に与える独占的利益は、永続的でなく一時的なものだと言うのである。それは、高価格にひき寄せられた諸資本の参入によって不足していた製造品が追加供給され、市場価格が再び元の自然価格に下落するまでの間の一時的な独占価格だからである。【奨励金→外国市場の拡大→製造品への外国需要の増大→製造品価格の上昇→製造品生産の振興→製造品供給の増大→製造品価格の下落】という経路を辿って、いったん高騰した製造品の「市場価格」は再び「自然価格」に復帰するだろう。「製造品の奨励金は、……製造品の市場価格を一時的に引き上げるだろうが、その自然価格を引き上げはしない」(Ⅰ, 312) のである。

　これに対して穀物（農産品）のばあいには事情が異なる。リカードウは、穀物の奨励金もまた製造品のばあいと同様、【奨励金→外国市場の拡大→穀物への外国需要の増大→穀物価格の上昇→穀物生産の振興→穀物供給の増大】という一連の作用を及ぼすが、しかし製造品とは違って、穀物供給の増大によっても穀物価格は下落しないと言う。なぜならば、追加供給が得られるのは劣等地耕作によってであり、土地生産における生産の困難の増大によって穀物の「自然価格」そのものが上昇してしまうからである[29]。

　すでに見たように、スミスは製造品と穀物の相違を強調し、奨励金は穀物のばあいには、製造品のばあいのような実利を農業者にもたらさない、と言った。奨励金によって上昇させられた穀価は、「真の価格」でなく「名目価格」だからである。これに対してリカードウは、「穀物の輸出奨励金の継続は、穀物価格を永続的に引き上げる傾向が生じる」(Ⅰ, 312) と主張するのである。

　　スミス博士は、穀物と他の財貨との間に自然は大きな本質的な差異をつくった、と述べている。だがこの事情から正しく推論されることは、彼がそこから引き出す結論とは正反対のものである。(Ⅰ, 313)

スミスが設けた穀物の独自な性格は、リカードウにおいてまったく反対の方向に発現させられたと言えよう。それは、『エディンバラ・レヴュー』の一論者とともに奨励金による高穀価が生産を振興する「真の価格」であることを主張するものであるが、しかし"穀価波及説"によってでなく、追加生産における投下労働増を内実とする「自然価格」上昇を根拠にしてのものである。そしてこのような主張が、「地代論」と結びつくとき、スミスの"穀物奨励金＝農業者不利論"は完全に否定されることになる。【奨励金→外国市場の拡大→穀物価格の上昇→穀物生産の振興→穀物供給の増大→穀物の自然価格の上昇】という一連の過程は、地主が獲得する「地代」増加の過程でもあるからである。奨励金は、穀物法と同様、劣等地耕作という不生産的な部面への投資を押し進める人為的制度であり、国内資源の自然的配分の歪みによって地代を増加させ地主を益する、まさに反社会的な制度なのである。

　奨励金は、製造業者の利益に比べて農村の地主の利益を永続的に増加させる傾向を有する、とむしろ言うべきだろう[30]。スミスの結論とは反対に、穀物輸出奨励金は地主に有利に作用するものであり、したがって、スミスに名を借りた高率輸入関税の報復的導入の主張は根拠のないものと言わねばならない。この点では、スミスにおける使用価値と交換価値の混同を指摘したビュキャナンの批判は当たっている[31]。このようにリカードウは、"新穀物法"成立以後の当時の農業保護的論調に対して批判の論陣を張ったのであった。

3）普遍的自由貿易と奨励金

　最後にリカードウは、より包括的な視点から奨励金についての総括的叙述をおこなっている。リカードウは奨励金が「世界にとっての絶対的な損失」になることを次のように説明している。

　　こうして、穀物価格がイギリスで4ポンド、フランスで3ポンド15シリングであれば、10シリングの奨励金は、穀物価格をフランスで3ポンド10シリングに究極的に切り下げ、イギリスでは4ポンドという同じ価格に維

持するだろう。1クォータを輸出するごとに、イギリスは10シリングの租税を支払う。1クォータを輸入するごとに、フランスは5シリングだけ利得する。結局、生産の減少をひき起こすような世界の資金の配分によって(恐らく穀物生産の減少ではなく他の何らかの必需品あるいは享楽品の生産の減少だろうが)、1クォータあたり5シリングの価値が、世界にとっての絶対的な損失となるのである。(I, 314)

クォータあたり10シリングの奨励金の交付によってイギリス産穀物はフランスで3ポンド10シリングで販売され、このためフランスの穀価は3ポンド15シリングから3ポンド10シリングに低下し、フランスは5シリングを利得する。イギリスのマイナス10シリングとフランスのプラス5シリング、つまり差し引き5シリングのマイナスが「世界にとっての絶対的な損失になる」と言うのである。ここでは奨励金が、イギリス国内の資源配分上の歪みという一国レベルでの問題を越えて、「生産の減少をひき起こすような世界の資金の配分」という国際的レベルの観点からも眺められている(I, 314)。しかも奨励金は、「社会の全資金の有害な配分」「全資本の不利な配分」をひき起こすことによって、「自国から取り去るものすべてを外国に与えるものでない」ことが指摘され、「最悪の種類の課税」として告発される(ibid.)。そして上で見た、外国穀物に対する高率輸入関税を課すべしという当時の報復的な主張に対しても、「世界の労働の全般的配分において、私たちはその労働の一部に関して、最大の生産量の獲得が製造品で妨げられたから、原生産物の供給における全労働の生産力を減らすことによって私たち自身を罰すべきだ」と言うに等しい愚策として退けられる(I, 317)。ここで、「全資金 the general funds」、「全資本 the general capital」、「全労働 the general labour」といったタームが使われていることが注目される。それは、イギリスにとって必要なものは、ただ「貿易の自由だけである」(I, 319)と言ったマカァロクと同様に、「普遍的自由貿易 universally free trade という健全な原理への漸次的復帰」(I, 318)の途を直ちに開始すべきだ、というリカードウの基本的主張から当然に発出してくるものにほかならない。

リカードウのこのような世界的な視野からの"資源配分論"は、『原理』第7章の国際貿易論を想起させる。第22章の末尾において、リカードウは次のように述べている。

> 本書の第7章で、私は、外国貿易であれ国内商業であれ、すべての商業は、生産物の価値を増加させることによってでなく生産物の分量を増加させることによって有益である、ということを示そうと努めた。私たちがもっとも有利な国内商業や外国貿易を営んでいようと、あるいは禁止法による束縛のためにもっとも不利な商業に甘んじざるをえなかろうと、私たちはより大きな価値を取得するわけではないだろう。利潤率および生産された価値は同じままだろう。（I, 319-20）

リカードウが、「外国貿易であれ国内商業であれ、すべての商業は、生産物の価値を増加させることによってでなく生産物の分量を増加させることによって有益である」と言うのは、セイの、「同一国の諸個人間の取り引きでは、生産された効用 utilité produite という価値以外には何らの利得もない」（I, 318）という見解を引き取ったものである。ただし、セイが国内商業に限定したこの見解を、リカードウは外国貿易にも適用して商業全般に押し広げて使っている。この観点に立つならば、奨励金の弊害は、資本の最適配分の歪曲によって、産出される「生産物量」を減少させることにのみ求められるだろう。奨励金は、「そうでなければ流入することのない水路に資本を押しこめることによって、生産される全商品量を減らした」（I, 316）のである。しかし、弊害はこれだけである。リカードウは、奨励金が存在しても存在しなくても、どちらのばあいにも「より大きな価値を取得するわけではなく」、また「利潤率および生産された価値は同じままだろう」と言い、奨励金が「価値」や「利潤」に作用することを否定する。

リカードウのこのような主張は、国家間での貨幣の自由な流出入を想定して言われている。リカードウは、「輸出を容易にするものは、それが何であれすべて一国に貨幣を蓄積させる傾向がある。これと反対に輸出を妨げるものは、す

べて貨幣を減少させる傾向がある」（Ⅰ, 316）と言って、例えば国内商品の高価格が輸出を抑制すれば、【輸出抑制→貨幣流出→国内貨幣価値上昇】というルートを辿って、結局、国内商品価格が低下するから、奨励金による穀価高騰は一時的であり、「価値」や「利潤」には何ら影響しえないと言うのである。確かに世界全体をとってみれば、ある時点における世界の労働量は所与であり、価値とは労働であると考えれば、産み出される価値量は労働配分のいかんにかかわらず一定ということになるだろう。一国における生産の困難の増大が「価値」や「利潤」に及ぼす影響は、貨幣の流出入を通じて言わば中和されてしまうのである[32]。

第4節　小　　括

　以上、スミスとリカードウの輸出奨励金論の叙述を辿ってきた。両者の議論の相違はどこにあるのだろうか。ここでは、まずできるだけ形式的に穀物輸出奨励金の価格転嫁プロセスそのものを比較し、その上でリカードウのスミスに対する批判点を摘出してみることにしよう。

　まず、奨励金によって穀物価格が上昇するまでのプロセスの前半部分について。スミスは、奨励金によって穀物輸出が増大し、穀物の国内供給の減少によって穀物価格が上昇するととらえた。【奨励金→穀物輸出増大→国内穀物供給の減少→国内穀価上昇】である。これに対してリカードウは、奨励金は外国市場での穀物価格を低下させ、国内穀物に対する外国からの需要を喚起し増大させることによって国内の穀物価格が上昇する、ととらえた。【奨励金→外国市場の拡大→国内穀物需要の増大→国内穀価上昇】である。

　両者とも、奨励金が国内穀価の上昇をもたらすとしている点では同じだが、その経路は異なる。すなわち、スミスは穀物の「供給不足」が穀価を上昇させるとしているのに対して、リカードウは穀物に対する「需要増大」に穀価上昇原因を見いだしているからである。そしてスミスが、【奨励金→穀物輸出増大→国内穀物供給の減少】というように、奨励金を「穀物量」そのものに直接に作用させているのに対して、リカードウは、【奨励金→外国市場での穀価低下→国

内穀物需要増大】というように、奨励金を「穀物量」でなくまず「穀物価格」に作用させている。つまり、スミスのばあいには、奨励金による外国への穀物輸出が国内穀物の供給量を減らし穀価を上昇させるという"需給説"的な説明がおこなわれているのに対して、リカードウのばあいには、奨励金による外国での穀価低下が国内穀物に対する需要を喚起し穀価を上昇させるという、"価格論"を組み込んだ"需給ギャップ論"が展開されているのである。

　次に、国内穀価の上昇に続くプロセスの後半部分について。スミスは、穀価上昇は賃金上昇を通じて全商品価格に波及していくととらえた。【穀価上昇→賃金上昇→全商品価格上昇】である。同時にまたスミスは、穀価上昇による賃金上昇は、実質賃金低下による人口抑制と貨幣賃金上昇による産業抑制とによって、長期的には国内市場を縮小させていく、ととらえた。【国内穀価上昇→賃金上昇→人口および産業の抑制→国内市場縮小】である[33]。

　これに対してリカードウは、穀価上昇は穀物資本に高利潤を提示し、穀物生産部面に資本がひき寄せられることによって穀物需給が均衡し、上昇した穀物の「市場価格」は「自然価格」にまで復帰していく、ととらえた。【国内穀価上昇→穀物供給増大→穀物需給の一致→穀物の市場価格の自然価格への収斂】である。同時にリカードウは、穀価上昇による穀物資本の増大は他部面の資本を縮減させ一国の資本蓄積構造全体を変動させること、さらにまた追加穀物資本の耕作が劣等地に拡張することによって穀物の「自然価格」そのものが上昇させられること、したがって、「市場価格」はこの上昇した「自然価格」に収斂していくこと、についても述べている。【国内穀価上昇→穀物資本増大→資本蓄積構造の変動→穀物の自然価格の上昇】である。

　両者が描き出す穀価プロセスは大きく違うと言えよう。価格プロセスに注目してみれば、スミスにおいては、穀価上昇は賃金上昇を通じて全商品価格の上昇へと波及していくもの、ととらえられている。これに対してリカードウにおいては、上昇した穀価（「市場価格」）は追加供給を通じて需給一致し再び「自然価格」にまで復帰していく、ととらえられている。スミスのばあいには、供給不足によって上昇した穀価は追加供給のないまま全商品価格を一方的に上昇させていくとされているのに対して、リカードウのばあいには、需要増加によっ

て上昇した穀価は追加供給によって価格調整されていくと考えられているのである。

　後半部分の価格プロセスのこのような相違にもかかわらず、奨励金の最終的な評価をめぐって両者には共通面を見いだすことができる。スミスは、奨励金は貿易の自然的方向を変更するとともに、奨励金による穀価上昇は、賃金上昇を通じて産業と人口を抑制し、長期的には国内市場を萎縮させると考えている。他方リカードウは、上昇した穀価は資本移動をひき起こし資本蓄積構造を変動させるが、穀物資本の増大が劣等地耕作を拡張することによって一国の財貨供給量（富）は全体として縮減する、と考えた。奨励金が長期的な趨勢として一国の富と生産にとってマイナス作用をもたらすとする点では、両者の見解は説明プロセスの相違にもかかわらず同一方向を向いていると言えるだろう。ただ奨励金の弊害を、スミスは確定的に語るのに対して、リカードウはそうでない可能性も含めて語るという相違はあるのだが。

　以上、奨励金の作用プロセスに関するスミスとリカードウの見解を形式的に対比させて検討してきた。これを踏まえて、以下にリカードウのスミス奨励金論批判の要点を指摘しておきたい。

　まず第一に、"奨励金論"の最大の争点は、奨励金が穀物生産を振興するかしないかである。この点をめぐって、リカードウはスミスに意識的な論争を挑んでいる。リカードウは、奨励金による高穀価は穀物生産を刺激し穀物資本を増大させると主張する。これに対してスミスは、穀価は他商品に波及するから奨励金による高穀価はより多くの労働を支配しえず、したがって何ら穀物生産の刺激にはならない、と述べていた。上で見たように、スミスとリカードウは奨励金の一国の富にとっての弊害性を共に主張していたが、その理由づけはまったく異なっていたのである。すなわちリカードウが、奨励金による穀物生産の増大が資本移動によって一国の資本蓄積構造を全体として不生産的な配置にする可能性があると論じたのに対して、スミスは、穀物の特殊性によって奨励金は穀物生産を何ら振興させないから国内生産にとってプラスにはならないと、言わば単線的に論じていたわけである。奨励金論におけるスミスの資本蓄積構造論との連関の弱さが指摘されうるだろう。

第二に、リカードウは、スミスが奨励金の作用を農業部面と製造業部面で区別することに強く反対する。スミスは、製造業部面に対する奨励金は製造品価格を上昇させ製造業を振興させるが、農業部面に対する奨励金は穀物生産を振興させずただ穀価を名目的に上昇させるだけだ、と言う。つまり、製造業者は奨励金によって利益を得るが農業者は何らの恩恵も受けないと言うのである。このスミスの議論は、外国穀物への高率輸入関税の賦課を正当化する権威づけられた論拠として利用されていた。同時代のこのような農業保護的主張は、リカードウとしてはとうてい容認できるものではなかった。リカードウは、農業部面と製造業部面の差別なく、奨励金が商品価格に転嫁される一般的な価格プロセスの中で"奨励金論"を展開したのである[34]。

　第三に、リカードウはスミスの穀物価格の波及プロセスそのものを批判している。穀物価格は賃金上昇を通じて全商品価格に波及していく、すなわち【穀価上昇→賃金上昇→全商品価格上昇】というスミスの"穀価波及説"が、【穀価上昇→賃金上昇】および【賃金上昇→全商品価格上昇】という2つの部分プロセスに分けられ、それぞれについて詳細な吟味がおこなわれている。その要点は、スミスが無自覚的に設定してしまっている制度的前提の剔出であり、対置されるのは、すでに述べた、価格プロセスは資本移動を通じて投資構造の変動を伴うという"資本蓄積論"的理論視座である。これによって、奨励金による穀価上昇は穀物生産を奨励する「真の価格」にはなりえないと言ったスミス奨励金論のパラダイムそのものが相対化され批判されることになる[35]。

　第四に、スミスが奨励金による穀価上昇の効果を銀価値下落と同等視するのに際して、それを一国に限られた銀価値下落に限定することを、リカードウは批判する[36]。すなわちスミスは、「奨励金の真の効果は穀物の真の価値をひき上げるよりはむしろ銀の真の価値をひき下げることである」（WN, 509）と言い、奨励金による商品価格の上昇を、スペインやポルトガルの金銀輸出制限のような、「ある特定の国の特有な事情あるいは政治制度の結果のためにその国でのみ生じる銀価値の下落」（WN, 510）と同等視している。これに対してリカードウは、一国に限られた貨幣価値の下落は永続するものでなく、金銀流出の禁止はあくまでも相対的制限でしかないことを指摘し、貨幣流出入の自由の上に奨励

金論を構築しようとするのである[37]。

　以上、スミス奨励金論に対するリカードウの批判を通観してみると、両者の問題設定と課題そのものの相違が浮かび上がってくるだろう。スミスは、重商主義的な制度的規制としての奨励金を批判の対象としたのであり、「土地と労働の年生産物に対する金銀の比率」の増大による国内商品価格の上昇と国内生産の減退の告発をめざした、と言えるだろう。これに対してリカードウは、貿易と資本移動自由の枠組みの上での奨励金の作用を分析したと言える。スミスにおいて穀物輸出奨励金が穀物供給減少として現れたのに対して、リカードウにおいては穀価を通じての需要増大も含む資本蓄積論が展開されたのは、このことに関連しているだろう。奨励金の作用を「生産物」に対する「貨幣」の比率の増大に見たスミスに対して、リカードウは「生産物」の内面的構成の変動を主題にしたからである。すなわち、貿易規制としての奨励金の制度的弊害に言及したスミスに対して、リカードウは資本蓄積構造に対する奨励金の作用を分析し理論化したのであった。

【注】
1) リカードウはミルに、以下のよう前便（1816年11月17日付）を送っている。
　「租税の効果で意見の相違のありえないものについてはほとんど立ち入らず、またアダム・スミスによって巧みに扱われている多くの事柄には言及しませんでした。彼の言葉づかいははなはだ明晰であり、その説明はきわめて満足すべきものであって、彼の言葉のかわりに私の言葉を使ってその効果を弱めることを惜しいと思い、また一語も注釈をほどこさないで彼の言葉を引用したくなる傾向をつねに覚えました。」(Ⅶ, 88)
2) Deane and Cole, 1962, pp. 48-9, p. 78、および、Mitchell, 1962, p. 366、より算出。
3) Deane and Cole, 1962, pp. 48-9, p. 64、および、Mitchell, 1962, pp. 94-5, p. 289, pp. 486-7、より算出。
4) 表1は、ミッチェルに拠って作成した1800～22年のイギリスの輸出入額の推移である（火災のためにデータが焼失してしまった1813年を除く）。これを見ると、本格的な戦時期である1803～12年の輸出入額が、確かに1809年や1810年のような突出年もあるが、他は押しなべて1800～2年時よりも低数値であることがわかる。同様の概観は、1802～12年のイギリスの貿易構造を調査したクルーゼの数値によっても（ミッチェルとは数値を多少異にするとはいえ）確認できる（Crouzet, F., *L'Economie Britannique et le Blocus Continental (1806-1813)*, Paris, 1958, p. 883, p. 889）。

【表1】 1800〜22年のイギリス輸出入額の推移

(万ポンド)

年	1800	01	02	03	04	05	06	07	08	09	10
輸出額	3512	3557	3775	2782	3074	3029	3268	3026	2962	4537	4223
輸入額	2609	2925	2760	2405	2409	2571	2444	2412	2149	2882	3616

	11	12	14	15	16	17	18	19	20	21	22
	2746	3765	5211	5716	4798	4924	5251	4257	4803	5043	5245
	2403	2391	3148	3123	2581	2943	3524	2894	3082	2977	2992

Mitchell, 1962, p. 311、より作成。

5) これについては、純輸入額・輸出額・再輸出額の推移を示したイムラーの図も視角的なデータを提供してくれる (Imlah, 1958, p. 39)。
6) Mitchell, 1962, pp. 295-6。また、ナポレオン戦争中の輸出入品目については、Crouzet, 1958, pp. 890-1、および、Schumpeter, E. B., *English Overseas Trade Statistcs 1697-1808*, Oxford, 1960, p. 34, p. 43、も併せて参照せよ。
7) Mitchell, 1962, p. 295。イギリスの綿製品輸出は、1812年には再輸出も含む全輸出の40％以上を、1822年には50％を占めるに至る。なお、綿織物業の発展に伴う市場組織の変化については、マンチェスター販売網について述べた中川敬一郎「イギリス綿業における綿糸・綿布市場組織の発達」(『経済学論集』23-4、1955年)が興味深い。
8) 「奨励金の効果は、重商主義の他のすべての方策の効果と同様、一国の貿易をそれが自然に向かっていく方向よりもはるかに利益の少ない方向に、強いて向かわせるだけである。」(WN, 506)
9) 「穀物の平均価格が前世紀の末近くにいくぶん低下し始め、今世紀に入って64年間低下し続けてきたことは、すでに私が明らかにしようと努めてきたことである。」(WN, 506-7)
10) 「奨励金は、豊作の年には異常な輸出をひき起こすことによって、国内市場における穀価を自然に下落するはずの水準よりも必ず高くつり上げるものである。そうすることが、その制度の公然たる目的であった。不作の年にはしばしば奨励金は中断されるけれども、豊作の年にひき起こされる大量の輸出によって、ある年の豊富で別の年の不足を救済することが多かれ少なかれしばしば妨げられる。それゆえ、豊作の年にも不作の年にも、奨励金は必然的に、国内市場における穀物の貨幣価格を、奨励金がないばあいよりもいくぶんか高く引き上げる傾向がある。」(WN, 507)
11) スミスは(留保を付けながらも)チャールズ・スミスに拠って、奨励金が保護する輸出穀物量の比重は国内穀物量全体に対して平均でわずか1/31(輸入穀物量は1/570)を占めるにすぎないこともまた指摘する(WN, 508, 534)。
12) 「穀物の輸出奨励金は、他のあらゆる輸出奨励金と同様、国民に二様の租税を賦課するものであることが銘記されなければならない。すなわち、第一に、奨励金を支払うために国民が寄与しなければならない租税であり、第二に、国内市場における商品価格の昂進から生じる租税である。」(WN, 508)
13) ここでスミスは、穀物生産を振興する「真の価格」を、「農業者が同量の穀物をもってより多数の労働者を維持することができる」(WN, 509)度合い、すなわち穀物が価格を通して購買・支配できる労働量の大きさによって規定している。

14)「奨励金の真の効果は、穀物の真の価値をひき上げるよりはむしろ銀の真の価値をひき下げることである」(WN, 509)というスミスの主張は、「穀物の貨幣価格は労働の貨幣価格を規制し、労働の貨幣価格は常に労働者が彼と家族を維持するのに十分な穀物量を購買できるほどのものでなければならない」(WN, 509)という命題にもとづいている。この命題が論理的な飛躍を含むものであることは一見して明らかである。穀価によって賃金が規制されるということと、穀価上昇に比例して賃金が上昇するということは、必ずしも同一事ではないからである。

15)「奨励金の真の効果は、穀物の真の価値をひき上げるよりはむしろ銀の真の価値をひき下げることである。すなわち銀の等しい分量で、穀物だけでなく他のすべての国産商品のより少ない分量と交換させることである。というのは、穀物の貨幣価格が他のすべての国産商品の貨幣価格を規制するからである。」(WN, 509)

16)ここでスミスが、スペインやポルトガルの貨幣輸出禁止政策をダムの水量に喩えていることは興味深い。「ダムを築いて水流をせき止めても、ダムが満水になれば、それ以上の水はあたかもダムが全然ないかのようにダムを越えて流れるに違いない。スペインとポルトガルの金銀輸出の禁止も、両国が用いうる以上の量の金銀をひき留めておくことはできない。……しかしながら、ダムの外側より内側の方が水が常に深いように、これらの制限がスペインとポルトガルにひき留めておく金銀の量は、土地と労働の年々の生産物との比率において、他国で見られるよりもより大きいに違いない」(WN, 511-2)。ダムの内と外では水深が異なるとはいえ、満水になればそれ以上の水は外にあふれ出ることになる。金銀の輸出禁止も、内外の金銀量に一定の段差を与えるとはいえ、しかし無際限に金銀を国内にひき留めておくことはできない。貨幣輸出禁止による金銀価値の下落を、スミスはあくまで、全体としての貨幣流出入システムの中での特殊的な一局面、と位置づけていたのである。

17)「奨励金は、国内市場において、国産穀物の真の価格でなく名目価格を引き上げるのであるから、つまり一定量の穀物が維持し雇用できる労働量を増加させるのではなく、その穀物と交換される銀量のみを増加させるのであるから、奨励金は、わが農業者に対しても田舎の郷士に対しても何も取るに足るほど役に立つことなしに、わが製造業を阻害するのである。」(WN, 514)

18)「国内市場の独占によるかあるいは輸出奨励金によって、わが羊毛あるいはリネン製造業者が、彼らの財貨を奨励金がないばあいに比べていくぶんかより良い価格で販売できるとすれば、これらの財貨は、その名目価格だけでなく真の価格もまた引き上げられたのである。その財貨は、より多量の労働量および生活資料と等価になり、その製造業者の利潤・富・収入は、名目的にだけでなく実質的にも増加され、彼ら自身がよりよい生活をしたり、あるいはその特定の製造業においてより多量の労働を雇用できるようになる。この製造業は真に奨励され、自然に委ねておくばあいよりも恐らくその国の産業のより多量がこの製造業に向かうことになる。」(WN, 515)

19)「事物の本性は、穀物に、その貨幣価格を単に変更するだけでは変更されえない真の価値を刻印した。どんな輸出奨励金も、またどんな国内市場の独占も、それを引き上げることはできない。最も自由な競争も、それを引き下げることはできない。世界全体を通じて、穀物の真の価値は穀物が維持できる労働の量に等しい。……羊毛やリネンは、他のすべての真の価値が最終的に尺度され規定される規制商品ではないが、穀物はそうなのである。他のすべての商品の価値は、その平均貨幣価格が穀物の平均貨幣価格に対してもつ比率によって最終的に尺度され決定されねばならない。」(WN,

515-6)
20)「奨励金は農業者の資本の利潤を引き上げることによって農業への振興として作用し、資本は製造業からひき揚げられて土地に使用され、やがて外国市場のために拡大された需要が供給され、その時には穀物価格は国内市場で再びその自然的で必要な価格 natural and necessary price に低下し、利潤は再びその通常で従来の水準になるだろう。」(Ⅰ, 301-2)
21) フランシス・ホーナは下院議員であり、リカードウが会員であった「ロンドン地質学会」にも関与しており (Ⅹ, 49, Ⅷ, 160)、地金論争を通じてマルサス、ミル、リカードウと頻繁に交流があった。ホーナが病に倒れた 1816 年に、ミルはリカードウに熱心に下院入りを勧めている (Ⅶ, 85-6)。ホーナの死後リカードウは、マカァロクに宛てて次のように書いている。「F. ホーナの死は下院にとって重大な損失でした。彼は経済学のあらゆる正しい原理の有力な支持者でありました。」(Ⅷ, 160)
22) リカードウが【穀価上昇→賃金上昇→全商品価格上昇】というスミスの"穀価波及説"の典拠とするのは、『国富論』第四篇第五章の以下の一節である。
「穀物の貨幣価格が労働の貨幣価格を規制する。この労働の貨幣価格は、つねに、労働者が彼や彼の家族を維持するに足るだけの量の穀物を購買できる程のものでなければならない。この労働者の生活維持の程度が豊かであるか適度であるか不十分であるかは、社会の状態が前進的か静止的か衰退的であるかに照応しており、雇用主はこの状態に応じて労働者を遇さねばならぬのである。／穀物の貨幣価格は、土地から生ずる他のいっさいの原生産物の貨幣価格を規制する。これら原生産物の貨幣価格は、進歩のどの時点にあっても、穀物の貨幣価格と特定の比例関係を保つにちがいない。とはいえこの比例関係は、時点が異なれば異なるのだが。穀物の貨幣価格は、例えば、牧草・乾草、食肉、馬、馬の飼料、したがって陸上運搬、つまりその国の国内商業の大部分の貨幣価格を規制するのである。／穀物の貨幣価格は、土地から生ずる他のいっさいの原生産物の貨幣価格を規制することによって、ほとんどすべての製造品の原材料の貨幣価格を規制する。穀物の貨幣価格は、労働の貨幣価格を規制することによって、製造業上の技術・勤労の貨幣価格を規制する。そしてこの両者を規制することによって、穀物の貨幣価格は、完成製造品の貨幣価格を規制する。労働の貨幣価格、および土地と労働のいずれかの生産物であるあらゆる物の貨幣価格は、必然的に、穀物の貨幣価格との比例関係において騰落するにちがいない。」(WN, 509-10)
23)「アダム・スミスの誤りは、『エディンバラ・レヴュー』の論者の誤りとまさに同じ源泉からうまれている。すなわち、彼らはともに『穀物の貨幣価格が他のすべての国産品の価格を規制する』と考えているからである。」(Ⅰ, 307)
24)「スミスは、諸商品の価格上昇を穀物の価格上昇の必然的帰結と考えるにあたって、増加する費用が支払われる元本があたかも賃金以外にないかのように推論している。彼は利潤を考慮することをまったく怠ったのである。」(Ⅰ, 308)
25) リカードウはこの一節を、『国富論』第二篇第二章から引用しているが、以下に示すようにスミスの原文とは大幅に違っている(アンダーライン部分が引用箇所である)。「紙券価値」と「金銀価値」の関連を主題としていたスミスの当初の議論は、部分的な引用によって、金銀の交換価値(「金銀の価値と他の何らかの種類の財貨の価値との間の比率」)の議論へと主題変更されている。スミスの同一箇所は、『原理』第 25 章(Ⅰ, 346)でも、やはり原文大幅修正の上で再引用されているが、それについては第3編第3章で触れる。

「紙券が金銀鋳貨の価値以下に低落したからといって、これら金属の価値が下落するわけではなく、あるいは、それら金属の等量を他の何らかの種類の財貨のより少量と交換させるわけでもない。金銀の価値と他の何らかの種類の財貨の価値との間の比率は、どんなばあいにも、ある特定の国で流通している特定の紙券の性質や分量に依存しているのではなくて、たまたまある特定の時期に商業世界という大市場にそれらの金属を供給している鉱山が豊かか貧しいかということに依存しているのである。その比率は、一定量の金銀を市場にもたらすために必要な労働の量と、一定量の他の何らかの種類の貨幣をそこにもたらすのに必要な労働の量との間の比率に依存しているのである。」(WN, 328-9)

26)「どんな商品の輸出奨励金も、貨幣価値を少しばかり下落させる傾向があることが認められねばならない。輸出を容易にするものは何であれすべて一国に貨幣を蓄積させる傾向がある。これと反対に、輸出を妨げるものは何であれすべて貨幣を減少させる傾向がある。課税の一般的効果は、課税商品の価格を引き上げることによって輸出を減少させ、それゆえ貨幣の流入を阻止する傾向がある。同じ原理によって、奨励金は貨幣の流入を促進する。」(Ⅰ, 316)

27)「私は別の所で、貨幣価値の局所的な下落は、農業生産物に影響を及ぼそうが製造品に影響を及ぼそうが、とうてい永続的にはなりえない、ということを示そうと試みてきた。貨幣が局所的に下落すると述べることは、この意味において、全商品が高い価格であると述べることなのである。すなわち、金銀がもっとも安い市場で自由に購買できるかぎり、金銀は他の諸国のより安い財貨に対して輸出され、そして金銀量の削減は国内での金銀の価値を増加させるだろう。諸商品はその通常の水準に復帰し、外国市場に適した諸商品が以前と同様に輸出されるだろう。」(Ⅰ, 310-1)

28)「今日、農村の地主によって、外国穀物の輸入に対して同様の高率関税を賦課するためにアダム・スミスの権威が引き合いに出されているから、これまで述べてきた所見を述べることはなおさら必要である。立法上の一つの誤謬によって、さまざまな製造品の生産費、それゆえまたその価格が消費者に対して引き上げられているのだから、公正という口実の下に、わが国は新たな強制取り立てに黙って服従することを求められてきたのである。私たちはリネン、モスリン、綿布に対して追加価格を支払うのだから、私たちの穀物に対しても追加価格を支払うのが公正だと考えられている。」(Ⅰ, 317)

29)「私はすでに、奨励金の効果のために需要が増大するところでは、穀物の市場価格は、必要な追加供給が得られるまではその自然価格を上回るだろうし、必要な追加供給が得られてからは再びその自然価格にまで下落するだろう、ということを示そうとしてきた。だが穀物の自然価格は、諸商品の自然価格ほどには固定していない。なぜならば、一定大きな追加的穀物需要があれば、劣等地が耕作に引き入れられねばならず、そこでは一定量を生産するためにより多くの労働が必要とされ、穀物の自然価格が騰貴するだろうからである。」(Ⅰ, 312)

30)「それゆえ私は、製造業者が製造品の輸入禁止で獲得したほどの大きな利益を地方のジェントルマンは穀物の輸入禁止で獲得しなかった、というアダム・スミスに同意することなく、彼らの方がはるかに大きな利益を獲得すると主張する。なぜならば、彼らの優勢は永続的であるのに対して、製造業者の優勢は一時的にすぎないからである。……地主は、穀物の自然価格の上昇にもっとも決定的な利益を有している。というのは、地代の上昇は原生産物を生産する困難の不可避的な結果であり、それなしには自

然価格は上昇しえないからである。そして穀物の輸出奨励金や輸入禁止は需要を増大させ、私たちをより貧弱な土地の耕作に駆り立てるので、必然的に生産の困難を増大させるのである。」（Ⅰ, 313-4）

31) ビュキャナンは、小麦は豊作・不作に関わりなく常に一定の人々を養うにもかかわらず、不作時に地主がより富裕になるのはなぜかと問い、それは不作時には小麦がより多量の財貨と交換されるからだと答える。小麦が養いうる労働が一定であるということと小麦がどれだけの労働を雇用・支配するかということとは、別の事柄のはずである。だからスミスが、穀物に刻印された「真の価値」を理由として穀価と賃金の連動（一定の労働には一定の穀物が分配される）を必然視したとき、ビュキャナンは、「スミス博士は穀物の使用価値と交換価値を混同している」（Ⅰ, 314）、と批判したのであった。リカードウは、「奨励金の問題のこの部分についてのビュキャナン氏の議論のすべては、私にはまったく明瞭で満足のいくものであるように思われる」（Ⅰ, 315）と、この評言に賛意を表明している。

32) リカードウのこの議論は、奨励金をスペインやポルトガルの金銀輸出制限とほぼ同一視したスミスを念頭に置いたものである。スミスは、「ある特定の国の特有な事情あるいは政治制度の結果のためにその国でのみ生じる銀価値の下落」あるいは「その国に特有な、あらゆる商品の貨幣価格の上昇」は、「その国内で営まれるあらゆる種類の産業を多かれ少なかれ阻害する」(WN, 510)、と奨励金を批判した。リカードウにとっては、「どんな商品の輸出奨励金も、貨幣価値を少しばかり下落させる傾向があることが認められねばならない」（Ⅰ, 316）とはいえ、「貨幣価値の局所的な下落は永続的なものではありえない」（Ⅰ, 310）と考えられるべきものであった。リカードウの"貨幣流出入論"が"金の国際的均衡配分論"をベースにしていることについては、第1編第3章ですでに述べた。また同一の主題は第25章でも再説されており、第3編第3章も併せて参看されたい。

33) 「他のあらゆる輸出奨励金と同様、穀物の輸出奨励金は二様の租税を人々に賦課するものである。……生活の第一必需品に対する非常に重い租税は、労働貧民の生活資料を削減するか、生活資料の貨幣価格の増加に比例して彼らの貨幣賃金の若干の増加をひき起こすかのどちらかにちがいない。前者であれば、労働貧民が子供を教育し育てる能力を低下させ、それだけその国の人口が抑制される傾向があるにちがいない。後者であれば、貧民を雇う……雇用者の能力を低下させ、その国の産業が抑制される傾向があるにちがいない。それゆえ奨励金によってひき起こされる穀物の異常な輸出は、毎年、外国市場と外国消費が拡大する分だけ国内市場と国内消費が縮小するというだけでなく、その国の人口と産業を抑制することによって、最終的には国内市場の漸進的な拡張を減衰させ抑制させる傾向がある。そしてそれゆえに、長い目で見れば、穀物市場と穀物消費の全体を増大させるよりも減退させる傾向があるのである。」(WN, 508-9)

34) この姿勢は、言うまでもなく課税論にも通底している。すなわちスミスは、製造品への租税は製造品価格に転嫁されるが農産品への租税は結局は地代にかかってくるという、アンバランスな"租税転嫁論"を展開した。これに対してリカードウは、租税は製造品・農産品の区別なく、すべて商品価格に転嫁されるという全面的な"租税転嫁論"を展開したのである。ここには、農業部面の特殊性を強調し租税源泉を地代に見るスミスと、「租税は……究極的にはその国の資本か収入のどちらかから支払われる」（Ⅰ, 150）というリカードウとの、"租税源泉論"（社会的剰余論）における相違があ

るのだが、それについては本書第1編に就かれたい。

35) 自明なことだが、【穀価上昇→賃金上昇】が生じるためには穀物輸入が制限されていなければならない。もし穀物輸入が自由であれば、奨励金による国内穀物価格の上昇は外国穀物の輸入をもたらし賃金上昇が帰結されない可能性もありうるからである。同様に【賃金上昇→全商品価格上昇】もまた、もし賃金上昇によって国内生産全体が萎縮し資本全体の全般的撤退が生じるのであれば、一国の商品供給総量の縮小のために商品価格は価格総額としては必ずしも上昇せず、したがって賃金上昇は商品価格上昇というよりも資本縮減による総額としての利潤縮小をひき起こす、とも考えられるだろう。裏返せば、スミスの【穀価上昇→賃金上昇→全商品価格上昇】は、貿易と資本移動を規制する重商主義政策の枠組内で展開された価格プロセスだ、と言えるのである。貿易と資本移動の「普遍的自由」を前提としたリカードウの奨励金論は、このスミス的なテーマ設定そのものからの脱却だったのである。

36) 例えばリカードウは、注31) で述べたビュキャナンの評価に続いて、穀価と賃金が連動しないと単に強弁するだけのビュキャナンでは、穀価上昇と貨幣価値下落のスミス的同一視を克服できないだろうと、次のように批判している。「そうだとすれば、彼［ビュキャナン］がどのようにしてこのような穀物の騰貴を貨幣の価値の下落から区別するのか、あるいは彼がどのようにしてスミス博士とある程度違った結論に到達できるのか、私には分からない」（Ⅰ, 315）。賃金上昇に連動する穀価上昇と、貨幣価値下落による穀価上昇との直接的同等視に、リカードウのスミス批判は向けられていたのである。

37) 「アダム・スミスはさらに、奨励金の効果は貨幣価値の局所的な下落をひき起こすことであると考えている。……私は別の所で、貨幣価値の局所的な下落は、農業生産物に影響を及ぼそうが製品に影響を及ぼそうが、とうてい永続的にはなりえない、ということを示そうと試みた。」（Ⅰ, 310）

第2章

生産奨励金論
―第23章の研究―

第1節　はじめに

　『原理』第23章「生産奨励金について *On Bounties on Production*」は、「論争的諸章」部分中、「輸出奨励金と輸入禁止」（第22章）と「土地の地代に関するアダム・スミスの学説」（第24章）の間に挟まれた短い章である。この章は、内容的には生産奨励金の国内経済に及ぼす影響という点では"資本蓄積論"として、交付される奨励金のための租税徴収という関連では"課税論"として、そしてまた一般的には輸出奨励金論とワンセットにされて"外国貿易論"として、検討されることが多い。

　わずか7つのパラグラフから成るこの短い章は、「論争的諸章」中、他の経済論者についての言及がまったくない唯一の章である。実は、第19章もまた初版段階では他の論者の名前が一度も出てこない章なのだが（第2版でセイ等々についての注が付け加えられた）、そのことは、第23章が「論争的諸章」部分の冒頭章である第19章とともに、理論的な性格の強い章であることを示唆している[1]。

　スミスのばあい、生産奨励金論は『国富論』第四篇第五章「奨励金について」で、輸出奨励金論に続いて言及されている。そこでは、漁業・帆布・火薬に対する生産奨励金が国防上の必要という理由から一定擁護されつつも、基本的にはやはり、「ある特定種類の製造業者の活動を支えるために、国民全体の産業に課税することが合理的であることは滅多にありえない」（WN, 523）と批

判される。特に、ニシン漁業に対する「トン数奨励金」については精密な数値を示しながら、その実際上の問題点が析出されている。また輸出精製糖奨励金や輸出火薬奨励金は、税関用語では「奨励金」と呼ばれているが実態は「戻税」であること、優秀な職人の競争心を保持するために与えられる少額の「報奨金」は推奨されるべきこと、などが指摘されている。

これに対してリカードウのばあいは、生産奨励金論が輸出奨励金論の単なる"補論"としてでなく、章として独自に設定されていることが、まず注目されよう。以下、第23章への内在を通してリカードウ生産奨励金論を、『原理』全体の理解にも関わらせて析出していくことにする。

第2節　リカードウ生産奨励金論の展開

1）課題設定と第23章の諸仮定

リカードウは第23章を、次のような問題開示によって始めている。

> 資本の利潤、土地と労働の年々の生産物の分割、および製造品と原生産物の相対価格に関して私が確立しようと努力してきた諸原理の適用を観察するために、原生産物と他の諸商品の生産への奨励金の諸効果を考察することは、無益ではあるまい。（Ⅰ, 321）

自分はこれまで「資本の利潤」「年々の生産物の分割」「製造品と原生産物の相対価格」に関する「原理」の確定に努めてきたが、生産奨励金論はこれら諸原理の有効性を証明する上で格好のフィールドを提供するだろう、とリカードウは考えている。ここで「生産奨励金」の「生産」という語が強調されているのは、前章（第22章）の「輸出奨励金」との相違を強調するためである。輸出奨励金のばあいには、当然、輸出先（外国貿易）が前提されるが、リカードウは"生産奨励金論"では外国貿易を捨象し、"輸出奨励金論"と意識的に区別するのである。そのことは、第23章の末尾での章全体をふり返っての次の一節からも明らかだろう。

> この問題を考察するに際して、私たちは故意に、このような諸方策［生産奨励金］の外国貿易への効果を除外してきた。すなわち私たちはむしろ、他の諸国と何ら通商関係をもたない一孤立国のばあいを想定してきた。……しかし、もし外国通商があって、その通商が自由であるとするならば、もはやそのようにはならないだろう。（I, 325-6）

リカードウの生産奨励金論では、全体として外国貿易の捨象が前提されているのである。実は、このような「限定」や「仮定」は第23章には多出しており、本節冒頭に引用した問題開示の一節の後でも、すぐにリカードウは次のような「想定」を置くことから始めている。

> まず最初に、穀物の生産に奨励金を与えるに際して政府によって使用されるファンドを調達するために、租税が全商品に課されたと想定しよう。そのような租税のどの部分も政府によって支出されるのでなく、また人民の一階級から受け取られた全てが他の階級に返還されるのだから、国民全体としては、そのような租税や奨励金のためにより豊かになることもより貧しくなることもないだろう。（I, 321）

生産奨励金の交付にちょうど見合った租税額が徴収されるという「想定」がおこなわれているのである。すなわち、「政府」は、一方の手で受け取った「租税」を他方の手で「生産奨励金」として返還するのだから、国民の富は絶対額としては増減しないと「想定」されているのである。そしてそのような仮定の上で、リカードウは、冒頭に述べた「資本の利潤」「土地と労働の年々の生産物の分割」「製造品と原生産物の相対価格」という3つの観察対象に及ぼす生産奨励金の作用を吟味していくのである。ここであらかじめリカードウの結論を一瞥しておこう。「生産奨励金」は、何らの資本移動もひき起こさず、地代・賃金・利潤の分割も実質的には変動させず、ただ諸商品の相対価格のみを変動させるというのが、この章でのリカードウの基本主張である。以下、順を

追って見ていこう。

2）価格プロセスへの影響

　まずリカードウは、生産奨励金（およびその財源確保のための租税）が商品価格に及ぼす影響について述べる。そして、穀物の生産奨励金は穀物価格を低下させ製造品価格を上昇させる、と言う。奨励金が交付される穀物の「自然価格」は低下し、奨励金用ファンドのために租税が賦課される製造品の「自然価格」は上昇するからである。すなわち、このように奨励金と租税は価格に対して正反対に作用し、生産奨励金によって「製造品と原生産物の相対価格」は変動することになるのである。その際、奨励金の恩恵は価格低下した穀物の「消費者」によって享受され、奨励金のための租税の負担は価格上昇した製造品の「消費者」によって担われることになる。そうして、「需要」における何らの変更も生じていないのだから、奨励金は資本の配分には一切作用することはない。リカードウは、このように生産奨励金（およびそのための租税）の作用を把握するのである。

　　　農業と製造業の間の資本配分には、どのような永続的変更も生じないだろう。なぜならば、資本額にも人口にも何らの変更もないので、パンと製造品に対するまさに同一の需要が存在するだろうからである。穀物価格の下落後には、農業者の利潤は一般的水準よりも高くはない。また製造品の上昇後には、製造業者の利潤もまた一般的水準よりも低くはないだろう。それゆえ奨励金は、より多くの資本を穀物生産地に使用させるわけでもなく、財貨の製造により少ない資本を使用させるわけでもないだろう。（I, 322）

　穀物生産奨励金は穀物生産を促進させず「資本配分」も変更させない、という結論は興味深い。なぜならば、生産を奨励するための生産奨励金は「生産」を奨励しない、と述べていることになるわけだからである。しかし、生産奨励金は穀物と製造品の「相対価格」だけは変動させる、とリカードウは言う。もし穀物の価格が奨励金分だけ低下しなければ、奨励金が交付される農業者は一

般的利潤率以上のものを受け取ることになり、逆にもし製造品の価格が租税分だけ上昇しなければ、製造業者は一般的利潤率以下のものを受け取ることになってしまうからである。こうして、奨励金によって低下した「自然価格」と租税によって上昇した「自然価格」に向かって、穀物と製造品の「市場価格」がそれぞれ収斂していくことになる。

　では、奨励金によって「土地と労働の年々の生産物の分割」はどのように変化するのだろうか。まず「地代」についてリカードウは、「原生産物に対する租税」と同様、穀物生産奨励金は「貨幣地代」を変化させない、と言う。ただし、原生産物に対する租税とは反対に、「穀物地代」が増加することを指摘する[2]。そして地主については、獲得した地代でもって安い穀物と高い製造品を両方とも購買するのだから相殺されてしまい、奨励金によって富裕になることも貧困になることもない、と推論する。

　　地主は同額の貨幣地代をもって、製造品に対してはより大きな価格を支払わねばならぬが、穀物に対してはより少ない価格を支払うだろう。それゆえ、恐らく彼はより豊かにもより貧しくもならないだろう。（I, 322）

　次に、「賃金」と「利潤」について。「地代」とは対照的に、リカードウは貨幣賃金と貨幣利潤は奨励金とともに変動すると押さえる。奨励金によって穀価が下落すれば労働者の貨幣賃金が低下し、賃金が低下すれば利潤は上昇する、と考えられるからである。"賃金・利潤相反論"である。しかし、それにもかかわらず奨励金によって実質賃金と実質利潤は変動することはない、とリカードウは主張する。その際、奨励金による利益の享受とそのための租税負担の支払い、という議論が絡ませられてくる。少々混み入ってはいるが、第23章の興味深い論点であるから、リカードウの説明を丹念に辿ってみることにしよう。

3）奨励金と租税の相補的関係

　リカードウは、奨励金の利益と租税負担のバランス、という考え方を提示する。穀物生産奨励金は安い穀価と高い製造品価格をもたらすが、労働者は穀物

の購買によって奨励金の恩恵を、製造品の購買によって租税の負担を引き受け、「もしこの２つの量が等しければ賃金はひき続き不変」（Ⅰ,322）で、労働者の受益と負担はバランスするはずである。しかし、労働者の消費は主として穀物に向けられるから、このバランスは崩れる。また穀物価格の低下とともに労働者の賃金は低下し、「あらゆる賃金下落は利潤率を高めるように作用するに違いない」（Ⅰ,323）から、利潤が上昇してくる。しかしこの利潤の上昇は、「雇用主にとっては真の利益ではない」（Ⅰ,322）。なぜならば、課税品（製造品）を消費しない労働者の租税負担分を、雇用主は労働者に代わって収めなければならないからである。つまり、「雇用主は、彼自身のだけでなく労働者の租税分担額を支払うための代償として、高い利潤率を得る」（Ⅰ,323）にすぎないのである。

奨励金による商品価格の相対的変動は賃金と利潤を名目的に変動させるが、実質的には何ら変動させることはない、とリカードウは言うのである。もちろん、利潤率が労働生産力の変動のような「自然的原因」によって上昇するばあいには、「資本の利潤率が上昇するだけでなくそれを獲得する者の境遇も改善されるだろう」（Ⅰ,323-4）[3]。だが、課税や奨励金のような「人為的方策」によって利潤率が上昇するばあいには、「彼の真の状況は悪化はしないけれども、いささかも改善されない」（Ⅰ,324）。だから、とリカードウは強調する。以上のことは逆にまた、「必需品に対する租税」が賃金を引き上げ利潤率を引き下げるからといって非難の対象にならないことの、反対側からの論証にもなっているだろう、と[4]。

生産奨励金が穀物にでなく製造品に交付されたとしても、以上とまったく同様のことが言えるだろう。このばあい、「貨幣地代はひき続き以前と同じだろう」（Ⅰ,325）が、「穀物は高価になり諸商品は安価になる」（Ⅰ,325）。つまり穀物奨励金のばあいとは反対に、穀価が上昇し製造品価格が低下するのである。労働者は高い穀価を支払うことによって奨励金の恩恵よりも租税の負担を強いられることになるが、賃金上昇によって補償される。他方、賃金上昇は利潤率を低下させるが、雇用主は、価格低下した製造品の消費の際に奨励金の恩恵を受け補償される。すなわち、「このばあいにもまた、いささかの国民的結果も生み出さない複雑な方策があるだけであり」（Ⅰ,325）、「利潤は下落するだろう

が、それは、労働者の租税分担額が労働の雇用主によって支払われる様式のため」（Ⅰ,325）なのである。

4）結　　び

　結局、穀物の生産奨励金は、何ら生産を奨励せず、地代・賃金・利潤への「年々の生産物の分割」も何ら実質的に変動させず、諸商品の「相対価格」を変動させる複雑なだけの方策である、ということになる[5]。一国の需要が同一であるかぎり、「奨励金がどのような方向をとろうとも、資本を一事業から他の事業へ移動させる誘因は存在しないだろう」（Ⅰ,326）からである。

　しかし外国貿易を想定すれば、奨励金はまったく異なる作用を及ぼすことになる。国内商品価格の相対的変動が輸出入構造に作用し、外国貿易からの反作用によって国内生産構造が変動させられ、「そのような財政的方策は事業の自然的配分をまったく変更するかも知れない」（Ⅰ,326）からである。このことは、私たちを再び前章（第22章）の議論へと立ち帰らせる。リカードウは、生産奨励金の輸出入に及ぼす影響に言及しながら、次のように第23章を結んでいる。

　　諸商品と穀物の相対価値を変更することによって、またそれらの自然価格に非常に強い影響をもたらすことによって、私たちは、その自然価格が低下した諸商品の輸出に強い刺激を与え、その自然価格がひき上げられた諸商品の輸入にも同等の刺激を与えるだろう。こうして、そのような財政的方策は事業の自然的配分をまったく変更するかも知れない。とはいえ実際には、利益は諸外国のもので、そのような愚かな政策が採用された国には破滅的なものになるかも知れないのだが。（Ⅰ,326）

第3節　小　　　括

　"生産奨励金論"に「外国貿易」を導入する、すなわち第23章を第22章との関連の下に再展開するならば、奨励金の弊害はより立体的に浮かび上がってくるだろう。すなわち、穀物への生産奨励金は穀物の価格を低下させ、低穀価

によって外国の需要が高まり国内の穀物生産が促進されるが、しかし劣等地耕作によって高穀価と地代増が帰結される、という推論の接続が予想されるだろう[6]。そして、穀物がひき続き輸出されるためには、さらなる奨励金の交付が（同時にその財源のための租税が）必要になり、そのことによって劣等地耕作がさらに進展していく。したがって生産奨励金は、高穀価と地代増加のために資本を人為的に穀物生産に傾斜配分する、一国にとってまさに「破滅的」な政策と言わなければならないのである。

このようなリカードウの政策的主張は明解であり間然するところがない。だが別の角度から見れば、第23章は『原理』全体に関わる含蓄ある論点を内蔵していることが指摘されうる。すでに述べたように、第23章には実に多くの「仮定」が出てくる。すなわち、①奨励金交付のためにそれと同額の租税賦課がおこなわれるという仮定、②需要は一定不変に維持され資本配分の変動は生じえないという仮定、③奨励金の一国内での作用のみが検討され外国貿易は捨象されるという仮定、である。「仮定」とは、限定された方向での理論の彫琢であるとともに、除外された領野への理論的関心を潜在させることによって、対象のより深い認識へと向わせるものでもある。以下では、これら3つの仮定を手がかりに、"生産奨励金論"をできるだけふくらませて読み込むことによって、『原理』全体の理解に資することにしたい。

まず第一に、生産奨励金がそのための租税賦課と一体的に設定されていることについてである。第22章"輸出奨励金論"では、このような"財源"への関説はおこなわれなかった。そこでは、国民経済に及ぼす輸出奨励金交付の影響が主題であって、奨励金の財源調達は前提されていたからである。"課税論"（第8～18章）のばあいには、これとは反対に、租税の徴収とその影響が主題であり、徴収された租税がどのように支出されるかは議論の後景に退けられていた[7]。生産奨励金論においてはじめて、租税徴収と租税支出の両面が同時に真正面から問題設定されたと言えるのである。

さしあたり確認できることは、第23章のこのような仮定は、「政府」の諸作用を際立たせ、それを純粋に記述させる場を設定した、ということである。租税徴収⇄租税支出という政治的な操作プロセスの中で、政府が国民経済に及ぼ

す作用は、絶対額としてはプラスにもマイナスにもならない。資本の移動もないし、地代・賃金・利潤の実質的変動もない。しかし、商品の相対価格は変化し、租税支払い者から奨励金受領者に富が移転している。このことは、"経済循環"とは区別される"政治循環"とでも呼ぶべき位相の存在を予想させる。リカードウは、奨励金の交付と租税の賦課をワンセットで設定することによって、経済過程に介入する「政府」の"影"を商品価格の変動の中に写し取っているのである。

そのことは、「消費者」とは誰かということに関連してくる。周知のように「消費者」は、リカードウの「地代論」や「課税論」において重要な役割を果たしている。優等地に生じる地代は消費者から地主への価値の移転であり、課税によって上昇した商品価格は消費者に転嫁される、と言われる[8]。だが、消費者に独自の消費支出用ファンドがあるわけではない。彼らは、あくまで地代・賃金・利潤の諸収入形態を通して支払うに過ぎず、経済的カテゴリーとしての「消費者」の独自の存在意義は希薄と言わなければならない。ところが第23章でリカードウは、奨励金および租税による商品の相対価格の変動に応じて、消費者に2種類の役割を演じさせるのである。すなわち、価格低下した商品の購買者には奨励金の恩恵を、価格上昇した商品の購買者には租税の負担を、それぞれ割り振る。このばあい、奨励金交付と租税賦課とはゼロ・サムであり、地代・賃金・利潤の実質的総額にはまったく手がつけられていない。つまりリカードウは、経済過程では諸収入範疇に吸収されてしまう「消費者」を、「政府」操作が変動させる商品価格との相関で再定義したと言えるのである。リカードウにおいて「消費者」は、「政府」との関連で輪郭づけられる概念なのである。

さらに、この「消費者」を再び収入諸形態と重ね合わせることによって、地代・賃金・利潤の間の位階性が浮かび上がってくる。「消費者」としては、地主・労働者・資本家の間に差別はない。三者は、その消費に応じて奨励金の恩恵をより多く、あるいはより少なく受け取るだけである。とはいえそれぞれの収入形態は、「奨励金」や「租税」という政治的操作に対して異なった反応をする。まず「地代」について言えば、奨励金や租税の作用は地主の貨幣地代に

直接及ぶことはなかった。地主は確定的な貨幣地代をもって、価格変化した諸商品に対して「消費者」として支出するのである。他方、賃金と利潤は、奨励金や租税の作用を受ける。「賃金」は穀価にスライドして変動する。したがって奨励金によって穀価が低下すれば賃金は低下し、労働者は低下した賃金でもって、価格低下した穀物を「消費者」として購買するのである。賃金の低下に相反して利潤は上昇するだろう。雇用主は、上昇した利潤でもって高騰した製造品を「消費者」として購買し、それによって、労働者が安価な穀物を購買することによって免れていた労働者の租税分担額を支払うのである。つまり労働者と雇用主の消費は、実質的には奨励金による価格変化のうちにすでに織り込み済みであり、賃金と利潤は名目的にのみ変動すると言えるのである[9]。地主のみが、地代の名目的な確定性の上で、「消費者」としての実質的な選択をおこないうるのである。生産奨励金と租税徴収のバランス論は、「消費者」による支出を通して、地代・賃金・利潤に潜在していた階層性を照らし出すのである。

　第二に、奨励金は需要が一定不変に維持され資本配分不変の下で交付されるという仮定に関連してである。リカードウは、生産奨励金によっても国民資本は削減されないから需要は変動せず、したがって資本は移動せず資本配分の変更も生じない、と述べた。課税論でリカードウは、租税は需要を変動させないと述べていたから、ここで奨励金が需要を変動させないと言っていることは了解できる[10]。しかし、需要の変動がないから資本移動も生じない、という推論には簡単には同意できない。奨励金によって生じた「自然価格」と「市場価格」の乖離は、資本移動なしには調整されえないはずだからである。

　ここで、「自然価格」と「市場価格」に関するリカードウの議論の基本線を確認しておこう。リカードウは言う。人間の欲求と願望は絶えず変動し、したがって需要を満たすための供給も絶えず変動していく。しかし往々にして供給は需要に追いつかず、需給の不一致による「自然価格」と「市場価格」の乖離が生じうる。この期間には、「市場価格」は「自然価格」よりも高くあるいは低くなるだろう。しかし資本移動による供給調整によって「市場価格」は「自然価格」に収斂し、乖離は埋められていく。リカードウにおける「自然価

格」と「市場価格」の運動は、このように供給に対する"需要の先行性"と"資本移動による調整"という枠組みで考えられているのである[11]。

さて、確かにリカードウが言うように、奨励金が需要を変動させないのだとすれば、「自然価格」と「市場価格」の乖離も発生せず、資本移動も生じないことになるのだろう。だがしかし、奨励金は穀物の「自然価格」を引き下げるのではなかったのか。そのばあい、「自然価格」と「市場価格」の乖離が発生するのではないのか。そして、「市場価格」の「自然価格」への収斂は資本移動によっておこなわれるのではないのか。この点についてのリカードウの記述は、以下のようである。

> 生産奨励金が支払われる以前には、農業者はその穀物とひき換えに、彼らの地代と経費を償い一般的利潤率を与えるのに必要な大きさの価格を獲得した。奨励金が支払われた以後には、もし穀物の価格が少なくとも奨励金に等しい額だけ下落しなければ、彼らは一般的利潤率より多くを受け取るだろう。それゆえ租税と奨励金の効果は、賦課された租税と等しい程度に課税品の価格を引き上げ、支払われた奨励金と等しい額だけ穀物価格を引き下げることにあるだろう。（Ⅰ, 321-2）

ここで言われている「価格」は「市場価格」のことと考えて良いが、見られるようにリカードウは、穀価下落の必然性は語るが、穀価が低下していくプロセスについては何ら展開しようとはしていない。奨励金の交付後にもし穀価が下落しなければ、農業者は「一般的利潤率」（「自然価格」）以上を受け取ることになってしまう、だから穀価（「市場価格」）は下落しなければならない、と断言しているだけである。課税論のばあいと違って、資本移動を通じての価格調整についての明確な叙述は回避されているのである[12]。

これは第23章が抱える"困難"である。おそらくそれは、外国貿易捨象の仮定に関係している。もし外国貿易が想定されるならば、外国からの需要によって穀物生産がより劣等な土地に進展していき、穀物の「自然価格」は上昇し「市場価格」がこの上昇した「自然価格」に向かって上昇していく、つまり奨

励金によって穀価は低下でなく上昇していくと推論されるからである。リカードウが資本移動を通しての穀価の低下について明言を避けたのは、外国貿易捨象の仮定の特異性を意識してのことであった可能性は高い。とはいえこのような"困難"を抱懐するにもかかわらず、第23章における「需給構造」「資本移動」「価格変動」の窮屈な凝集状態は、これら諸項の緊密な関連を露わにすることによって、逆に関連プロセス解明への端緒を与えているとも考えられるのである。

　第三に、生産奨励金論における「外国貿易」捨象の仮定に関してである。リカードウは、外国貿易は一般に諸商品の分量を増大させるが必ずしも資本の利潤を上昇させず、資本の利潤が上昇するのは輸入商品が労働の賃金を低下させるかぎりでのことであり、富と価値は区別されなければならない、と論じた[13]。

　この観点は、もちろんスミス輸出奨励金論の批判においても貫かれていく。スミスは、輸出奨励金は貿易の自然的方向を歪めることによって、当該商品だけでなく全部面にわたる商品価格の上昇と利潤率の上昇を生じさせる、と述べた。奨励金による輸出の増進は、その商品の価格を上昇させ利潤を高めることによって、資本の流入と生産の促進をもたらし、そのことは他部面での供給縮減をもたらすから、結局、全商品の価格と利潤が上昇する、と推論されるからである。しかし穀物のばあいには、製造品のばあいと違って輸出奨励金が穀物生産を促進することはない、とスミスは主張した。奨励金による穀物価格の上昇は、【穀価上昇→賃金上昇→全商品価格上昇】というプロセスを通して全商品価格の上昇に波及していき、穀物は価格としての相対的な"高み"を維持できず、したがって資本の流入は生じず穀物生産は促進されない、と推論されるからである。リカードウから見れば、利潤率上昇と財貨の供給増を直結する前者にも、また賃金上昇と商品価格上昇を直結する後者にも、ともに「富」と「価値」の混同を指摘することができるだろうが、ともかくスミスは、このように奨励金の作用を製造品と穀物では別々に異なるものとして描き出したのであった。

　これに対してリカードウは、第22章では、製造品の輸出奨励金が生産を促進するのと同様に、穀物の輸出奨励金による高穀価もまた穀物生産を促進する、

と主張してスミスと対立する。そしてその上で、製造品のばあいには追加供給によって価格が低下するのだが、穀物のばあいには追加供給が劣等地でおこなわれるために穀物の自然価格そのものが上昇するから穀物価格は低下せず、高い穀価は賃金上昇と利潤低下、そして地代の増加をもたらすだろう、と推論していく。こうして、輸出奨励金は農業部面には不利になると言ったスミスとは、正反対の見解が対置されるのである。

リカードウのこの第22章の議論に欠落しているものは、スミスの推論そのものへの内在であろう。スミスの"穀価波及説"に対してリカードウは"劣等地耕作論"を対置させて、異なる結論を導き出した。しかし、もしスミスが言うように穀価が賃金を通じて全商品価格に波及していくのだとしてみれば、穀物輸出奨励金は商品の相対価格を変動させず資本も移動させない、というスミスの主張は、それはそれとして論理として成立可能だろう。とすれば、相対価格が変動しないから資本も変動しないというスミスの推論に対する批判としては、相対価格が変動するから資本も変動すると言っただけでは不十分で、相対価格が変動しても資本が変動しない、あるいは相対価格が変動しなくても資本が変動する、という推論命題を示す必要があるのではないか。第23章はこの課題に答えるものである。

ここでもう一度第23章の冒頭文に立ち戻ってみよう。そこでは、生産奨励金論の検討課題として、「資本の利潤」「年々の生産物の分割」「製造品と原生産物の相対価格」の3つの項目が挙げられていた。これらをそれぞれ"資本配分""分配関係""価格関係"のように読み換えてみれば、穀物生産奨励金は"資本配分"も"分配関係"も変動させないが商品の"価格関係"だけは変動させるという第23章のリカードウの議論は、奨励金は"価格関係"を変動させないから"資本配分"も"分配関係"も変動させないというスミスの議論に対する、推論上適切な批判形式を備えたものであることがわかるだろう。こうして、奨励金による穀価変動は穀価波及のプロセスによって名目化されてしまうというスミス奨励金論の核心である"穀価波及説"が、まさに問題として俎上に上せられることになるのである[14]。

奨励金交付と租税徴収をバランスさせ、外国貿易を捨象し需要を不変と想定

するリカードウの「仮定」は、"資本配分""分配関係""価格関係"の特殊な組み合わせの設定によって、スミス奨励金論を内在的に解体させるものであると言えよう。このようなトータルな意味において、第23章は第22章の補完章なのである。

【注】
1) 第23章のタイトルの頭に「On」が付いていることも注目される。『原理』の章タイトルを通観してみると、第3版の全32章中、「On」の付いたものが16、「On」の付いていないものが16と、ちょうど半々になっている。とはいえ、「経済学の原理」部分では7つの章のすべてに「On」が付けられているのに対して、「課税論」部分では「On」が付されている章が冒頭章（第8章）のみであるというように、そこには一定の傾向性が看取できる。いま、リカードウはより「理論的」な諸章には「On」を付し、より「論争的」な諸章には付さなかった、という仮説を立ててみれば、「論争的諸章」部分は、「On」が付いている第19、23、25〜28、30、31章、「On」が付いていない第20〜22、24、29、32章のように分類でき、これは諸章の叙述内容に一定照応するようにも思われる。リカードウの章タイトルのあり方とともに、今後検討すべきテーマであろう。「論争的諸章」部分の原タイトルは以下のようである。

  Ch. 19 *On Sudden Changes in the Channels of Trade*
    20 *Value and Riches, their Distinctive Properties*
    21 *Effects of Accumulation on Profits and Interest*
    22 *Bounties on Exportation and Prohibitions of Importation*
    23 *On Bounties on Production*
    24 *Doctrine of Adam Smith concerning the Rent of Land*
    25 *On Colonial Trade*
    26 *On Gross and Net Revenue*
    27 *On Currency and Banks*
    28 *On the comparative Value of Gold, Corn, and Labour, in Rich and in Poor Countries*
    29 *Taxes paid by the Producer*
    30 *On the Influence of Demand and Supply on Prices*
    31 *On Machinery*
    32 *Mr. Malthus's Opinions on Rent*

2) 貨幣地代（GR）は穀物地代（KR）と穀物価格（p）の積で与えられ（$GR = p \times KR$）、したがって貨幣地代不変で穀物価格低下ならば穀物地代は増加するからである。これと反対の「原生産物に対する租税」の数値例を使った説明は『原理』第9章を見よ（I, 157-8）。

3) ここで引用した、「資本の利潤率が上昇するだけでなくそれを獲得する者の境遇も改善されるだろう」（I, 323-4）という一文は、初版と第2版では、「資本の利潤率が増大するだけでなく資本の絶対利潤も増大するだろう」となっていた（I, 324）。労働生産力の変動による利潤率の上昇は雇用主の実質的な生活改善につながる、という意味で第3版では「境遇 condition」という言葉に変更されたのであるが、初版・第2

版において「絶対利潤absolute profits」という言葉が使用されていたこともまた、記憶に止めておきたい。利潤の「絶対」的増大と言うことによって、商品の「相対」価格の変動という"価格論"との論脈を言外に伝えてくれるからである。

4)「それゆえ以上のことは、必需品に対する租税が賃金をひき上げ利潤率をひき下げるからといって、何らの特別の不利益も生じないということの、もう一つの証拠である。」(Ⅰ,324)

5)「それゆえ穀物の生産奨励金は、穀物を相対的に安く製造品を相対的に高くするけれども、その国の土地と労働の年々の生産物に対しては何ら実質的な影響をもたらさないだろう。」(Ⅰ,325)

6) 輸出奨励金が、一国の資本の自然的配分への人為的干渉によって穀価を高め地主を利する「最悪の種類の課税」(Ⅰ,314) である、と主張する第22章の推論プロセスについては、前章を参照されたい。

7) 租税徴収の国民経済に及ぼす影響を検討課題とする"課税論"において、租税は本質的に生産を阻害するものであるという"租税有害論"や、租税は国民経済にとって必要不可欠なものだが極力低く抑えられる方が良いという"租税必要悪論"のような、租税徴収批判論が前面に出てくるのは当然のことと言える (Ⅰ,152, 185, 206-7, 221-2, 225, 238-9, 244)。とはいえよく知られているように、課税論には、租税の集め方("徴収")だけでなく使い方("支出")に関する議論もまた随所に確認することができる。例えばリカードウは、第16章で労働ファンドに及ぼす政府支出の「生産的」な効果について語っている (Ⅰ,220, 237)。また第9章や第11章の政府による"相殺的な特別税"に関する議論 (Ⅰ,160-1, 179)、国債の元本と国債費の区別に言及した第17章の議論 (Ⅰ,246, 249) もまた、同種のものとして見落とされるべきではないだろう。

8)「地代論」に関しては第2章と第32章を (Ⅰ,74, 400)、「課税論」に関しては第9章、第15章、第17章、第18章を (Ⅰ,157, 159, 205, 244, 252-4, 256-7)、それぞれ参照のこと。

9)"賃金・利潤相反論"は、この名目的な価格関係の変動と結びついた概念にほかならない。すなわち、賃金と穀物価格、利潤と製造品価格の結びつきが近似的に言えると考えるならば、奨励金によって穀価と製造品価格が反対方向に変動するとき、賃金と利潤が相反的に変動することは自明であろう。反対に、リカードウが第9章で示したように、資本蓄積が実質的に進展するばあいには"賃金・利潤相反論"が顕勢化しない、という可能性もありうるのである (Ⅰ,162-4)。さらにまた、諸収入範疇の階層性を示唆する第23章のここでの叙述は、もともと"賃金・利潤相反論"が、賃金上昇が商品価格上昇に直結するものでないことを主張する概念であったことを想起させてくれる。例えば第32章で、"賃金・利潤相反論"が賃金と地代の両者を媒介する利潤という視角から析出されているように (Ⅰ,410-1)、"賃金・利潤相反論"は単に賃金と利潤の二項関係に解消させられる概念ではないのである。

10) 例えば第16章でリカードウは、「租税が収入にかかって資本にかからなければ、需要総額は減少せず単にその性質が変わるにすぎないのである」(Ⅰ,237) と述べている。

11)「自然価格」と「市場価格」の乖離が資本移動によって調整されるプロセスについては、第4章および第30章を参照のこと (Ⅰ,88, 90, 382)。またリカードウが、供給に対する"需要の先行性"という枠組みで考えていたことについては、両章のほか、

「物事の普通で通常の成り行きにおいては、すべての商品に対する需要がその供給に先立つ」（Ⅰ, 409）と明言した第32章を指摘しておこう。これは、マルサスの「穀物はそれ自らの需要を創出する」という高穀価擁護論を批判したものであるが、第21章における「需要のない商品をひき続き生産することはありえない」（Ⅰ, 290）という一節とともに、一見すると供給主導的に見える"セイ法則"（「供給はそれ自らの需要を創る」）へのリカードウの支持が、実は"需要の先行性"の上での議論であることを示唆していて興味深い。"需要の先行性"論はまた、「一国で生産的に使用できないほどの分量の資本が蓄積されることはありえない」（Ⅰ, 290）という、やはり第21章の"スミス資本過剰論批判"にもつながっていくだろう。

12) これに対して課税論のばあいには、例えば第9章の次の一節のような、資本移動による供給減少についての明確な言及がある。

「もし原生産物の価格が、耕作者に租税を補償するほどまでに上昇しなければ、彼は当然、利潤の一般的水準以下に彼の利潤が切り下げられてしまう事業を立ち去るだろう。このことは供給の減少をひき起こし、ついには、減退しない需要が原生産物の価格を、その耕作が他の事業への投資と同等に有利になるほどまでに、上昇させるだろう。」（Ⅰ, 156）

13) リカードウの外国貿易論における"富と価値の区別"については、『原理』第7章、第20章、第22章、第25章を参照のこと（Ⅰ, 128, 128-9, 131, 133, 273, 319, 344）。ここで「富」とは必需品・便益品・安楽品の豊富に関わる概念であり、「価値」とは利潤（賃金）等の分配範疇に関わる概念である。念のため第7章の一節を引いておこう。そこには、「富」の側に「財貨の豊富」「価格」「消費者」が、「価値」の側に「賃金財」「利潤」「生産者」が、それぞれ対比的にジャンル分けされていることが読み取れよう。

「外国貿易は、収入が支出される対象物の総量と種類を増大させ、また諸商品の豊富と安価によって貯蓄への誘因と資本蓄積への誘因を与えるので、一国にとって非常に有利であるのだが、しかしもし輸入される諸商品が労働の賃金が支出される種類のものでないかぎり、資本の利潤を引き上げる何らの傾向ももたない。／外国貿易に関してこれまで述べられてきた見解は国内商業にも等しく当てはまる。利潤率は、労働のより良い配分・機械の発明・道路と運河の開設・財の製造あるいは運搬における労働を短縮する手段によっては、決して増大させられない。これらは価格に作用する原因であり、消費者にとっては間違いなく非常に有益である。……しかしそれらは、利潤にはまったく何の影響も及ぼさない。他方では、労働の賃金のあらゆる縮減は利潤を引き上げるが、諸商品の価格には何らの影響ももたらさない。一方は、全階級にとって有利である。全階級が消費者だからである。他方は、生産者にとってだけ有利である。」（Ⅰ, 133）

14) リカードウのスミス批判の最大の論点の1つが"穀価波及説"であることについては、前章を参照のこと。なお、"穀価波及説"批判は『原理』の随所でおこなわれているが、例えば第32章でも、穀価が労働の価格に連動するととらえるスミスを批判して、「マルサス氏は、スミス博士の議論、すなわち、穀物はその特有の性質をもっているので、他のすべての商品の生産が奨励されるのと同じ方策によっては奨励されえないというスミス博士の議論の誤りを、正当に論評している」（Ⅰ, 413）というマルサス評価のかたちでも見いだすことができる。

第3章

植民地貿易論
―第25章の研究―

第1節　はじめに

　『経済学および課税の原理』の第25章は「植民地貿易について On Colonial Trade」と題されている。この章は、第7章「外国貿易について」、第19章「貿易径路における突然の変化について」、第22章「輸出奨励金と輸入禁止」とともにリカードウ外国貿易論を構成し、しばしば第22章とともに第7章の"補説"とみなされる。つまり、第7章で外国貿易論の基礎的な理論枠を提示したリカードウは、第22章で対ヨーロッパ、第25章で対植民地という2つの分野に分けて、外国貿易のより立ち入った議論を展開したわけである[1]。

　すでに述べたように、イギリスの外国貿易は18世紀を通じて急激に拡大したが、これと並行して植民地貿易も発展・展開していった。特に、貿易対象地域がヨーロッパから植民地へと大きくシフトしていったことが注目される。すなわち、18世紀初めには、対ヨーロッパ貿易は輸出の8割以上、輸入の6割を占めていたが、18世紀末には輸出の5割以下、輸入の4割にまで比重を落とすのである。特に「南部ヨーロッパ」（ポルトガル、スペイン、イタリア、トルコ等）は額そのものも停滞し、3割前後から1割前後にまで比重を激減させる。他方、対植民地貿易は、輸出が1割から3割以上へ、輸入が3割から5割以上へと拡大する。特に、合衆国への輸出と東西両インドからの輸入の拡大が顕著で、1710～9年と1793～9年の年平均数値を見ると、対合衆国輸出は37万ポンドから

516万ポンドへ、対西インド輸入は86万ポンドから460万ポンドへ、対アジア（東インド）輸入は67万ポンドから439万ポンドへと、いずれも爆発的な増大を示している[2]。

　ナポレオン戦争中、外交関係を反映してイギリスの対ヨーロッパ輸出入先は目まぐるしく変化する。ドイツ、オランダ、ベルギー貿易は後退し、北欧、ロシア貿易の比重が増す。しかし、全体として対北西部ヨーロッパ貿易は、輸出額が半減、輸入額が3割減近くにまで落ち込んでしまう。代わって、ポルトガル、ジブラルタル、マルタ等の南部ヨーロッパの中継的貿易が重要度を増していく[3]。植民地貿易は、1803年と1812年を比べれば、輸出で1.67倍、輸入で1.25倍に拡大するが、東インド等、アジア貿易は停滞する。対合衆国貿易は、重要性を増大させるものの、両国間の政治情勢を反映してしばしば断絶状態に陥ることさえあった[4]。このようにナポレオン戦争時代のイギリス貿易は、貿易径路の切断も含む激動期であった。とはいえ植民地貿易の比重は、全体としてはますます高まっていった。戦時中、対植民地輸出は4割を超えて対ヨーロッパを上回り、輸入は6割を超える。1812年について言えば、輸出の41.9％、輸入の73.1％を占めるまでに至るのである[5]。

　ナポレオン戦争後、ヨーロッパ貿易が一挙に復活する。輸出額は3800万ポンドから5200万ポンドへと1.4倍近く、輸入額は2400万ポンドから3100万ポンドへと1.3倍に急膨張する。特に対北西部ヨーロッパは、1812年と1814年の数値を比べてみると、輸出が546万ポンドから2292万ポンド、輸入が321万ポンドから640万ポンドへと、それぞれ4倍および2倍に爆発的に拡大している。イギリスの対ヨーロッパ貿易は、1814年には、輸出の67.7％、輸入の31.3％を占めるまでに回復するのである。同年の対植民地輸出は32.3％、輸入は68.6％である。その後1822年頃にかけての調整過程を通して、対ヨーロッパ輸出5～6割程度、輸入2～3割、対合衆国貿易1～2割、対植民地輸出3割前後、輸入6割という、戦後のイギリス貿易構造が定着していくのである[6]。

　この間、植民地貿易はほぼ横ばいないし若干の減少傾向を辿る。戦後一時的に増大した対北米植民地（カナダ）輸出は、合衆国貿易の回復・拡大とともに速やかに旧水準に戻っていく[7]。西インド貿易は輸出入ともにほぼ横ばいで推

移する。対アフリカ輸出は若干伸びるが比重としてはまだ小さい。この中で、東インド会社の貿易独占の撤廃（1814年）以降のアジア貿易の、特に輸出面での拡大が注目される[8]。アジアは、輸入市場としてだけでなく輸出市場としても、西インドとほぼ同規模に達するのである。またその後拡大していく中南米貿易の萌芽がこの時期に認められることにも注意しておく必要があるだろう[9]。

　リカードウ時代のイギリス貿易は、大略このような状態だった。スミス時代と同様、外国貿易の拡大傾向は基本的には継続していた。植民地貿易の比重もひき続き高まっている。しかしこの時期は、戦時と平時という2つの異質な時期に分けられ、しかもそれぞれの時期が突発事態への対応を余儀なくされるという、不規則で調整的な性格を濃厚にもつ時期であった。ナポレオン戦争中にヨーロッパ貿易縮小の裏で進行したアンティーユ諸島等への"一時寄港的"輸出の著増、ナポレオン戦争直後のイギリス貿易における再輸出貿易比率の急上昇とその後の漸減、これらは、激動期としてのこの時期の特徴を象徴的に示すものであった[10]。

　第25章「植民地貿易について」は、スラッファ版『全集』で8頁余り、20のパラグラフから成る短い章である。この章でリカードウは、植民地貿易の独占がもたらす"本国の利益"を析出し、その上で、独占は価格と利潤率を引き上げることによって貿易を阻害するとしたスミス"植民地論"を、批判している。すでに第22章でリカードウは、穀物の輸出奨励金が商品価格に作用していくプロセスを丹念に洗い出し、穀価上昇が賃金上昇・全商品価格上昇へと連動していくとするスミスの"穀価波及説"を批判していたが、ここ第25章でも、植民地貿易の独占による貿易路の変化は、価格は変動させても利潤率には影響しないと主張してスミスに対決する。その点では第22章と同様、第25章の主テーマもスミス"価格論"批判と言えるのである。

　スミスの"植民地貿易論"は、『国富論』第四篇第七章「植民地について」で議論されている。そこでスミスは、古代ギリシャやローマの開拓植民地とヨーロッパの新植民地とを対比し（第1節）、アメリカ植民地繁栄の原因を金銀濫奪でなく植民地交易をめざした大ブリテンの会社経営に求め（第2節）、他方ヨーロッパ諸国が植民地から獲得しえた利益を見定めた上で植民地アメリカの

分離独立を説いた（第3節）、のであった。スミスの基本的主張は、植民地貿易そのものは有益だが、その独占は植民地だけでなく本国にとっても有害であること、つまり植民地貿易の一般的な利益を独占貿易が不利益に転化させてしまうこと、を示すところにあった[11]。このような理論枠においてスミスは語ったのであるが、これに対してリカードウは、すでに述べたように植民地貿易の独占が本国にとって有害なだけでなく、時には利益をもたらしうることを析出しようとした。それは、「利益」「不利益」についてのスミスの峻別的な問題把握を再検討することでもあった。背景には、19世紀初頭に盛行したスペンスやコベットらの重農主義的な政策主張と、トレンズやミルら自由貿易論者との論争がある[12]。彼らが依拠したスミス「植民地論」の問題点を、リカードウは"本国の利益"の析出を通じて明示化しようとしたのである。本章は以上のような背景を踏まえつつ、リカードウ"植民地貿易論"におけるスミス批判の内在的な再構成を試みたものである。

第2節　リカードウ植民地貿易論の展開

1）スミス植民地論の批判

リカードウは、『原理』第25章「植民地貿易について」を次の一節で始めている。

> アダム・スミスは、その植民地貿易についての考察において、自由貿易の有利さと、植民地がその生産物をもっとも高価な市場で売り、その製造品や用備品をもっとも安価な市場で買うことを本国によって妨げられているためにこうむる不公正とを、非常に満足のいくように示した。……／彼はまた、……ヨーロッパ諸国で植民地に関して採用された狭量な政策が、その利益が犠牲にされている植民地にとってと同様に本国自身にとっても有害であることを示そうと試みた。……／しかしながら、彼の主題のこの部分は、彼が植民地に対する重商主義の不公正を示すばあいほどには、明瞭で説得的には取り扱われていない。／本国はその植民地領を制限すること

によって時には恩恩を得ないものかどうかが疑われてもよいと、私は思うのである。（I, 338-9）[13]

　アダム・スミスは、排他的な植民地政策は植民地に「不公正 injustice」をもたらすだけでなく、規制する本国自身にとっても「有害 injurious」であることを示そうと試みた。独占貿易に対する自由貿易の優位というスミス"外国貿易論"の基本的主張は、ここ"植民地論"においても、植民地貿易一般の有益性とその独占の有害性という峻別的図式によって支えられているのである。だが、植民地貿易の独占が本国にとって有害であることに関するスミスの説明は必ずしも説得的ではない、とリカードウは考える。植民地領の制限は、時には本国に「恩恵を与える benefited」とは考えられないのだろうか。そこで、植民地貿易の独占の"有害性"は一般的に承認したとして、その上で、なおかつ本国に特殊な"利益"が発生するかどうかについて考察してみよう。リカードウは、第25章をこう主題開示するのである。

　ところで、植民地貿易の規制が特恵当事国である本国に何らかの利益をもたらすことは、考えてみればほとんど自明のことに属するだろう。実際、"本国の利益"の事例は、ごく簡単に指摘することができる。例えば植民地での穀物輸出奨励金交付の義務づけによって、本国の消費者は割安の穀物を享受できるという"本国の利益"を獲得する[14]。また、ジャマイカ（植民地）とオランダ（第三国）の直接的交易にイングランド（本国）が干渉し、本国経由の貿易を義務づけることによって、イングランドは自国仲介資本の取引参入という"本国の利益"を獲得することができる[15]。

　このような"本国の利益"は、スペンスの"植民地貿易無用論"（『商業無用論 *Britain Independence of Commerce*〔1807〕』）に対する反論として、ある程度まで同時代の論者によっても指摘されていたところである。例えばトレンズは、一国内の独占が特定の人々や都市を富ませるのと同様に、植民地と本国との間のアンバランスな関係は本国を富ませる、と述べている[16]。またミルも、植民地からの安価な財貨の輸入が本国を利得させることについて指摘している[17]。しかしこれら論者の"本国の利益"は指摘のみにとどまっていて、まだその厳密な確

定がおこなわれているとは必ずしも言えない。例えばトレンズにおいては、"本国の利益"は植民地貿易の本質的不平等性という自明な前提と、さもなければ多大な経費のかかる植民地の維持は本国にとって何の意義ももたないことになってしまうだろうという言わば要請命題から直接演繹されているだけで、議論の主軸は、いかにしてそれを最大化するかという政策論にすぐに移されてしまっている[18]。リカードウの独自性は、植民地貿易の独占がもたらす"本国の利益"という主題をあくまでも堅持し、これの定量的な析出を試みたことに見いだされる。

ところで"本国の利益"については、ほかならぬスミス自身もその所在に言及することがあった。すでに述べたように、スミスは植民地貿易の独占が、植民地だけでなく本国自身にとっても一般的に有害である、と主張していたのであるが、植民地が過度に不利益をこうむる反動として本国に発生する利益についても、スミスは指摘していたのである。言わば、損失配分のインバランスがもたらす"本国の利益"であるが、リカードウはスミスのこの議論は評価する[19]。しかし"利益"を導出するスミスの推論には反駁を加える。『国富論』第四篇第六章「通商条約について」から、リカードウは次の一節を引用する。

> 商業上の特恵が与えられている国は、……必然的にその条約から大きな利益をひき出すにちがいない。それらの商人や製造業者は、彼らにこのように寛大なその与恵国において、ある種の独占を享受する。彼らの財貨にとってその国は、より広大でより有利な市場となる。より広大なと言うのは、排除や重い関税によって他国の財貨の大量がひき揚げられているからであり、より有利なと言うのは、ある種の独占を享受している特恵国の商人は、他のすべての諸国民との自由競争に曝されているばあいよりも、彼らの財貨をしばしばより良い価格で販売するからである。(WN, 545; I, 340)

この引用文でスミスは、貿易上の特恵国は「より広大でより有利な市場」を獲得し、「より良い価格 a better price」で販売するから「大きな利益 great advantage」をひき出すと言っている。これに対してリカードウは、「より良

い価格」での販売という箇所に疑問を呈する。貿易上の特恵による本国の市場独占は、独占価格（「より良い価格」）でなく「自然価格」での販売をおこなわせるばあいもあるのではないだろうか。植民地貿易が東インド会社のような一会社の専一的な支配下にあるのならばともかく、本国のすべての資本参入に対してオープンであるならば、本国諸資本の競争は植民地での販売価格を引き下げて、本国製品を、結局、本国並の「自然価格」で販売させてしまうだろうからである[20]。

　こうしてリカードウは、スミスの言う「より良い価格」での販売が必ずしも生じるとはかぎらないと言う。このような植民地貿易の支配様式への着目はトレンズやミルにおいても見られるところだが[21]、輸出品に対して言われたことは、もちろん輸入品に関しても同様に当てはまる。植民地貿易の独占は、本国輸入商人による植民地輸入品の買い叩きを可能にするが、輸入商人間の競争はお互いの牽制を通じて、結局、植民地製品を「自然価格」で購入させるだろうからである[22]。いずれにせよ、スミスが言う「より良い価格」は生じず、スミスによる"本国の利益"の論証は不十分と言わなければならないのである。

2）植民地貿易の独占がもたらす「本国の利益」

　このようにリカードウは、植民地貿易の独占がもたらす"本国の利益"についてのスミスの議論に反駁するのである。とはいえリカードウは、植民地への損失配分の過度な偏りが本国に特殊な利益をもたらすというスミスの立言そのものは継承する。というよりも、すぐ後で見るように、"本国の利益"がスミスにおいてはすぐに"本国の不利益"に転化してしまうのに対して、リカードウはあくまで"本国の利益"を堅持し、これを生み出す特殊な利益空間に注目するのである。"本国の利益"を、リカードウは次のように析出してみせる。長文だが第25章の中心論点であるので、労を厭わず引いておこう。便宜上、4つの部分に分けて示しておく。

　　[a] 例えばイングランドの意図する目的が、5000ポンドの価値をもつ一定量のフランス産ワインの購買であるとしよう。……もしフランスがイン

グランドに服地市場の独占権を与えるならば、イングランドはこの目的のために容易に服地を輸出するであろう。しかしもし貿易が自由であるならば、……現在の貨幣価値の下では、イングランドが他国の自然価格で販売できる生産物は何もないかも知れない。その結果はどうなるか？ [b] イングランドのワイン愛飲家は、依然として喜んで5000ポンドをワインに対して与えようとし、その結果5000ポンドの貨幣がその目的のためにフランスに輸出される。貨幣のこの輸出によって、貨幣価値がイングランドで引き上げられ、そして他国で引き下げられる。そしてそれとともに、ブリテンの産業によって生産される全商品の自然価格もまた引き下げられる。5000ポンドを獲得するために、いまやブリテンの諸商品が輸出されるかもしれない。というのは、その切り下げられた自然価格の下で、いまやブリテンの諸商品が他国の諸商品との競争に参入するかもしれないからである。[c] しかしながら、必要な5000ポンドを獲得するためには、より多くの財貨が低価格で販売されるであろう。そして5000ポンドが獲得されても、それは同一量のワインを入手しないであろう。なぜならば、イングランドにおける貨幣の減少が、そこでの財貨の自然価格を引き下げたのに、フランスでの貨幣の増加は、フランスにおける財貨やワインの自然価格を引き上げたからである。[d] それゆえ、貿易が完全に自由であるばあいには、通商条約によって特恵が与えられているばあいよりも、より少ないワインが諸商品との交換でイングランドに輸入されるであろう。（I, 341-2）

　要約しておこう。リカードウは、まず [a] で、イギリスを本国、フランスを植民地に見立て、イギリス（本国）はフランス（植民地）産ワインの輸入に見合う輸出品を何ももたない、という条件設定をおこなっている。その結果、[b] 当面、イギリスから貨幣が一方的に流出することになる。しかし貨幣の流出は、イギリスにおける貨幣価値の上昇＝商品価格の下落をもたらし、価格の引き下げによってイギリス製商品（例えば服地）の輸出競争力は強まるから、こうしてフランス産ワインとイギリス製服地との交換がやがて成立してくることになる。このばあい、[c] イギリスの価格下落した服地と価格上昇したフランス産ワイ

ンとが交換される。つまり、イギリス製服地のより多量とフランス産ワインのより少量が交換されることになる。それゆえ、[d] 自由貿易（貨幣の自由な流出入）下では、植民地規制下に比べて、イギリス（本国）はより少量のワインを獲得することになる。逆に言えば、植民地規制がおこなわれているばあいには、イギリスはより多量のワインを輸入できるという"本国の利益"を獲得していた、ということになるのである。

　見られるようにリカードウは、植民地貿易が自由であるばあいと規制されているばあいとを対比して、前者であれば貨幣の流出入を通して調整される変動的な価格関係が後者においては固定化されてしまうために、自由貿易下のばあいよりも割高の本国製品で割安の植民地製品が購入できる、つまりより多量の植民地製品が輸入できると言い、この点に"本国の利益"を見いだしている。ここでリカードウが言う"割高の本国製品"は、スミスの「より良い価格」とは異なるものである。貿易上の特恵が、イギリス製服地を現今の「自然価格」のままでフランス産ワインと交易させるために、自由貿易下であれば低下したであろう「自然価格」が強制的に固定された結果としての"割高の価格"だからである。それは、貨幣の相対価値の変更にもとづく高価格であり、獲得財貨量の増加はもたらすが、利潤率は何ら上昇させないものである[23]。

3）スミス"独占貿易論"の批判

　"本国の利益"をこのように析出したリカードウは、第25章の後半1/3でスミス批判に向かう。商品が第一必需品のばあいには、価格が上昇しても需要は減退せず、したがって利潤率が上昇しない価格上昇がありうるということを指摘したり[24]、セイの"需給説"を批判したりした後で[25]、リカードウは次のようにスミスの議論を紹介している。

　　アダム・スミスによれば、植民地貿易は、ブリテンの資本だけしか使用できない貿易であることによって他のすべての事業の利潤率を引き上げ、そして彼の意見では、高利潤は、高賃金と同様、諸商品の価格を引き上げるから、植民地貿易の独占は本国にとって有害であった、と彼は考える。商

品価格の上昇は、本国が製造品を他国と同様の安さで販売する力を減じてしまうからである。（Ⅰ, 344）

　植民地貿易の独占は利潤率を全般的に上昇させ、独占的高利潤による高価格は輸出力を阻害するから有害であるというスミスの主張については、リカードウはすでに『原理』第7章で批判を加えていた[26]。独占貿易の高利潤は他部門の資本をひき寄せ、他部門における資本ひき揚げによる供給縮小は価格上昇と利潤率上昇の全般化をひき起こす、という単線的なスミスの推論に対して、リカードウは「需要の減退がなければ資本は縮減されえない」という議論を対置していた[27]。ここ"植民地貿易論"のリカードウは、第7章の議論を繰り返すことはしない。スミスの「植民地論」からかなり長文の引用をおこなうことによって、スミス自身に問題を語らせている[28]。

　とはいえ、スミスの議論の問題点は明白である。先にスミスは、貿易特恵によって「より良い価格」がもたらされるから本国に"利益"がもたらされると語った。いまここでは、商品価格の上昇が「販売する力を減じてしまう」から本国にとって"有害"だと言う。つまり、商品価格の上昇という同一の原因が、まったく正反対の主張の論拠とされているのである。それは、スミスにおいては、価格の上昇と利潤率の上昇が直結させられているためであろう。高利潤率を獲得する独占部門の資本が他部門の資本によって後追いされるとき、もしスミスのように利潤率の上昇が価格の全般的上昇をひき起こすという想定をするならば、たとえ当初に"利益"が生じたとしても、それはやがて価格上昇の波に飲み込まれてしまい、結局は本国商品の高価格という"有害"性のみが前面に現れ出てきてしまうことになるからである。このようにスミスにおいては、"本国の利益"は一時的なものとして指摘されることはあっても、固有の理論領域として堅持されることはないのである。

　"本国の利益"を析出したリカードウが、植民地貿易の独占による価格上昇と利潤率の変動との連動性を切り離したのは当然と言えるだろう。同時にそこには、スミスとは異なるリカードウの"市場"把握が現れ出ることになる。私たちはこれについて次節で見ることにしよう。

第3節 小　　　括

　植民地貿易の独占がもたらす"本国の利益"を析出した直後に、リカードウは次のような総括的な記述をのこしている。

　　それゆえ外国貿易は、拘束されていようと奨励されていようと、あるいは自由であろうと、様々な国における生産の比較的な困難のいかんにかかわらず、常に続いていくものであろう。そして外国貿易は、各国で生産されうる諸商品の自然価値ではなく自然価格を変更することによってのみ調整されえ、この自然価格の変更は、貴金属の配分の変更によってひき起こされる。この説明は、私が他の所で述べた見解、すなわち、諸商品の輸出入に関する租税、奨励金、禁制であって貴金属の相異なる配分をひき起こさないものはなく、またそれゆえ、どこでも諸商品の自然価格と市場価格の両者を変更しないものはない、という見解を確証するものである。（I, 343）

　この一節は、リカードウ外国貿易論の基本的な論点をコンパクトに語り出しており注目される。まずリカードウは、「外国貿易は、……常に続いていくものであろう」（独占の有無、生産の難易にかかわらず）と言っているが、これはどういう意味だろうか？　次に、外国貿易は「自然価値」でなく「自然価格」の変動によって調整され、「自然価格」の変動は貴金属配分の変更によってひき起こされるという、外国貿易の価格メカニズムについての理論。そして第三に、輸出入税・奨励金・禁制は、貴金属配分への作用を通じて「自然価格」および「市場価格」を変更するという、各種貿易規制の政策効果についての議論。これら諸点は、外国貿易の領域をこえて『原理』全体を貫串しているリカードウの"市場"認識の基本に関わるものである。そこで本節では、「植民地貿易論」における上記3点の考察を通じて、リカードウの"市場"把握の輪郭を取り出してみることに努めたい。

　第一に、リカードウにとって、「外国貿易は、……常に続いていくもの」で

あった。この点でスミスを振り返れば、植民地貿易の独占による輸出の阻害を攻撃したスミスは、独占による貿易の緊縛化を念頭に置くならば、貿易の断絶を説く者と言うことが可能かもしれない。リカードウにとっては、生産事情の相違や貿易の自由の有無がどうであるかにかかわらず、ひとまず「外国貿易は、……常に続いていく」ものと前提された[29]。それは、外国貿易を財貨と財貨が取り引きされる"物物貿易"として把握し、価値量には作用せず財貨量の増減のみに影響するという『原理』の所々で述べられた見解から発出するものであった[30]。『原理』第7章で展開されたいわゆる"比較生産費説"も、考えてみればこの枠組みの中の議論であると言える。そこでは、イギリスの服地とポルトガルのワインが、労働生産性の絶対的段差にもかかわらず交換されたのであった。

　第二に、この"継続されるものとしての外国貿易"という枠組みは、貨幣の流出入を媒介にして発生論的に説明されうる。労働生産性が低く単位あたり投下労働量の大きなイギリス製服地と、労働生産性が高く単位あたり投下労働量の小さなポルトガル産ワインとが交換されたのは、輸出力の強いポルトガルには貨幣流入がもたらされ、【貨幣流入→貨幣価値下落→商品価格上昇】が生じるが、他方、逆に輸出力の弱いイギリスには【貨幣流出→貨幣価値上昇→商品価格下落】が生じるために、投下労働量100のイギリス製服地と80のポルトガル・ワインは、価格が例えばともに90の2つの財貨として交換されるようになるからである。ここに「自然価値」と区別される「自然価格」という特殊な次元が出現し、外国貿易は、各国に配分される貨幣数量との相関によって決定される「自然価格」が規定することになる。資本と労働の移動が自由におこなわれえない外国貿易のばあいには、貨幣の各国間への配分を通じての調整という、一国内とは異なる調整様式が現れるのである[31]。そして外国貿易は、貨幣の流出入が調整する「自然価格」を媒介にして、このようにして「常に続いていく」のである。

　第三に、輸出入税・奨励金・禁制という貿易上の諸規制は、「物物貿易」としての外国貿易の攪乱要因である[32]。しかしそれは、"継続される外国貿易"という枠組みを否定するものではない。貿易規制は特定形態での貿易の設定であ

るのだから、諸規制において"貿易の継続"はむしろ先取りされていると言える。それは、貨幣の流出入という外国貿易の内的な調整メカニズムに、言わば外側から"貿易の継続"のタガをはめたようなものである。これによって「自然価格」の変動が押し止められ、人為的に固定された「市場価格」にもとづく独占的な外国貿易が成立することになる。このような独占貿易は、貨幣の自由な流出入が達成する諸国の労働と資本の有利な配分を阻害することによって、生産量の減少と商品価格の上昇をひき起こす。しかし利潤率はこれによって直接影響されることはない。貨幣の流出入の人為的誘導は、価格の変動要因ではあっても、利潤率の変動要因ではないからである。こうして『原理』の一貫したテーマである、利潤率は賃金の変動によってのみ変動するという命題が再確認される[33]。

だから第25章の末尾で、リカードウは次のように総括的に書き留めるのである。

> 私は、植民地貿易の独占が資本の方向を変化させ、しかもしばしば有害に変化させることを認める。しかし私がすでに利潤の問題について述べたことから分かるように、ある外国貿易から他の外国貿易への変化、あるいはある国内貿易から外国貿易への変化は、私見では、利潤率に影響しえないのである。その被害は、私がいま記したこと、すなわち、一般的資本および勤労の配分がより悪くなり、それゆえ生産がより少なくなる、ということである。諸商品の自然価格がひき上げられ、それゆえ消費者は同一の貨幣価値だけ購買できるとはいえ、より少ない分量の商品を獲得するだろう。また、たとえ利潤のひき上げという結果が生じたにしても、それが少しも価格の変動をひき起こさないだろうということもまた分かるであろう。価格は賃金によっても利潤によっても規制されないからである。（Ⅰ, 345-6）

植民地貿易の独占による「資本の方向」の人為的変化は、資本と労働の自然的配分の阻害による一国の生産総量の減少を招くが利潤率を変動させるものではない、とリカードウは言う。商品価格は引き上げられるとはいえ、それは貨

幣価値変動による価格変動と区別されるところのないものである。考えてみれば、「価格」とは価値の貨幣表現の謂であるから、商品価格は商品価値と金銀（貨幣）価値の相関関係によって決定される。リカードウは、商品価値を規定する商品生産の事情と貨幣供給の事情との相関によって規定される"商品価格"という固有の一領域が存在することを指摘し、そこでは賃金・利潤の分配率は作用されえないことを主張したのである。そしてリカードウは、スミスもこの主張に同意しているはずだと述べてこの章を終えている。

> そしてアダム・スミスが次のように言うとき、彼はこの意見に同意しているのではないだろうか。「諸商品の価格、すなわち諸商品と比較した金銀の価値は、一定量の金銀を市場にもたらすために必要な労働の量と、一定量の他の何らかの種類の財貨をそこにもたらすために必要な労働の量との間の比率に依存しているのである」、と。利潤が高いか低いか、すなわち賃金が低いか高いかということには、労働の量は影響されないだろう。それならば、どうして価格は高利潤によって引き上げられうるだろうか？（Ⅰ, 346）

スミス『国富論』第二篇第二章からのこの引用文は、『原理』第22章でも同じ論拠のために引かれており、どちらも原文が大幅に修正されている[34]。とはいえ、"市場"についてのリカードウの強調点がどのあたりにあるかをよく示す一節とも言えるだろう。往々にして貨幣量が所与とされる一国経済の分析とは違って、自由貿易という枠組みの中での一国経済の分析においては、貨幣の流出入という特殊な調整様式が前面に現れ出てくるのである。『原理』第25章のリカードウは、植民地貿易の独占がもたらす利潤率上昇とは異なる"本国の利益"の析出を通して、"価格－貨幣領域"とでも呼ぶべきこの特殊な次元の現存性を明示化しようとしたのではないだろうか。

【注】
1) 第22章および第25章の執筆事情については、さしあたりミルの1816年12月16日付のリカードウ宛手紙（Ⅶ, 106-8）を参照のこと。これについては本編第1章を

見よ。また、「経済学原理」「課税論」「貿易政策論」の接点を探り当てようとしたものとして、羽鳥卓也「リカードウと穀物輸入の自由の効果――『原理』第3版の最終章の改訂について――」(『経済系』第196集、1998年)がある。
2) 以上の数値については、Mitchell, 1962, pp. 309-11、を見よ。なお、表1は、ミッチェルの統計数値をベースにして、1710～1822年のイギリス貿易を5つの期間に分け、それぞれの地域別構成を概算したものである。ヨーロッパ中心であったイギリス貿易が、18世紀を通じて次第に合衆国や東西両インドとの対植民地貿易の比重を高めていったことがよくわかるだろう。また同様の数値は、18世紀を5年ごとに区切り、より詳細な国別データが示されている、Schumpeter, 1960, pp. 17-8 によっても確認することができる。

【表1】18世紀から19世紀初頭にかけてのイギリスの地域別輸出入割合

(％)

	対ヨーロッパ域内		対 U.S.A.		対植民地	
	輸出	輸入	輸出	輸入	輸出	輸入
1710～19	84.6	61.5	5.7	2.2	9.7	31.3
1760～69	62.4	46.0	14.6	10.5	31.9	43.5
1793～99	45.0	39.4	21.0	7.4	34.0	53.2
1800～12	40.0	31.9	17.8	7.8	42.2	60.3
1814～22	56.9	28.0	12.5	9.3	30.6	62.7

Mitchell, 1962, pp. 309-11、より作成。

3) Crouzet, 1958, p. 883, p. 889、参照。ナポレオン戦争期のイギリス貿易が、特に輸出において、大陸封鎖の言わば"裏道"として、ジブラルタル、マルタ、アンティーユ、ポルトガル領南米植民地をそれぞれ経由する"一時寄港的"貿易を発展させたことについては、表2の数値が雄弁に物語る。それらは往々にして、スウェーデン、ポルトガル、カナダ等、同盟諸国の数値を上回ってさえいた。

【表2】ナポレオン戦争期のイギリスの地域別輸出額

(1000£)

	1802	03	04	05	06	07	08	09	10	11	12
スウェーデン	91	82	125	124	175	653	2358	3524	4871	523	2308
ポルトガル	1171	452	806	1167	1194	756	431	841	1492	4729	3461
ジブラルタル	530	487	560	184	512	844	1372	3605	?	?	3450
マルタ	21	134	114	127	261	750	2914	2152	?	?	5272
アンティーユ	3816	2345	4314	3931	5028	4789	6946	8352	7284	?	6169
外国領南米	162	124	212	185	1473	1174	3735	?	?	?	2687

Crouzet, 1958, p. 883.

4) 合衆国は、イギリスの大陸封鎖勅令(1808年)に対抗して「新通商法 Non-intercourse」(1809年)を制定し、対英貿易禁止(1811年)を経て、対英宣戦布告を1812年6月に宣言する。こうしてナポレオン戦争中下表のように低迷していたイギリスの対合衆国貿易は、1814年にはついに通商断絶的事態にさえ至るのである。米英戦

争にともなう 1810 年恐慌前後のイギリス貿易については、松尾太郎「ナポレオン戦争下イギリスにおける貿易問題――古典派国際経済理論推転の背景――」(『経済志林』33-4)を参照されたい。

【表3】19世紀初頭のイギリスの対合衆国貿易額

(万£)

	1803	04	05	06	07	08	09	10	11	12	14	15	16
輸出	527	640	715	861	790	400	520	780	140	410	0.7	1190	780
輸入	191	165	177	200	280	80	220	260	230	170	2	240	240

Mitchell, 1962, p. 311、より作成。

5) Mitchell, 1962, p. 311、および、Crouzet, 1958, p. 883, p. 889、を見よ。
6) Mitchell, 1962, p. 311.
7) ナポレオン戦争中に、イギリスは対カナダ貿易を積極的に拡大しようとした。例えば、1807年には木材の輸入先をカナダに切り換えるために、ノルウェイ産木材に重関税を課している。これについてはトレンズの、イギリスを高価なカナダ産木材の独占市場とし、植民地カナダを富ませ本国イギリスを貧しくする政策である、との論評がある (Torrens, R., *The Economists Refuted, or An Inquiry into the Nature and Extent of the Advantages derived from Trade*, London, 1808, p. 42 (中川信義訳『R. トレンズ『エコノミスト論難』(1)～(3)』『経済学雑誌』70-1、70-4、72-1、1974-5年、(3) 65頁)。なお、1807～8年にかけてのイギリスの木材輸入構造の激変については、Crouzetの図に明瞭に読み取ることができる (Crouze, 1958, p. 901, p. 889)。
8) 東インド会社の貿易独占権の継続は1813年7月の議会において否決され、1814年4月以降、インドとの貿易・航海は、あらゆる商人・船主・港湾に対して自由に公開されるようになった(中国貿易の排他的特権は継続される)。1833年、東インド会社の貿易業務は全面的に停止され、以後、領土支配のための純然たる統治機構に転化した。この経緯については、さしあたり、岡茂男「『商業擁護論』と初期自由貿易運動」(J. ミル『商業擁護論』〔未来社、1965年〕所収)を参照されたい。また、この時代の東インド会社の活動については、Gardner, B., *The East India Company*, London, 1971 (浜本正夫訳『イギリス東インド会社』リブロポート、1989年) が興味深いエピソードを伝えてくれる。
9) この点については、Imlah, *op. cit.*, 1958, p. 129 を参照。
10) 再輸出貿易比率(輸入額に占める再輸出貿易額の割合)は、宗主国による貿易網の統合度合いを一定反映する指標と考えうるが、戦時に高まったこの比率は、ナポレオン戦争直後の1814年から1823年にかけて、30.7%から13.8%へと次第に戦前水準に復元していく (*ibid.*, p. 205)。
11) 「私たちは、植民地貿易の効果と植民地貿易の独占の効果とを、注意深く区別しなければならない。前者は常にそして必然的に有益であり、後者は常にそして必然的に有害である。」(WN, 607)
12) "イギリス重農主義論争"については、Meek, R. L., "Physiocracy and Classicism in Britain," *The Economic Journal*, Mar. 1951, &, "Physiocracy and the Early Theories of Under-Consumption," *Economica*, Aug. 1951 (吉田洋一訳『イギリス古典経済学』未来社、1956年) を見よ。また、鎌田武治「Continental System (大陸封

鎖体制）下におけるイギリスの市場論争」（『エコノミア』第19号、1962年）、岡、1965、および山下重一『ジェイムズ・ミル』（研究社、1997年）も参照されたい。
13) 引用文中最後の段落（「本国はその植民地領を……私は思うのである」）は、『原理』初版と第2版では以下のようになっていた（アンダーラインを付した部分が第3版での変更箇所である）。見られるように、初版と第2版の表現は第3版に較べてより婉曲的であったと言えよう。
　　「<u>ヨーロッパがその植民地に関して実際におこなっていることが本国にとって有害であることを肯定も否定もすることなしに</u>、本国はその植民地領を制限することによって時には恩恵を得ないものかどうかを、私が疑うことは許されるであろう。」（Ⅰ, 339）
14) ここでリカードウは、以下に引用する『原理』第22章の議論を（フランスを本国、イングランドを植民地として）想定し援用している（Ⅰ, 339）。
　　「穀物価格がイングランドで4ポンド、フランスで3ポンド15シリングであれば、10シリングの奨励金は、穀物価格をフランスでは3ポンド10シリングに究極的に切り下げ、イングランドでは4ポンドという同じ価格に維持するだろう。1クォータを輸出するごとに、イングランドは10シリングの租税を支払う。1クォータを輸入するごとに、フランスは5シリングだけ利得する。」（Ⅰ, 314）
15) 「もしジャマイカとオランダの利益が、それぞれの生産する諸商品の交換をイングランドの介入なしにおこなうことであるとするならば、それが妨害されることによって、オランダとジャマイカの利益が損害をこうむることはまったく確かである。……イングランドの資本あるいはイングランドの仲介業が、そうでなければ従事することのない一つの取引に使用されることになるだろう。」（Ⅰ, 339）
16) Torrens, 1808, pp. 36-42、訳 (3) 62-6頁。
17) Mill, J., *Elements of Political Economy*, 1821, 2nd edition, London, 1824, p. 208（渡邊輝雄訳『経済学綱要』春秋社、1948年、187頁）。この点については、吉田洋一「ジェイムズ・ミル植民論の一考察」（『専修経済学論集』第4号、1967年）、および近藤英次「ジェイムズ・ミルの植民地論」（『専修社会科学論集』第12号、1993年）を参照のこと。
18) Torrens, 1808, pp. 42-4、訳 (3) 6頁。
19) 「二国間の労働の不利な配分を通してもたらされる損失は、一方の国がそのような配分に実際にともなう損失以上のものをこうむらされるのに、他方の国にとっては有利になるかも知れないということは、アダム・スミス自身によって述べられた。」（Ⅰ, 340）
20) 「外国市場の独占が一つの独占的な会社の手中になければ、諸商品に対して国内の購買者よりも外国の購買者によってより多くが支払われることはないだろう。これら両者が支払う価格は、諸商品が生産された国での自然価格と大きく違うことはないだろう。」（Ⅰ, 340-1）
21) 例えばトレンズは、植民地貿易を、①特定の会社・港に排他的特権を与えるばあい、②植民地と外国との直接貿易を制限し本国を中継港にさせるばあい、③植民地に外国製品を入れず本国製品の独占市場とするばあい、の3つの形態に分ける。そしてそれぞれを、①は独占商人のみに利益をもたらし一国の富の総量を減少させてしまう、②はドック・荷揚場・倉庫等の有効活用と手数料・各種料金を得ることができる、③は第三国の製品を植民地から排除することによって本国の当該産業を保護する効果をもつ、と特徴づけ、したがってイギリス全土の富の増大のためには、②あるいは③が採

られるべきだと主張している（Torrens, 1808, pp. 36-41、訳(3) 62-5頁）。
22) 周知のようにミルは、輸出品と輸入品との間に重要な区別を見いだし、"本国の利益"は輸出品でなく輸入品からのみ生じると立言している（Mill, 1821, p. 207、訳187頁）。そのことは、毛織物や金物や帽子のような製造品（イギリスの輸出品）と違って、穀物やワインや鉱石等の農産品（輸入品）には通常の利潤に加えて地代も含まれているから、本国輸入業者の買い叩きの余地も大きく、「制限された商品の価格を近隣諸国における価格以下に低下させる」（ibid., p. 210、訳190頁）からだ、と説明される。ここから、「それゆえ植民地政策の大改善は、植民地への供給はオープンにして……ただ植民地の財貨の販売においてのみ植民地を制限する、つまり植民地が望むところから購買することは許すが、販売は本国以外には許可しないことであろう」（ibid., p. 208、訳188頁）という、ミルの輸入規制重視の政策主張が展開されることになる。輸出品と輸入品を区別するミルのこの視角についてリカードウは、1821年12月18日付けミル宛ての手紙において不同意の態度を表明している（IX, 127-8）。
23)「しかしながら、利潤の率は変わらなかったであろう。貨幣は両国の相対価値において変更したであろう。」（I, 342）
24)「ある商品の生産費の増加は、もしその商品が第一の必需品であれば、必ずしもその消費を減少させないであろう。というのは、購買者の一般的消費力はある商品の上昇によって減退するとはいえ、しかもなお彼らは、生産費が上昇しなかった他の商品の消費を放棄するかも知れないからである。そのばあいには、供給量と需要量は以前と同一であろう。生産費のみが上昇したであろう。そして価格は、この高騰した商品の生産者の利潤を他の貿易からひき出される利潤の水準に置くために、上昇するだろうし上昇するにちがいない。」（I, 343-4）。
25)「セイ氏は、生産費が価格の基礎であることを認めている。それにもかかわらず彼は、著書のあちこちで、価格は需要が供給に対してもつ割合によって調整されると主張している。二商品の相対価値の真実の・究極的な調整者はその生産費であり、生産される諸分量でもないし、購買者間の競争でもない。」（I, 344）
26)「実際、次のことが主張されてきた。すなわち、外国貿易における特定の商人たちによってときどきつくられる大きな利潤は、その国の一般的利潤率をつり上げるであろう、そしてその新しく有利な外国貿易にあずかるために、他の用途から資本をひき揚げることは、価格を全般的に騰貴させ、そしてそれによって利潤を増大させるであろう、と。高い権威者によって、次のことが言われてきた。すなわち、需要がひき続き同一であるのに、穀物の栽培や服地・帽子・靴等々の製造に向けられる資本が必然的により少なくなることは、これら諸商品の価格を上昇させ、農業者・帽子業者・服地業者・靴業者は、外国貿易業者と同様、利潤の増大を得るであろう、と。」（I, 128-9）
27) 確かに、独占部門の高利潤を全部門の利潤率上昇に連結するスミスの議論には、簡単には同意できないところがある。資本がより高い利潤率に向かって移動することは確かだとしても、それならば何処かに超過利潤が発生するごとに利潤率の全般的上昇が生じ、一国経済は利潤率上昇の一方的なスパイラルを描くことになってしまうからである。これに対してリカードウは、第7章で以下のような"市場"認識を示す。
「私は、穀物の栽培や服地・帽子・靴等の製造に向けられる資本は、もしこれらの商品への需要が減退するのでなければ、決して縮減されることはないと思う。そしてもしそうならば、それらの価格が上昇することはないであろう。／……需要の増加と

ともに、供給の増加を獲得する手段もまた存在するわけで、それゆえ価格も利潤も永続的には上昇しえないのである。……外国品と国産品の合計に対する需要は、価値に関するかぎりでは、その国の収入と資本によって制限されている。もし［外国品と国産品のうちの］一方が増加するならば、他方が減少するにちがいない」（I, 129-30）。
28) 念のため、リカードウが引用するスミスの文章を、前後も含めて示しておこう（★├─ ─┤★内がリカードウの引用部分である）。なお、この論点についてのリカードウのスミス批判については、第1編第3章注43) も見られたい。

「資本を他のすべての事業から引き寄せ、利潤率をすべての事業でそうであった以上に引き上げるという、この二重の作用は、この独占の開設によってうみ出されただけでなく、それ以来ひき続きうみ出されているのである。／第一に、独占は不断に資本を植民地貿易部門へと、すべての他の貿易部門から引き寄せた。／……★├─独占の結果、植民地貿易の増加は、グレート・ブリテンが以前に保持していた貿易に何らかのプラスを与えることはなく、貿易の方向の全面的変化をひき起こしたのである。／第二に、この独占は、ブリテンの全分野の事業の利潤率を、すべての国がブリテンの植民地に対して自由貿易が許されているばあいに自然にそうであるよりも、高く維持するのに寄与した。……／しかしある国で、通常の利潤率が独占がないばあい以上に引き上げられるとすれば、その国は独占をもたない全貿易分野において必然的に絶対的かつ相対的不利益をこうむる。／その国が絶対的不利益をこうむるというのは、そのような独占をもたない貿易部門では、商人は財貨（自国に輸入する外国品にせよ外国に輸出する自国品にせよ）を、独占がないばあいよりも高く販売しなければ、このより大きな利潤を獲得することができないからである。彼らの国は、独占がないばあいよりも、より高く売り買いせねばならず、したがって売買量はより少なくなるから、享楽は低下し生産も少なくなるにちがいない。─┤★／その国が相対的不利益をこうむるというのは、独占をもたない貿易部門において、……他の国々をこの国に対してより優位に置く……からである。……他の国の商人は、外国市場でこの国よりも安売りすることができるから、この国が独占をもたないほとんどすべての貿易部門からこの国は駆逐されてしまう。／★├─わが国の商人たちは、他国の製造品が外国市場で安売りされる原因としての大ブリテンの高賃金に不平を言う。しかし彼らは、資本の高い利潤については沈黙する。彼らは他人の法外な利得については不平を言うが、自分自身の利得については何も言わない。しかしながら、大ブリテンの資本の高利潤は、大ブリテンの労働の高賃金と同程度、あるばあいにはより多くの程度において、大ブリテンの製造品価格を引き上げることに寄与しているかも知れないのである。─┤★」（WN, 596-9；I, 344-5）

29) 同様にミルにとっても、"外国貿易の継続性"は前提されていたように思われる。ミルは『経済学綱要』第三章第18節「植民地」の末尾で、次のような興味深い議論を展開している。すなわち、植民地Aと本国Bがあり、植民地AはBに砂糖を輸出する代わりに本国Bの靴を輸入する義務を負わされている。いま本国Bの靴が高価で、もし植民地Aが第三国から直接輸入すれば半額で購買できるとすれば、このばあい、本国Bは植民地Aの砂糖を第三国の半分の労働で購買していることになる。しかし、もし植民地貿易が自由貿易に転換したとしても、本国Bは何ら損をすることはないだろう。確かに砂糖の代価を靴で支払うならば、B国はA国に2倍の靴を提供しなければならぬ。しかしB国には第三国と同様の安い価格で供給できる他の商品もあるはずであり、これらの物品で第三国から靴を購買しそれを植民地Aに再輸出すれば、Bは自

由貿易の下でも植民地貿易の下でと同量の砂糖を獲得できると考えられるからである (Mill, 1821, pp. 210-2, 訳190-2頁)。ミルのこの叙述は必ずしも論旨明快とは言えないが、植民地貿易によって本国に生ずる利益は、ある時点でA・B両国にとって所与の貿易ネット・ワーク上で生ずる特殊な利益に過ぎぬ、とミルが述べているものと解すれば、その見地には、「外国貿易は、……常に続いていくものであろう」と言って外国貿易を本質的に物物貿易としてつかんだリカードウとの、理論的な親近性が指摘できるだろう。

30) 例えば、第7章および第22章の次の一節を見よ。

「どのような外国貿易の拡張も、一国の価値量をただちに増加させるものではない。諸商品の分量、それゆえ享楽品の金額を増加させることには強力に寄与するのではあるが、すべての外国財貨の価値は、それと交換に与えられるわが国の土地と労働の生産物の量によって尺度されるので、仮に新市場の発見によってわが国の財貨の一定量に対して2倍の量の外国財貨を交換で獲得したとしても、われわれは何らより大きな価値をもつわけではないのである。」(Ⅰ, 128)

「本書の第7章で、私は、外国貿易であれ国内商業であれ、すべての商業は、生産物の価値を増加させることによってでなく生産物の分量を増加させることによって有益である、ということを示そうと努めた。私たちがもっとも有利な国内商業や外国貿易を営んでいようと、あるいは禁止法による束縛のためにもっとも不利な商業に甘んじざるをえなかろうと、私たちはより大きな価値を取得するわけではないだろう。利潤率および生産された価値は同じままだろう。」(Ⅰ, 319-20)

31)「一国内で諸商品の相対価値を調整するのと同じ規則が、二ないし二以上の国々の間で交換される諸商品の相対価値を調整するわけではない」(Ⅰ, 133)。「金と銀が流通の一般的媒介物に選ばれているので、金銀は商業競争を通じて、もし金銀が存在せず、諸国間貿易が純粋に物物貿易であるばあいに生じるであろうような自然的交易に自らを適応させるような割合で、世界の諸国間に分配されるのである。」(Ⅰ, 137)

32)「輸出または輸入への奨励金、諸商品への新税は、あるときにはその直接的作用によって、また他のときにはその間接的作用によって、自然的な物物貿易 the natural trade of barter を攪乱し、その結果、諸価格が商業の自然的コースに適応するような貨幣の輸出入の必要を生じさせる。そしてこの効果は、攪乱原因が生じた国だけでなく、多かれ少なかれ商業世界のすべての国々に生じる。」(Ⅰ, 141-2)

33)「利潤率は、賃金の低下による以外には決して増加させられえないこと、そして賃金の永続的下落は、賃金が支出される必需品の下落の結果以外にはありえないこと、本書を通じて私が示そうと努めたのはこのことであった。」(Ⅰ, 131-2)

34) 本編第1章注25) を参照のこと。

参 考 文 献

Amon, A., 1924, *Ricardo als Begründer der theoretischen Nationalökonomie,* Jena : Fischer（阿部勇・高橋正雄訳『リカアド』有斐閣、1941）．

Andreades, A., 1909, *History of the Bank of England 1640 to 1903*, 4th edition, London : Frank Cass., 1966（町田義一郎・吉田啓一訳『イングランド銀行史』日本評論社、1971）．

有江大介, 1986,「リカードウの『絶対価値』概念について」(早坂忠編『古典派経済学研究 (Ⅲ)』雄松堂).

浅野清, 1995,『ルソーの社会経済思想』時潮社.

Aspinall, A., and Smith, E., eds., 1959, *English Historical Documents 1783-1832*, London : Eyre & Spottiswoode.

Berg, M., 1980, *The Machinery Question and the Making of Political Economy 1815-1848*, Cambridge : Cambridge University Press.

Blaug, M., 1958, *Ricardian Economics, A Historical Study*, Westport, Conn. : Greenwood Press, reprints, 1974（馬渡尚憲・島博保訳『リカァドウ派の経済学――歴史的研究――』木鐸社、1981）．

Buchanan, D., 1817, *Observations on the Subjects Treated of in Dr. Smith's Inquiry into the Nature and Causes of the Wealth of Nations*, Reprints of Economic Classics, New York : A. M. Kelley, 1966.

Cannan, E., 1893, *A History of The Theories of Production and Distribution in English Political Economy from 1776 to 1848*, 3rd edition, London : Staples Press, 1917（渡邊一郎訳『分配論』聚芳閣、1926）．

Caravale, G. A. and Tosato, D. A., 1980, *Ricardo and the Theory of Value Distribution and Growth*, London ; Boston : Routledge & Kegan Paul.

Casarosa, C., 1985, "The 'New View' of the Ricardian Theory of Distribution and Economic Growth," in G. A. Caravale, ed., *The Legacy of Ricardo*, Oxford ; New York : Bazil Blackwell.

Churchman, N., 2001, *David Ricardo on Public Debt*, Basingstoke : Palgrave.

Clapham, J. H. (Sir John), 1944, *The Bank of ENGLAND : A History*, 2 vols., Cambridge : Cambridge University Press（英国金融史研究会訳『イングランド銀行――その歴史――』全二巻、ダイヤモンド社、1970）．

Cobbet, W., 1811, *Parliamentary History of England, from the Norman Conquest, 1066 to the year 1803*, Vol. V, reprints, London, 1966.

Corry, B. A., 1962, *Money, Saving and Investment in English Economics 1800-1850*, London: Macmillan.

Court, W. H. B., 1954, *A Concise Economic History of Britain, from 1750 to recent times*, Cambridge: Cambridge University Press, 1967（矢口孝次郎監修、荒井政治・天川潤次郎訳『イギリス近代経済史』ミネルヴァ書房、1957）.

Cowherd, R. G., 1977, *Political Economists and the English Poor Laws, A historical study of the influence of classical economics on the formation of social welfare policy*, Athens: Ohio University Press.

Crouzet, F., 1958, *L'Economie Britannique et le Blocus Continental (1806-1813)*, Paris: Presses Universitaires de France.

D'avenant, C., 1695, *An Essay upon Ways, and Means of Supplying the War*, London, in Sir Charles Whitworth, collected and revised, *The Political and Commercial Works of that Celebrated Writer Charles D'Avenant, LL. D.…*, Vol. 1, London, 1771, reprints, Farnborough, Hants: Gregg Press, 1967.

Davis, T., 2005, *Ricardo's Macroeconomics: Money, Trade Cycles, and Growth*, Cambidge: Cambridge University Press.

Deane, P. and W. A. Cole, 1962, *British Economic Growth 1688-1959*, Cambridge: Cambridge University Press.

De Vivo, G., 1987, "Ricardo, David (1772-1823)," in J. Eatwell, M. Milgate and P. Newman eds., *The New Palgrave Dictionary of Economics*, Vol. 3, London: Macmillan.

Dobb, M., 1973, *Theories of Value and Distribution since Adam Smith: Ideology and Economic Theory*, Cambridge: Cambridge University Press（岸本重陳訳『価値と分配の理論』新評論、1976）.

堂目卓生, 1992, 『古典経済学の模型分析』有斐閣.

Dome, T., 2004, *The Political Economy of Public Finance in Britain 1767-1873*, London: Routledge.

Dowell, S., 1884, *A History of Taxation and Taxes in England*, London, 3rd edition, Vol. 1-3, London: Frank Cass., 1965.

Eltis, W., 1984, *The Classical Theory of Economic Growth*, London, Macmillan Press（関勘監訳『古典派の経済成長論』多賀出版、1991）.

遠藤哲広, 1990,「リカードウ体系とセー法則」『九州共立大学紀要』第48号.

Feavearyear, A., 1963, *The Pound Sterling : A History of English Money*, 2nd edition., revised by V. Morgan, Oxford : Clarendon Press（一ノ瀬篤・川合研・中島将隆訳『ポンド・スターリング——イギリス貨幣史——』新評論、1984）.

Fetter, F. W., 1965, *Development of British Monetary Orthodoxy 1797-1875*, Cambridge, Mass. : Harvard University Press.

Froud, R., and McCloskey, D., 1994, *The Economic History of Britain since 1700*, 2nd edition., Vol. 1, Cambridge : Cambridge University Press.

藤塚知義, 1973,『経済学クラブ——イギリス経済学の展開——』ミネルヴァ書房.

福田進治, 1999,「リカードの分配と成長の分析について」『立命館経済学』第48巻第1号.

——, 2003,「リカードとケインズ——セイ法則の問題構成をめぐって——」『弘前大学経済研究』第26号.

Gardiner, S. R., 1965, *History of England 1603-1642*, Vol. I, New York : AMS Press.

Gardner, B., 1971, *The East India Company*, London : Rupert Hart-Davis（浜本正夫訳『イギリス東インド会社』リブロポート、1989）.

Gordon, B., 1976, *Political Economy in Parliament 1819-1823*, London : Macmillan.

土生芳人, 1963,「ナポレオン戦争期のイギリス所得税」『法経学会雑誌』（岡山大学）第12巻第4号.

——, 1965,「ナポレオン戦争後のイギリス財政」『法経学会雑誌』（岡山大学）第15巻第2号.

——, 1971,『イギリス資本主義の発展と租税——自由主義段階から帝国主義段階へ——』東京大学出版会.

花戸龍蔵, 1951,『財政原理学説』千倉書房.

Hargreaves, E. L., 1930, *The National Debt*, London : Edward Arnold（一ノ瀬篤・斎藤忠雄・西野宗雄訳『イギリス国債史』新評論、1987）.

長谷田泰三, 1951,『英国財政史研究』勁草書房.

橋本比登志, 2001,「ジャン・バティスト・セー『回顧録』考証」『京都産業大学論集・社会科学系列』18号.

羽鳥卓也, 1963,『古典派資本蓄積論の研究』未来社.

——, 1982,『リカードウ研究』未来社.

——, 1987,「『経済学および課税の原理』解題」『経済学および課税の原理』岩波書店.

——, 1995,『リカードウの理論圏』世界書院.

―――, 1998,「リカードウと穀物輸入の自由の効果――『原理』第3版の最終章の改訂について――」『経済系』第196集.

―――, 1999,「リカードウ『経済学および課税の原理』について」『一橋大学社会科学古典資料センター年報』No. 19.

―――, 2000,「マルサス賃金論の展開」『熊本学園大学経済論集』第6巻第3・4合併号.

―――, 2002,「A. スミス課税論の若干の局面」『経済系』第213集.

服部春彦, 1992,『フランス近代貿易の生成と展開』ミネルヴァ書房.

服部正治, 1984,「穀物法批判の前提」早坂忠編『古典派経済学研究（Ⅰ）』雄松堂.

―――, 1991,『穀物法論争』昭和堂.

Hayek, F. A., 1933, *Monetary Theory and the Trade Cycle*, translated from the German, London ; Toronto : Jonathan Cape（西山千明・矢島鈞次監修『ハイエク全集1』春秋社、1988).

Henderson, J. P., 1997, *The Life and Economics of David Ricardo*, Boston : Kluwer Academic Publishers.

Hicks, J., 1985, "Sraffa and Ricardo: A Critical View," in Caravale, G. A. ed., *The Legacy of Ricardo*, Oxford ; New York : Bazil Blackwell.

Hilton, B., 1977, *Corn, Cash, Commerce : The Economic Policies of the Tory Governments 1815–1830*, Oxford : Oxford University Press.

菱山泉, 1979,『リカード』日本経済新聞社.

Hollander, J. H., 1910, *David Ricardo, A Centenary Estimate*, Baltimore : Johns Hopkins Press（山下英夫訳『リカードウ研究』有斐閣、1941).

Hollander, S., 1973, *The Economics of Adam Smith*, Toronto : University of Toronto Press（小林昇監修、大野忠男・岡田純一・加藤一夫・斉藤謹造・杉山忠平訳『アダム・スミスの経済学』東洋経済新報社、1976).

―――, 1979, *The Economics of David Ricardo*, Toronto : University of Toronto Press（菱山泉・山下博監訳『リカードの経済学』日本経済評論社、1998).

―――, 1987, *Classical Economics*, New York : Basil Blackwell（千賀重義・服部正治・渡会勝義訳『古典派経済学』多賀出版、1991).

―――, 1995, *Ricardo : The New View, Collected Essays*, vol. 1, New York : Routledge.

―――, 2005, *Jean-Baptiste Say and the Classical Canon in Economics : The British Connection in French Classicism*, New York : Routledge.

Hope-Jones, A., 1939, *Income Tax in the Napoleonic Wars*, Cambridge : Cambridge

University Press.

堀経夫, 1958, 『理論経済学の成立』弘文堂.

Homer, S., 1963, *A History of Interest Rates*, 2nd edition completely revised, New Brunswick : Rutgers University Press, 1977.

Hume, D., 1752, *Political Discourses*, Faksimile-Edition, Frankfurt, 1987 (田中敏弘訳『ヒューム政治経済論集』御茶の水書房、1983).

飯田裕康, 1992, 「リカードウの知的世界と経済学――リカードウの一未公刊書簡をめぐって」『経済学史学会年報』第30号.

池田浩太郎, 1991, 『公債政策思想の生成と展開』千倉書房.

Imlah, A. H., 1958, *Economic Elements in the Pax Britannica*, New York : Russell & Russell.

Irwin, D. A., 1996, *Against the Tide, An Intellectual History of Free Trade*, N. J. : Princeton University Press (小島清監修・麻田四郎訳『自由貿易理論史――潮流に抗して――』文眞堂、1999).

石坂昭雄, 1960, 「租税制度の変革」大塚久雄・高橋幸八郎・松田智雄編著『西洋経済史講座IV』岩波書店.

出雲雅志, 2000, 「もうひとりの『異端者』ジョン・カゼノウヴ」中矢俊博・柳田芳伸編著『マルサス派の経済学者たち』日本経済評論社.

鎌田武治, 1962, 「Continental System（大陸封鎖体制）下におけるイギリスの市場論争」『エコノミア』第19号.

Keynes, J. M., 1936, *The General Theory of Employment, Interest and Money*, London : Macmillan, 1961 (塩野谷九十九訳『雇傭・利子および貨幣の一般理論』東洋経済新報社、1941).

喜多見洋, 1983, 「J.-B. Say 経済学における資本の蓄積」『経済学研究年報』（早稲田大学大学院）第23号.

――, 1987, 「J.-B. セイ『実践経済学全講義』の再評価」時永淑編『古典派経済学研究（IV）』雄松堂.

――, 2005, 「ジャン=バティスト・セー――習俗の科学から実践経済学へ――」鈴木信雄責任編集『経済思想4』日本経済評論社.

近藤英次, 1993, 「ジェイムズ・ミルの植民地論」『専修社会科学論集』第12号.

栗田啓子, 1984, 「J.-B. セイにおける市場の論理と社会の把握」早坂忠編『古典派経済学研究（I）』雄松堂.

――, 1986, 「J.-B. セイの企業者概念――革新者の出現――」『商学討究』（小樽商科

大学) 第36巻第3号.

Lauderdale, James Maitland, 8th Earl of, 1804, *An Inquiry into the Nature and Origin of Public Wealth, and into the Means and Causes of its Increase*, Reprints of Economic Classics, New York : A. M. Kelley, 1966.

Locke, J., 1691, *Some Considerations of the Consequences of the Lowering of Interest, and Raising the Value of Money*, reprinted by A. M. Kelley, 1968.

――, 1692, *The Second Treatise of Government*, ed. by T. P. Peardon, New York : Liberal Arts Press, 1952.

前田芳人, 1971,「リカードウ貿易論の一視角」『経済学雑誌』第65巻第6号.

Malthus, T. R., 1798, *An Essay on the Principle of Population, as it affects the future improvement of society, with remarks on the speculations of Mr. Godwin, M. Condorcet, and other writers*, London (永井義雄訳『人口論』中公文庫、1973).

――, 1820, *Principles of Political Economy*, variorum edition by J. Pullen, 2 vols., Cambridge: Cambridge University Press, 1989 (小林時三郎訳『初版・経済学原理』全二巻、岩波文庫、1968).

――, 1827, *Definitions in Political Economy, preceded by an inquiry into the rules which ought to guide political economists in the definition and use of their terms; with remarks on the deviation from these rules in their writings*, reprinted in vol. 7 of *The Works of Thomas Robert Malthus*, 8 vols., ed. by E. A. Wrigley and D. Soudan, London : William Pickering, 1986 (玉野井芳郎訳『経済学における諸定義』岩波文庫、1950年).

Marcuzzo, M. C., and Rosselli, A., 1991, *Ricardo and the Gold Standard : The Foundations of the International Monetary Order*, trans. by J. Hall, London: Macmillan.

Marshall, A., 1890, *Principles of Economics*, 8th edition, London : Macmillan, 1920 (馬場啓之助訳『経済学原理』Ⅰ-Ⅳ、東洋経済新報社、1965-1967).

Marshall, J. D., 1968, *The Old Poor Law 1795-1834*, 2nd edition, London : Macmillan, 1973.

丸山武志, 1987,「リカードウ外国貿易論における二様の論理と資本蓄積論」時永淑編『古典派経済学研究 (Ⅳ)』雄松堂.

益永淳, 2002,「対仏戦争後のイギリス財政の展開とD. リカードウ――年度内経費調達主義の放棄と純化――」『経済学論纂』(中央大学) 第42巻第6号.

――, 2004,「W. ブレイクの金融・財政思想に関する虚像と実像――ブレイク=リカードウによる政府支出の経済効果論争を手がかりに――」『経済学論纂』(中央大学) 第44巻第5・6合併号.

松本久雄, 1995,『国際価値論と変動為替相場』新泉社.

松尾太郎, 1965,「ナポレオン戦争下イギリスにおける貿易問題——古典派国際経済理論推転の背景——」『経済志林』第33巻第4号.

松浦秀嗣, 1982,『リカード経済学』丘書房.

松崎昇, 1985,「リカードウ経済理論における市場論的側面」時永淑編『古典派経済学研究（Ⅱ）』雄松堂.

真実一男, 1975,『リカード経済学入門』新評論.

———, 1989,「議員時代のリカードウ」久保芳和・真実一男・入江奨編著『スミス、リカードウ、マルサス——その全体像理解のために』創元社.

Meek, R. L., 1951, "Physiocracy and Classicism in Britain," *The Economic Journal*, Mar. 1951, &, "Physiocracy and the Early Theories of Under-Consumption," *Economica*, Aug. 1951（吉田洋一訳『イギリス古典経済学』未来社、1956）.

———, 1967, *Economics and Ideology and Other Essays: Studies in the Development of Economic Thought*, London : Chapman & Hall（時永淑訳『経済学とイデオロギー』法政大学出版局、1969）.

———, 1977, *Smith, Marx, & After, Ten Essays in the Development of Economic Thought*, London : Chapman & Hall（時永淑訳『スミス、マルクスおよび現代』法政大学出版局、1980）.

Meisel, F., 1925, *Britische und deutsche Einkommensteuer, ihre Moral und ihre Technik*, Tübingen : J. C. B. Mohr.

Mering, O. von, 1942, *The Shifting and Incidence of Taxation*, Philadelphia : The Blakiston Company（菅原修訳『租税転嫁論』ミネルヴァ書房、1960）.

Milgate, M., and Stimson S. C., 1991, *Ricardian Politics*, Princeton, N. J.: Princeton University Press.

Mill, J., 1808, *Commerce Defended*, Reprints of Economic Classics, New York : A. M. Kelley, 1965（岡茂男訳『商業擁護論』未来社、1965）.

———, 1818, *Colony*, the Supplement to the 4th, 5th and 6th editions of *the Encyclopaedia Britannica*, vol. Ⅲ, 1st half, Edinburgh, 1824.

———, 1820, Government, First published in the Supplement to the 4th, 5th & 6th editions of *the Encyclopaedia Britannica* and reprinted in James Mill : *Political Writings*, ed. by T. Ball, Cambridge : Cambridge University Press, 1992（小川晃一訳『教育論・政府論』岩波文庫、1983）.

———, 1821, *Elements of Political Economy*, 2nd edition, London : Baldwin, Cradock, and Joy, 1824（渡辺輝雄訳『経済学綱要』春秋社、1948）.

峰本晧子, 1978,『イギリス金融史論――通貨論争の潮流――』世界書院.

Mitchell, B. R., 1962, *Abstract of British Historical Statistics*, Cambridge : Cambridge University Press.

――, 1988, *British Historical Statistics*, Cambridge : Cambridge University Press（犬井正監訳・中村壽男訳『イギリス歴史統計』原書房、1995）.

溝川喜一, 1966,『古典派経済学と販路説』ミネルヴァ書房.

水田健, 1981,「初期リカードウにおける価値論と分配論の関連」『経済学年誌』(法政大学) 第18号.

――, 1985,「リカードウの生産物分配比率と不変の価値尺度」時永淑編『古典派経済学研究（Ⅱ）』雄松堂.

――, 2004,「経済政策と経済自由主義――リカードウ国際経済論の場合」『研究年報経済学』(東北大学) 第65巻第3号.

森七郎, 1964,『古典派財政思想史』白桃書房.

森茂也, 1982,『イギリス価格論史――古典派需給論の形成と展開――』同文館.

森嶋通夫, 1994,『思想としての近代経済学』岩波書店.

Morishima, M., 1989, *Ricardo's Economics : A general equilibrium theory of distribution and growth*, Cambridge : Cambridge University Press（高増明・堂目卓生・吉田雅明訳『リカードの経済学』東洋経済新報社、1991）.

森下宏美, 2001,『マルサス人口論争と「改革の時代」』日本経済評論社.

森田桐郎編著, 1988,『国際貿易の古典理論』同文舘.

森田桐郎, 1997,『世界経済論の構図』有斐閣.

諸泉俊介, 1997,「古典派外国貿易論におけるリカードウ・J. ミルとJ. S. ミル：いわゆる『ぬれぎぬ』問題を手がかりとして」『長崎県立大学論集』第30巻第3号.

Mukherji, B., 1982, *Theory of Growth and the Tradition Dynamics*, Delhi : Oxford University Press.

永井義雄, 2003,『ベンサム』研究社.

中川敬一郎, 1955,「イギリス綿業における綿糸・綿布市場組織の発達」『経済学論集』(東京大学) 第23巻第4号.

中久保邦夫, 1979,「J.-B. Say の『生産』と『企業家』」『六甲台論集』第26巻第2号.

中村廣治, 1975,『リカァドゥ体系』ミネルヴァ書房.

――, 1975,「リカァドゥ体系におけるセェ法則」『経済論集』(大分大学) 第27巻第

1号.

――, 1996,『リカードウ経済学研究』九州大学出版会.

――, 1999,「リカードウ『地金案』考」『熊本学園大学経済論集』第5巻第3・4合併号.

――, 2002,「『リカードウ評伝』の試み――生涯・学説・活動 (5)」『エコノミクス』(九州産業大学) 第7巻第1号.

中谷武雄, 1996,『スミス経済学の国家と財政』ナカニシヤ出版.

新村聰, 1987,「リカードウのスミス価値論批判」『経済学会雑誌』(岡山大学) 第19巻第1号.

――, 1994,『経済学の成立』御茶の水書房.

西村正幸, 1981,『アダム・スミスの財政論講義』嵯峨野書院.

野沢敏治, 1991,『社会形成と諸国民の富』岩波書店.

O'Brien, D. P., *The Classical Economists*, Oxford : Clarendon Press, 1975.

岡茂男, 1965,「『商業擁護論』と初期自由貿易運動」J. ミル『商業擁護論』未来社.

岡田純一, 1982,『フランス経済学史研究』御茶の水書房.

大倉正雄, 2000,『イギリス財政思想史』日本経済評論社.

岡本利光, 1985,「リカードウの価値分配論と『生産物比率論』」時永淑編『古典派経済学研究 (II)』雄松堂.

大西信隆, 1969,『リカード新研究』日本評論社.

小野英祐, 1963,「ロンドン貨幣市場の成立過程」『経済学季報』第13巻第3・4合併号.

大友敏明, 2001,『信用理論史』慶應義塾大学出版会.

大内兵衛, 1924,「リカルドの租税論」『大内兵衛著作集』第二巻、岩波書店、1974.

Owen, R., 1813-1814, *A New View of Society ; or Essays on the Principle of the Formation of Human Character*(楊井克己訳『新社会観』岩波文庫、1954).

Pasinetti, L. L., 1974, *Growth and Income Distribution : Essays in Economic Theory*, Cambridge : Cambridge University Press (宮崎耕一訳『経済成長と所得分配』岩波書店、1985).

――, 1982, "A Comment on the 'New View' of the Ricardian Theory," in M. Baranzini, ed., *Advances in Economic Theory*, Oxford : Basil Blackwell.

Peach, T., 1993, *Interpreting Ricardo*, Cambridge : Cambridge University Press.

Rae, J., 1895, *Life of Adam Smith*, Reprints of Economic Classics, New York : A. M. Kelley, 1965 (大内兵衛他訳『アダム・スミス伝』岩波書店、1972).

Ricardo, D., *The Works and Correspondence of David Ricardo*, P. Sraffa, and M. H. Dobb, eds., 11 vols., Cambridge : Cambridge University Press, 1951-1973（堀経夫他訳『リカードウ全集』第Ⅰ-Ⅺ巻、雄松堂、1969-1999年）.

Robbins, L., 1958, *Robert Torrens and the Evolution of Classical Economics*, London : Macmillan.

Rousseau, J. J., 1762, *Du Contrat Social, ou Principes du Droit politique, Jean Jacques Rousseau; Œuvres Complètes*, Bibliothèque de la Pléiade, N. R. F., édition publiée sous la direction de Bernard Gagnebin et Marcel Raymond Vol. 5（作田啓一訳『ルソー全集』第五巻、白水社、1979）.

酒井重喜, 1989,『近代イギリス財政史研究』ミネルヴァ書房.

坂本達哉, 1995,『ヒュームの文明社会』創文社.

Samuelson, P. A., 1978, "The Canonical Classical Model of Political Economy," *Journal of Economic Literature*, Vol. 16, No. 4.

佐々木憲介, 1991,「リカードウの"strong cases"」『経済学研究』（北海道大学）第41巻第3号.

佐藤滋正, 1990,「アダム・スミスの『地代』把握について――穀産地規定と地代性格の転換――」『経済学史学会年報』第28号.

――, 1998,『「土地」と「地代」の経済学的研究』時潮社.

佐藤進, 1965,『近代税制の成立過程』東京大学出版会.

――, 1968,「リカァドの租税論について」『経済学論集』（東京大学）第34巻第1号.

佐藤有史, 1999,「現金支払再開の政治学――リカードウの地金支払案および国立銀行設立案の再考――」『一橋大学社会科学古典資料センター』No. 41.

Say, J.-B., 1803, *Traité d'économie politique, ou simple exposition de la manière dont se forment, se distribuent et se consomment les richesses*, 1re édition, 2 tome, Paris : Deterville, Faksimile-Ausg., Düsseldorf, Frankfurt/ Main und Düsseldorf, 1986.

――, 1814, *Traité d'économie politique, ou simple exposition de la manière dont se forment, se distribuent et se consomment les richesses*, 2e édition, 2 tome, Paris : Antoine-Augustin Renouard.

――, 1819, *Traité d'économie politique, ou simple exposition de la manière dont se forment, se distribuent et se consomment les richesses*, 4e édition, 2 tome, Paris : Deterville.

――, 1826, *Traité d'économie politique, ou simple exposition de la manière dont se forment, se distribuent et se consomment les richesses*, 5e édition, 3 tome, Paris : Rapilly.

――, 1841, *Traité d'économie politique, ou simple exposition de la manière dont se forment, se *distribuent et se consomment les richesses*, 6ᵉ édition, 1 vol., Paris : Guillaumin(増井幸雄訳『経済学』上・下、岩波書店、1926-1929).

――, 1821, *A Treatise on Political Economy or the Production, Distribution & Consumption of Wealth*, First American Edition, Reprints of Economic Classics, New York : A. M. Kelley, 1964.

――, 1817, *Catéchisme d'économie politique*, in *l'Œuvres diverses de Jean-Baptiste Say*, Paris : Guillaumin, 1848(堀経夫・橋本比登志訳『経済学問答』現代書館、1967).

――, 1820, *Lettres à M. Malthus sur différents sujets d'économie politique, notamment sur les causes de la stagnation générale du commerce*, in *Mélanges et correspondances d'économie politique, de J.-B. Say*, Bruxelles : Société Typographique Belge, 1844(中野正訳『恐慌に関する書簡』日本評論社、1950).

――, 1821, *Letters to Mr. Malthus, on Several Subjects of Political Economy, and on the Cause of the Stagnation of Commerce*, translated by John Richter, London, Reprints of Economic Classics, New York : A. M. Kelley, 1967.

Schumpeter, E. B., 1960, *English Overseas Trade Statistics 1697-1808*, London : Clarendon Press.

Schumpeter, J. A., 1954, *History of Economic Analysis*, New York : Oxford University Press(東畑精一訳『経済分析の歴史』全七巻、岩波書店、1955-1962).

Seligman, E. R. A., 1899, *The Shifting and Incidence of Taxation*, New York : Macmillan, 1927.

千賀重義, 1984,「リカードウにおける分配論の形成」早坂忠編『古典派経済学研究(I)』雄松堂.

――, 1989,『リカードウ政治経済学研究』三嶺書房.

――, 1990,「リカードウにおける外国貿易と国民経済――『原理』第七章の問題構成についての試論」『横浜市立大学論叢』第41巻第2号.

――, 2002,「スラッファ価値論講義とリカードウ解釈」『横浜市立大学論叢』第53巻第1号.

――, 2005,「デイビット・リカードウ――普遍的富裕への選択――」『経済思想4』日本経済評論社.

Shaw, W. A., 1934, *Introduction to Calendar of Treasury Books*, Vol. 11-17, preserved in the Public Record Office, London.

Sherwig, J. M., 1969, *Guineas and Gunpowder : British Foreign Aid in the Wars with France 1793-1815*, Cambridge, Massachusetts : Harvard University Press.

島博保, 1985,「初期リカードウの利潤理論」時永淑編『古典派経済学研究（Ⅱ）』雄松堂.

清水敦, 1997,『貨幣と経済』昭和堂.

Shoup, C. S., 1960, *Ricardo on Taxation*, New York : Columbia University Press.

Silberling, N. J., 1924, "Financial and Monetary Policy of Great Britain During the Napoleonic Wars Ⅰ Financial Policy," *Quarterly Journal of Economics*, Vol. 38, No. 2, 1924.

Skinner, A., 1979, *A System of Social Science : Papers Relating to Adam Smith*, Oxford : Clarendon Press（田中敏弘他訳『アダム・スミスの社会科学大系』未来社、1981）.

Smart, W., 1910-1917, *Economic Annals of the Nineteenth Century 1821-1830*, 2 vols., New York : A. M. Kelley, Reprint, 1964.

Smith, A., 1776, *An Inquiry into the Nature and Causes of the Wealth of Nations*, ed. by R. H. Cambell, A. S. Skinner and W. B. Todd, Oxford : Clarendon Press, 2 vols., 1976（大河内一男訳『国富論』全三巻、中公文庫、1978）.

――, *Lectures on Jurisprudence*, in the Glasgow Edition, ed. by R. L. Meek, D. D. Raphael & P. G. Stein, Oxford : Clarendon Press, 1978（高島善哉・水田洋訳『グラスゴウ大学講義』日本評論社、1947）.

Sowell, T., 1972, *Say's Law : An Historical Analysis*, Princeton, N. J. : Princeton University Press.

――, 1987, "Say's Law," in J. Eatwell, M. Milgate, and P. Newman eds., *The New Palgrave Dictionary of Economics*, Vol. 4, London : Macmillan.

Steuart, S. J., 1767, *An Inquiry into the Principles of Political Economy*, *The Works of Sir James Steuart*, Vol. 1-4, 1805（加藤一夫訳『経済学原理（第1・2編）』全3冊、東京大学出版会、1980-1982、小林昇監訳『経済の原理（第3-5編）』名古屋大学出版会、1993）.

Strati, A., *The Theory of Wages in Classical Economics : A Study of Adam Smith, David Ricardo, and Their Contemporaries*, Aldershot, Hants, England : Edward Elgar.

隅田哲司, 1971,『イギリス財政史研究』ミネルヴァ書房.

田島慶吾, 2003,『アダム・スミスの制度主義経済学』ミネルヴァ書房.

高増明, 1991,『ネオ・リカーディアンの貿易理論』創文社.

高島善哉, 1964,『原典解説・スミス「国富論」』春秋社.

竹永進, 2000,『リカード経済学研究』御茶の水書房.

竹本洋, 1995,『経済学体系の創成』名古屋大学出版会.

田中生夫編訳, 1961, 『インフレーションの古典理論――「地金報告」の翻訳と解説』未来社.

Thornton, H., 1802, *An Enquiry into the Nature and Effects of the Paper Credit of Great Britain*, London : A. M. Kelley, 1991 (渡邊佐平・杉本俊朗訳『紙券信用論』実業之日本社、1948).

Tooke, T., 1838-1857, *A History of Prices* (Vols. Ⅰ-Ⅳ), of T. Tooke and W. Newmarch, *A History of Prices, and of the State of the Circulation from 1793 to 1856*, 6 vols., London : P. S. King and Son, 1928 (藤塚知義『物価史』(全6巻) 東洋経済新報社、1978-1992).

Torrens, R., 1808, *The Economists Refuted, or An Inquiry into the Nature and Extent of the Advantages derived from Trade*, London : published by S. A. Oddy, and C. La Grange, Dublin (中川信義訳「R. トレンズ『エコノミスト論難 (1)～(3)』」『経済学雑誌』第70巻第1号、第70巻第2号、第72巻第1号、1974-1975).

筒井徹, 1973, 『リカード研究』中央経済社.

梅中雅比古, 1981, 「リカードウ租税論の一考察」和光大学経済学部『マルサス・リカードとその時代』白桃書房.

Viner, J., 1937, *Studies in the Theory of International Trade*, reprinted by A. M. Kelley, New York, 1965.

和田重司, 1978, 『アダム・スミスの政治経済学』ミネルヴァ書房.

渡辺恵一, 2001, 「アダム・スミスと租税の政治学」『京都学園大学経済学部論集』第10巻第3号.

渡会勝義, 2000, 「デイヴィッド・リカードウの救貧論と貯蓄銀行」『一橋大学社会科学古典資料センター』No. 45.

Weatherall, D., 1976, *David Ricardo : A biography*, The Hague : Martinus Nijhoff.

Winch, D. ed., 1966, *James Mill : Selected Economic Writings*, Edinburgh and London : Oliver & Boyd.

山口茂, 1948, 『セイ「経済学」』春秋社.

Winchester, S., 2001, *The Map that Changed the World, William Smith and the Birth of Modern Geology*, New York : Harper Collins Publishers (野中邦子訳『世界を変えた地図』早川書房、2004).

山崎怜, 1983, 「リカードウ」大川政三・小林威編著『財政学を築いた人々――資本主義の歩みと財政・租税思想――』ぎょうせい.

――, 1994, 『《安価な政府》の基本構成』信山社出版.

山下重一, 1997, 『ジェイムズ・ミル』研究社出版.

安川隆司, 1999, 「ミル父子と植民地」西沢保・服部正治・栗田啓子編『経済政策思想史』有斐閣.

横山照樹, 1999, 「『人口論』第2版から第3版への改訂をめぐって——第3編第10章『穀物輸出奨励金について』を中心にして——」『マルサス学会年報』第9号.

吉田洋一, 1967, 「ジェイムズ・ミル植民論の一考察」『専修経済学論集』第4号.

吉信粛, 1991, 『古典派貿易理論の展開』同文舘出版.

吉澤芳樹, 1970, 「発展的社会把握におけるリカードウとマルクス」『経済学全集3 経済学史』別冊, 筑摩書房.

——, 1983, 「リカードウの価値論と分配論——その概念装置と展開方法——」『専修経済学論集』第17巻第3号.

後　　記

本書は、以下の既発表論文を基礎とし、これに加筆・修正したものである。各章との対応は以下の通りである。出版に際しては、八千代出版編集部の御堂真志氏、森口恵美子氏にお世話になった。記して感謝したい。

　　　　　　　　　　　　　　　　　　　2006年9月　　佐藤滋正

序　　　言……初出
第1編第1章……「リカードウの課税論について」(『尾道大学経済情報論集』創刊号、2001年)
　　　第2章……「アダム・スミスの『租税論』について」(『尾道短期大学研究紀要』第44巻(2)、1995年)
　　　第3章……「リカードウ課税論の理論圏」(『尾道大学経済情報論集』Vol. 5、No. 2、2005年)
第2編第1章……「リカードウ『原理』第19章の研究」(『尾道大学経済情報論集』Vol. 4、No. 2、2004年)
　　　第2章……「リカードウ『原理』第20章の研究」(『尾道大学経済情報論集』Vol. 4、No. 1、2004年)
　　　第3章……「『原理』におけるリカードウのセイ評価」(『尾道大学経済情報論集』Vol. 3、No. 2、2003年)
　　　第4章……「リカードウ『原理』第21章の研究」(『尾道大学経済情報論集』Vol. 5、No. 1、2005年)
第3編第1章……「リカードウのスミス『奨励金論』批判」(『尾道大学経済情報論集』Vol. 2、No. 2、2002年)
　　　　　　　「リカードウの『輸出奨励金論』――『原理』第22章『輸出奨励金と輸入禁止』覚書き――」(『尾道短期大学研究紀要』第45巻(2)、1996年)
　　　第2章……「リカードウの生産奨励金論について」(『尾道大学経済情報論集』Vol. 3、No. 1、2003年)
　　　第3章……「リカードウの『植民地貿易論』――『原理』第25章『植民地貿易について』覚書き――」(『尾道短期大学研究紀要』第48巻(1)、1999年)

人名索引

A

Addington (Henry) 35
浅野清 65

B

Bentham (Jeremy) 149, 195
Buchanan (David)
   29, 32-3, 42-3, 93, 105, 147, 168, 171, 212, 224-5

C

Cobbet (William) 60
Cobbet (William) 246
Cole (William Alan) 34, 219
Court (William Henry Bassano) 65
Crouzet (François) 219-20, 257-8

D

D'avenant (Charles) 62-3
Deane (Phyllis) 35, 219
Destutt de Tracy (Antoine Louis Claude, Comte de) 116, 137-8, 169
Dowell (Stephen) 35
DuPont de Nemours (Pierre Samuel) 136, 140

E

Elizabeth I 48, 59

F

Froud (Roderick) 64

G

Gardner (Brian) 258
Garnier (Comte Germain) 169
Grenfell (Pascoe) 13, 35

H

土生芳人 35
浜本正夫 258
花戸龍蔵 60
長谷田泰三 59
橋本比登志 162
羽鳥卓也 14, 36, 62, 83, 167, 194, 257
Hayek (Friedrich August von) 195
Henry Ⅷ 48, 192
菱山泉 82
Hollander (Samuel) 162
Hope-Jones (Arthur) 35
Hormer (Sidney) 194
Horner (Francis) 171, 207, 222
Hume (David) 88

I

Imlah (Albert Henry) 35, 220, 258
石坂昭雄 60

K

鎌田武治 258
Keynes (John Maynard) 195
喜多見洋 167
近藤英次 259
栗田啓子 167

L

Lauderdale (James Maitland, 8th Earl of) 111-4, 136, 148
Locke (John) 46, 59, 61-2, 88

M

Malthus (Thomas Robert)
   11, 13, 29, 83, 93-4, 105, 121-3, 141, 147-8, 162, 165-9, 194, 222, 242
Marshall (Alfred) 1-3
Marx (Karl) 88, 106

Mary II	200
増井幸雄	139
松尾太郎	258
真実一男	14, 36, 82
McCloskey (Donald)	64
McCulloch (John Ramsay)	
13, 35, 106, 121, 123, 139, 145, 147, 168–9, 213, 222	
Meek (Ronald L.)	258
Meisel (Franz von)	35
Melon (Jean François)	170
Mering (Otto von)	83
Mill (James)	
11, 34, 68, 81, 105, 118, 123, 139, 150, 162–3, 167–9, 199–200, 219, 222, 246, 249, 256, 259–62	
峰本晫子	194
Mitchell (Brian R.)	
34–5, 84, 194, 219–20, 257–8	
溝川喜一	167
Montesquieu (Charles de Secondat, Baron de)	168
森七郎	82
森嶋通夫	14, 36
Murray (John)	139, 141, 168

N

永井義雄	195
中川敬一郎	220
中久保邦夫	167
中村廣治	87
Napoléon (Bonaparte)	162
新村聰	59
西村正幸	60
North (Frederick, Lord)	64

O

岡茂男	258–9
大内兵衛	64, 81–2
Owen (Robert)	194

P

Pitt (William)	12
Place (Francis)	167–8

R

Rae (John)	64
Ricardo (Ralph)	167
Rousseau (Jean-Jacques)	65

S

Saint-Simon (Claude Henri de Rouvroy, Comte de)	167
酒井重喜	61
佐藤滋正	88, 106
佐藤進	14, 35–6
佐藤有史	35
Say (Jean-Baptiste)	
2, 7, 29–33, 43, 67, 83–4, 93, 105–8, 109–11, 113–45, 147–55, 157–64, 166–71, 173, 177–8, 184, 186, 188, 190–1, 194–5, 210, 214, 251, 260	
Say (Louis)	169
Schumpeter (Elizabeth Boody)	220, 257
Seligman (Edwin Robert Anderson)	65, 83
千賀重義	163
Shaw (William A.)	59
清水敦	88
Shoup (Carl Summer)	13, 36
Sismondi (Jean-Charles-Léonard Simonde de)	2, 67, 148, 162, 168
Smith (Adam)	
4, 12, 15–9, 21–3, 25–6, 28–30, 32–4, 37, 39–40, 43, 45–65, 67–72, 74–5, 79–89, 93–4, 105–6, 109–14, 117–8, 120–1, 124–5, 134–5, 138, 141, 144, 147–8, 151–6, 162–5, 167–71, 173–8, 180–2, 185–6, 188–92, 194–5, 199–200, 202–12, 215–25, 227, 238–40, 245–9, 251–2, 254, 256, 259–61	
Smith (Charles)	203, 220
Spence (William)	246–7
Sraffa (Piero)	
34, 68, 81–3, 93–4, 140, 142, 162–4	
Steuart (Sir James Denham)	2, 63, 84

隅田哲司　　　　　　　　59-60, 62-3

T

高島善哉　　　　　　　　　　60
竹本洋　　　　　　　　　　63, 84
Torrens (Robert)
　　　　　　147, 246-7, 249, 258-60
Trower (Hutches)
　　　13, 121, 123, 150, 157-60, 166, 168-9
Turgot (Anne Robert Jacques)
　　　　　　　　　　2, 148, 168, 193

U

梅中雅比古　　　　　　　　　82

V

Vansittart (Nicholas)　　　　12, 36

W

Walpole (Sir Robert)　　　　　54
渡会勝義　　　　　　　　　　83
William Ⅲ　　　　　　48, 59, 200

Y

矢口孝次郎　　　　　　　　　65
山下重一　　　　　　　　　259
山崎怜　　　　　　　　　64, 81
楊井克己　　　　　　　　　194
吉田洋一　　　　　　　　　259

事項索引

ア行

アセスド・タクス　　　　　　　　13
安価　　　　　　　120,140,193,242
安価な政府　　　　　　　　　　64
イギリス重農主義論争　　246,258-9
遺産税　　　　　　　　　　16,37
一般的利潤（率）
　　　26,72,97,101-3,158,237,260
イングランド銀行　　　　　　　13
印紙税　　　　　　13,25,41,52,60
エイド（補助金）　　　　46,48,60
エクサイズ（内国消費税）
　　　　13,35-6,47,54-5,58-9,62-3,70
王室費　　　　　　　　　　46,59
大蔵省証券　　　　　　　183,192-3

カ行

家屋（家賃）税　　　　　24,49-50,61
価格　　5,27,73,75,77,85,160,242,256
価格－貨幣領域　　75,77,81,253,256
課税意図　　　　　　　　　70,82-3
課税原則
　　21-2,25,31,47,57,59-63,65,87
課税の原理　　　　　　14,36,67,81
仮説（仮定）　1-2,112,135,229,234,240
価値
　　30,75,85,110-3,117,135,140,155,214-
　　5,242,262
価値関係　　　　　　　　　104-5,107
価値修正論　　　　　　　　　　87
価値の尺度　　110-1,117-8,134,164,194
貨幣（金銀）価値
　　23-4,27,40,77-8,80-1,87,209,222,256
貨幣（金銀）価値の下落（変動）
　　26-7,42,75-8,85-6,205,209,218,225,
　　255-6
貨幣数量説　　　　　　　　　23,86
貨幣地代　　　　　　231-2,235-6,240

貨幣の供給　　　　　　　　78-9,88
貨幣の需要　　　　　　　77,79,87-8
貨幣（銀）の真の価値
　　　　　　85,89,183,203-5,221
貨幣の相対価値　　　　87-8,251,260
貨幣の蓄積　　　　　　　　214,223
貨幣の分量　　23,77-8,80,87,183-4,190
貨幣の流出入（輸出入）
　　　　27,42-3,75-81,88,224,254,262
貨幣の流通必要量　　40-1,78-80,86-8
貨幣（金銀）流出規制政策
　　　　79-80,85,88,205,218,221,224
為替相場　　　　　　　176,190,194-5
関税　　　　　　　　13,35,47,54,59
企業家
　　106,116,133,137,140,145,157,161,
　　167
稀少（性）　　　　　　　　　112-3
規制的商品　　　　　　　　206,221
キャピタル・レヴィ　　　　　　38
救貧税（事業）　　13,15,33-5,151,170
供給過剰（普遍的――）
　　　　　　　159,166,178-81,192
行政システム　　　　　　49,54,60-1
金に対する租税　　　　22-4,40,68,82
金（貨幣）の国際的均衡配分論
　　　　　　　　　79,87,224,253-4
経済学クラブ　　　　　　151,169-70
減価　　　　　　　　　　　183,190
減債基金（制度）　　　　13,32,36,168
交換価値
　　　　7,110,116,124-5,128,133,141
公債（残高）　　　　　12,56,59,64,183
公債所有者　　　　　　　　　27,37
公債費　　　　　　　　　　　12,32
鉱山地代　　　　　　　　　23-4,106
効用
　　115,119,122-5,128-9,133,138,140,
　　142,154,166,214

効用価値（論） 114-8, 128
高利法 194-5
国債 31-2, 43, 152, 168
穀物（食物）価格
　38-9, 42, 74-5, 102, 105, 200, 215-7, 230-1
穀物尺度論 111-4, 118, 134-5, 155, 164
穀物税 5-6, 74
穀物地代 231, 240
穀物の真の価値 134, 204-6, 220-1
穀物法論争 13, 212
穀価・賃金連動論 39
穀価波及説
　134, 152, 208-9, 212, 218, 222, 239, 242, 245
固定資本
　27, 30, 42, 87, 96, 102, 107, 134, 187
孤立国（封鎖国） 43, 76, 86, 229

サ 行

再生産
　36, 40, 99, 104, 132, 136, 141, 165, 205
再輸出（貿易） 220, 245, 258
最劣等地（規定） 61, 106-7, 175-6
差額地代（論） 18, 64, 72, 116, 151, 175
サブシディ（臨時税） 48, 62
敷地地代 25, 40, 49-50
市場 80, 134, 252-3, 256, 260
市場価格
　5-7, 22-3, 39, 71-2, 85, 158, 161, 166, 207-8, 211, 216, 231, 236-7, 241, 253, 255
市場税 193
市場利子率 181-2, 189-90, 192, 194-5
自然価格
　5-7, 22-3, 39, 71-2, 158, 161, 166, 208, 210-2, 216, 230-1, 233, 236-7, 241, 249, 251, 253-5
自然価値 40, 253-4
自然的交易 78-80, 87, 262
自然的富 128-30, 132-4, 143-4
自然利子率 189-90, 195
自然力 117, 131, 151
私的利益 158, 160-1
資本 69, 84, 114, 120, 161, 186-8, 193-4

資本移動
　3-4, 44, 73, 96-9, 100-5, 187, 194, 208, 217, 242
資本過剰（論）
　152, 156-7, 161, 166, 174, 176-81, 185-6, 191, 242
資本蓄積構造 69, 73, 87, 186, 217
資本と労働の自然的配分 255
資本の可塑性（マリアビリティ） 51, 87
資本の需要と供給 195-6
社会状態
　2, 111-2, 114, 117, 134-5, 155, 185-7
社会的剰余（剰余）
　58, 134, 154-61, 192, 224
社会的富 129-30, 132-4, 143-4
奢侈品税 36
収穫逓減 38, 80, 107, 177, 180, 186
重商主義
　54, 58-9, 80, 85, 88, 202-3, 210-1, 219, 225, 246
自由処分可能な資本 190, 193-4, 196
収入 69-71, 74, 82, 84, 114
収入の資本への転化 155-6, 168
重農主義者（エコノミスト、フィジオクラート） 19, 32-3, 49, 57-8, 65, 122, 246, 258
十分の一税
　17-8, 20, 38, 41, 43, 46, 48-9, 62, 69
需給説
　84, 131, 144, 151, 170-1, 216, 251
純収入（純所得） 69, 82, 153, 171
純生産物 58, 145, 153, 171
純利潤率 62, 194
使用価値 119, 124-5, 128, 133, 141, 144
商業の利益 107-8, 152, 214, 262
消費者
　18, 31, 72-3, 84, 170, 230, 235-6, 242
消費税 53-6, 63
剰余生産物 116, 137, 157-60
所得税（財産税） 12-3, 35, 170
所有（者） 40, 72, 130
所有の安全 16, 25, 41
所有（財産）移転の自由 16, 152, 170
人口 83, 105, 158

人頭税　46, 51-3, 62-3
真の価格　85, 135, 204-8, 211, 218, 220-1
真の価値　85, 134, 204-6, 218, 221, 224
衰退（減退）的社会状態　6, 106, 222
生産階級　99, 193
生産者　31, 83-4, 158, 161, 166, 170, 242
生産者の競争　115-6, 137, 157, 160, 166
生産的資本　16, 30, 36, 56, 184
生産的消費論　136
生産的用益　116, 123, 129, 133, 137
生産的労働　52, 114, 136, 159, 165
生産の困難　6, 23, 71-2, 76, 120, 211, 253
生産の難易　110, 116, 131, 134
生産の分割　99, 104-6, 115, 187, 193, 233
生産費　43, 83-4, 115, 119, 125, 131, 133, 137, 171-2
生産費説　83-4, 151, 171
生産物の分割　98-9, 104, 106, 187, 228, 231, 233
静止的社会状態　6, 222
政治循環　235
政府（国家）　43, 65, 73, 83, 158, 234-5, 241
政府支出　42, 73, 241
世界市民　51
絶対的良価　140
絶対利潤　241
節約　43, 114, 156, 165, 188, 190
前進（発展）的社会状態　6, 38, 156, 222
相殺課税（関税）　39, 87, 241
相対価格　230, 233, 235
相対価値　27-8, 39, 42, 87, 208, 233, 260, 262
増大する富　114, 128-30, 143, 156, 161
租税害悪（有害・必要悪）論　36, 241
租税源泉論　20, 62, 69, 72-5, 224
租税転嫁論　17, 19-20, 62, 71-5, 83, 85, 224

タ 行

タイユ　21, 39, 52
地金論争　222
地質学会　222
地租　13, 20-1, 38, 43, 47-9, 59-60, 62, 87
地租の定型化　60, 62
地代　7, 33, 44, 62-4, 75, 130-1, 186, 231, 235-6
地代税　17-8, 38, 47-8, 59
中心価格　5, 7
長期公債　183
貯蓄　188, 190, 196
貯蓄銀行　13, 194
賃金　19, 83-4, 105, 164, 231, 236, 255-6
賃金財　242
賃金税　28-31, 41, 52, 74, 152
賃金・利潤相反論　19-20, 29, 74, 84, 174-7, 231, 241
投下労働（量）　76-7, 80, 86-7, 208
投下労働価値説　86-7, 127, 143
投機　25, 41
投資構造　3-4, 80, 100-5, 185-8, 208, 218
投資順位論　171
独占　54, 131, 245, 261
独占価格　5, 63, 171, 211, 249
独占貿易　245-7, 251-2, 255
土地（改良）資本　34, 44, 98-9, 103, 107, 187
土地所有　116, 131-2, 134
土地単一税　19, 57, 61
富　79, 110-4, 119-20, 135, 155, 188, 242
富と価値の区別（混同）　80-1, 89, 101, 110-4, 124-5, 141, 154, 161, 164, 242
富の尺度　110-1, 117-8, 134, 164, 194

ナ 行

農業の難況　97-8

ハ 行

販路説（セイ法則）　154, 162, 177-9, 186, 242
ビール税　32, 55, 63
比較生産費説　78, 101, 254
比較優位　87, 95, 101
東インド会社　245, 249, 258

評価価値　　　　　　　　　133, 141
不生産的労働者　　　　　　16, 42-3, 56
物物貿易（取引）　　　42, 78, 87, 254, 262
浮動資本　　　　　　　　　　　　194
部分的独占　　　　　　　　116, 137, 167
普遍的自由貿易　　　　　　　　212-3
普遍的利益　　　　　　　　　　　101
不変の価値尺度　　　　　　　135, 208
貿易収支（差額）　　　　　　85, 88, 203
法則　　　　　　　　　　　　　　1-3
法定利子率　　　　　　181-3, 189, 192, 195

マ 行

埋没費用（サンク・コスト）
　　　　　　　　　　　　96, 98-9, 135, 187
窓税　　　　　　　　　　　13, 36, 50, 61
無地代資本　　　　　　　　122, 141, 152, 163
名目価格　　　　　　　　　204, 206, 211, 221
戻税　　　　　　　　　　　　30, 203, 228
モルト（麦芽）税
　　　　　　　12, 32, 43-4, 55, 63-4, 71, 152, 170

ヤ 行

有効需要　　　　　　　　　　　88, 178

郵便税　　　　　　　　　　　　13, 59

ラ 行

利子　　　　　　　44, 51, 62, 189, 191, 194-5
利子税　　　　　　　　　　　　51, 62
利子制限法　　　　　　　　　　193-4
利子率　　　　153, 182-4, 188-90, 194-6, 264
利潤　　　　20, 51, 62, 161, 194, 214-5, 231, 242
利潤税　　　　　　　　　　26-8, 51-2, 73-4
利潤（率）の低落　　　177, 179-80, 185, 191
利潤率　　　81, 184, 194, 251-2, 255, 260-2
流通（交換）の一般的媒介物
　　　　　　　　　　　　　　78, 87, 166, 262
流動資本　　　　　　　　27, 42, 87, 96, 194
劣等地耕作　　175, 186, 211-2, 217, 234, 239
労働
　　33, 105, 112, 114, 116-7, 128, 134, 138, 161, 188, 193, 256
労働維持ファンド
　　　　　　　　　　42, 84, 99, 104-7, 187, 193
労働の価値　　　　　　　　　　120, 140
炉税　　　　　　　　　　　　　50, 61

〈著者略歴〉

佐藤　滋正（さとう・しげまさ）

尾道大学経済情報学部教授
1947年生まれ
名古屋大学大学院経済学研究科博士課程単位取得退学
専攻：経済理論、経済学史
主著書
『「土地」と「地代」の経済学的研究』（時潮社、1998年）
『経済原論』（共著、青林書院新社、1983年）
『政治経済学の古典的系譜』（共著、三嶺書房、1988年）
『21世紀の経済社会』（共著、八千代出版、2000年）
その他

リカードウ価格論の研究

2006年10月30日　第1版第1刷発行

著　者——佐　藤　滋　正
発行者——大　野　俊　郎
印刷所——新　灯　印　刷
製本所——美　行　製　本
発行所——八千代出版株式会社
　　　　〒101-0061　東京都千代田区三崎町2-2-13
　　　　TEL　03-3262-0420
　　　　FAX　03-3237-0723
　　　＊定価はカバーに表示してあります。
　　　＊落丁・乱丁本はお取替え致します。

Ⓒ2006 Printed in Japan
ISBN4-8429-1406-8